일본어의
모어의식과
언어의식

- 미학 일본어 -

저자　엔도 오리에 외
역자　이경수 외

제이앤씨
Publishing Company

이 책의 원전은 『日本語は美しいか―若者の母語意識と言語観が語るも
の―』이다. 일본어에 대한 찬미이자 비판도 섞여 있는 내용으로, 여성과
경어는 어떠한 관련 속에서 사용되고 있으며 최근의 젊은이들은 어떠한
언어관을 가지고 있는지에 대해 일본, 한국, 중국, 뉴질랜드의 언어관을
조사 분석한 연구서이자 교양서이기도 하다.

사회언어학, 일본어교육, 그리고 젠더연구의 권위자이신 엔도 오리에
(遠藤織枝)교수를 비롯하여 일본어교육의 전문가가 집필한 『日本語は美し
いか』를 한국어로 번역출판하게 된 것을 매우 기쁘게 생각한다.

사람은 살아가면서 누구를 만나고 누구와 함께 일하느냐에 따라 인생이
변하는 경우가 많다. 엔도 교수는 역자가 오래 전 오차노미즈 여자대학에
서 열린 「일본어교육학회」에 참석했을 때 질문과 토론과정에서 알게 된
분이다. 날카로운 질문과 코멘트를 해 주던 분이어서 장시간에 걸쳐 학문
에 관한 이야기를 나눈 적이 있다. 그 후 엔도 교수의 저작인 『여성과 언어』
를 번역출판하게 되었고 두 번째로 이 책을 번역출판하게 되었다. 이 책들
은 나의 언어관에 영향을 주었다고 해도 과언이 아니다. 새로운 학문적
접근을 한층 업그레이드할 수 있는 계기를 준 분이다.

이 책은 대학에서 좀 더 깊이 일본어를 알고 이해하고 싶은 사람, 대학원
에 진학하고자 하는 사람, 유학하고자 하는 사람들이 읽어야 할 필독서이

기도 하고 교양서이기도 하다. 특히 한국어교육 연구자와 외국어교육 연구자가 읽어야 할 책이다. 이 책은 언어 연구방법론까지도 잘 알 수 있도록 꾸며져 있으며, 논문에서 의식조사와 보고조사까지 두루 살펴볼 수 있는 책이기도 하다.

지난번의 『여성과 언어』 번역은 역자가 각 대학의 전문가교수들과 공동번역했지만 이번에는 번역전문가인 방송대학 일본어번역연구회 회원들과 함께 공동번역을 했다. 처음에는 여러 면에서 걱정도 많이 했고 시행착오도 있었다. 하지만 시간이 지날수록 대학교수연구팀 못지않게 한 문장 한 문장을 아주 신중하게 토론하며 번역해 나가는 것을 보고 안심하게 되었다. 사실 부족한 점도 많이 있다. 하지만 오랜 검토와 수정 작업을 거쳐 출판되었기 때문에 오역이나 문제점은 그리 많지 않을 것이다. 만일에 문제점과 부족한 점이 있다면 이는 집필대표를 맡은 필자에게 전적으로 책임이 있다.

번역에 참여한 방송대 일본어번역연구회는 순수한 번역연구회 모임으로 역사가 10년이 다 되어간다. 공식 비공식을 합해 열 번째의 번역 집을 내고 있을 정도로 활발한 활동을 하고 있다. 회원가입도 시험을 봐서 선별하고 있을 정도로 가입도 어려운 연구회이다. 커다란 전문학회 못지않게 회원의 자유발표, 토론, 사회, 전문가 초청강연 등 멋진 활동을 하고 있다.
서울, 부산, 울산, 대구, 제주, 대전 등에 방송대 일본어번역연구회가 활동하고 있으며 온라인번역회도 활발한 번역연구활동을 하고 있다.

본서의 한글전사 원칙은 교육부지정 외래어규칙에 따랐다. 아울러 이해를 돕기 위해 역자 주를 달아두었으며 알아보기 쉽게 인명, 지명, 주요 용어에 대한 색인을 말미에 달아 두었다. 또한 원문의 의미를 최대한 살리면서 한국어표현에도 완성도를 높이려고 노력했다. 본서가 일본어교육과 일본어연구를 올바로 이해하고 활용하는데 조금이나마 이바지되기를 바라며 일본어를 보는 새로운 자극이 되었으면 한다.

끝으로 엔도 교수를 비롯한 저자분들 일본의 三元社와 제이앤씨출판사에 감사의 마음을 전한다.

2011년 1월 12일
역자를 대표하여
한국방송통신대학교 일본학과
이 경 수

목차

|제3부|

조사보고

일본어의 모어의식과 언어의식

일본어의 모어의식과 언어의식

제1장

「아름다운 일본어」 어사(語史)

엔도 오리에
(遠藤織枝)

::: 들어가며

서점에 들러 일본어 관련 서적 코너를 잠시 둘러보기만 해도 『일본인이 잊어서는 안 되는 아름다운 일본어』, 『일본어는 왜 아름다울까』, 『참 아름다운 일본어 입문』, 『아름다운 일본어 사전』, 『아름다운 일본어 추천』 등 「아름다운」과 「일본어」가 조합된 제목의 책들이 눈에 많이 들어온다. 일본어는 과연 그렇게 아름다운 언어일까? 이렇듯 「일본어」가 「아름답다」고 강조하는 것을 접하다 보면, 그렇다면 「아름답지 않은 말이란 어떤 것일까」, 「왜 그렇게 아름답다고 말해야만 할까」 하는 의문이 생긴다.

아사히신문 2006년 11월 7일자 석간에 실린, 초등학교에서의 영어 필수화에 대한 이부키(伊吹) 문부과학성 장관(당시)의 「아름다운 일본어를 못하면 외국어를 해도 문제다」는 견해에 대하여 혼다 가쓰이치(本多勝一)(2006:7)는 「이부키 씨의 견해에 찬성하지만, 그 이유인 『아름다

운 일본어』라는 말은 마음에 걸린다. 그렇다면『아름답지 않은』일본어
란 무엇을 가리키는 것인가. 즉,『아름답다』는 것의 내용이랄까, 정의가
의심스럽다. 동북지방 사투리나 필자의 고향인 신슈(信州)·이나다니
(伊那谷) 사투리는 아름답지 않은 것일까. [……] 이 경우『아름답다』는
언어차별의 일본판이 되는 것은 아닐까, 라고 자신의 생각을 피력했다.

　도대체 언제부터 일본어를「아름답다」고 표현하기 시작한 것인지,
그것은 무엇 때문이었는지를 생각하는 것이 본 연구의 목적이다.

: 1 :「일본어는 아름답다」라고
　　누가, 언제 말하기 시작했는가?

　일본어관[1]:, 즉 얼마 전까지 일반적이었던 국어관을 논하려면 역시
언령(言霊)부터 살펴보아야 할 것이다. 고대 이래로「언령」이라는 말이
사용되고 있는데, 그것을 긴다이치(金田一)(1944:7)는 다음의 3단계로
정리하고 있다.

　제1단계는『말하는 것 그대로가 곧 실현된다』고 생각한 언령(언어활
동의 신령관)

　제2단계는 시문의 문체의 영묘함을 찬미한 언령(언어표현의 신령관)

　제3단계는 선조로부터 전래된 말 하나하나에 깃들어 있다고 생각되
는 언령(언어기구의 신령관)

1: 본고에서는 세계 언어 중 하나인 일본어에 관한 생각을 의미할 때 '일본어관'이
　라고 한다. 그에 비해 에도 국학 이후의 '일본어'에 대한 생각을 의미할 때에는
　'국어관'이라고 한다.

그 제1단계는 『만요슈(万葉集)』에 실린 히토마로(人麿)의 노래를 예로 들어 설명한다.

> 태양이 떠오르는 나라 일본은 언령이 돕는 나라 무사히 오시기를(『만요슈』 권 13)
>
> 위의 노래는 「무사히 오시기를」이라고 소리내어 말하면 상대가 「무사히 오는 것」이라고 생각했음을 의미한다.(p.2)

제2단계는 헤이안조(平安朝)의 예를 들어 다음과 같이 설명한다. 『가모노야스노리노무스메슈(加茂保憲女集)』의 서장을 예로 들고 있다.

> 아시하라노나카쓰쿠니(일본), 기품 있고 나긋한 말이 뛰어나며, 논리적이며 분별 있음은 중국에 뒤떨어지지 않는다고 운운하며 모아서 정리했다. 춘·하·추·동 사계절이다. 만세토록 환히 빛날, 해 뜨는 나라. 언령이 지속될 수 있었다.
>
> [……]이른바 아름다운 시심(詩心)을 그것에 의탁하여 31자 문자로 표현되는 시의 묘법을 찬미한 언령이다.(pp.4-5)

제3단계는 기요스케(清輔)의 『요리가미노리토(寄神祝)』를 예로 들어 설명하였다.

> 조상신이 내려 주신 언령 / 천세까지 지켜라 영원히
>
> [……] 언령 그 자체를 「조상신이 내려 준 언령」이라고 읊으며, 그 언령에 기원하고 있다. [……] 이 제3단계의 언령관은, 언어에 대한 분명한 반성이 더해진 근세 일본어학의 전성기에 들어서 더 한층 명료하게 그 모습을 나타낸다.(pp.6-7)

이처럼 고대 이후의 언령관의 추이를 더듬어 에도시대의 언령관으로 이끌고 있다. 「언령」이란 ①말하면 그것이 실현되는 말, ②언어의 교묘한 효용, ③선조로부터 받은 영험한 말이라고 해석이 변해 왔다는 것이다. 변한 것이 아니라 본래 그것들이 합해져서 복합적인 의미를 갖고 있던 것을 나중에 분석했다고 하는 것이 맞지 않을까.

사토 기요시(佐藤喜代治)는『일본어의 정신(日本語の精神)』(1944) 서론에서 「먼저 처음으로『고토아게(言挙げ, 역자 주 : 주장하기 위하여 특별히 말함)』와『언령』을 언급하지 않을 수 없다」(p.3)고 글을 시작하며, 앞에서 제시한 히토마로의 노래와 답가[2]를 인용한다.

> 일본은 신의 뜻에 따라 고토아게를 하지 않는 나라입니다. 그래도 저는 고토아게를 하겠습니다. 건강하고 무사히 계시라고, 무탈하게 잘 계시면 곧 뵐 것이오니 백 번 천 번 밀려드는 파도처럼 저는 고토아게를 하겠습니다.
>
> 葦原の水穂の国は神ながら　言挙せぬ国　然れども　言挙ぞわがする　言幸く真福く坐せと　恙なく　福く坐さば　荒磯浪　ありても見むと　百重浪千重浪にしき　言挙す吾は

「고토아게를 한다」는 표현이 세 차례나 사용된 노래이다. 노래 인용에 이어서 사토는 다음과 같이 말하고 있다.

> 여기에서 가장 주목해야 할 점은 고토아게를 하지 않는 것과 언령이 돕는 것을 국가의 특징으로 제시하고 있다는 것이다. [……] 아마도 중국이 문자·문장의 국가로서 문물이 일본에 건너와 횡행하는 경향이 있었

2: 사토는 만요가나 그대로 적고 있으나, 본고에서는 가나 혼용표기가 되어 있는 가도카와문고판『만요슈 하권 (万葉集下巻)』p.95의 표기에 따른다.

음에 반해, 일본은 중국과 달리 그렇게 야단스럽게 논하지 않는다는 자각
이 생겼으며, 여기에 중국이 문자의 나라임에 대해 일본은 언령의 나라라
는 자각이 발생한 것은 아닐까 하고 생각된다.(pp.3-4)

후세에 「언령이 번성한 나라」가 일본과 일본어를 이야기하는 하나의
키워드가 되는데, 그 유래는 이 가키노모토노 히토마로(柿本人麿)의 노
래였다. 그러나 이 노래의 취지는 「이 나라는 그 옛날 신들의 시대부터
말로 주장을 하지 않는 나라지만, 자신은 굳이 행운이 가득한 나라가
되라고 명확하게 말로 한다」고 하는 것으로, 그 답가는 긴다이치 씨가
말하듯이 「이 나라 일본은 말에 혼이 깃든 나라이므로 무사히 오시길
기원하면 그렇게 된다. 그러므로 무사히 오시길!」이라고 「특별히 말을
하는 것」이다. 사토는 중국이 문자를 중시하는 나라인데 반해 일본은
언령의 나라라고 하는 일본인의 자각의 표현이라고 한다. 이는 사토가
집필하던 당시의 일본이, 전쟁 상대국인 중국에서 일찍이 문자를 도입하
여 일본의 문자로 삼은 점을 떳떳하게 밝히지 못하고, 일본어에 대한
중국 문자의 영향을 부정하고 싶은 심정에서 나온 해석이라고 생각된다.
화제를 바꾸어 에도시대의 언령에 대하여 살펴보자. 사토는 중세에 일
본은 중국문화의 영향을 받아 한어·한자를 숭상하여 일본어를 버리고
거들떠보지 않았는데, 근세가 되면서 일본어에 대한 자각이 되살아났다
고 한다. 그 선구자가 승려인 게이추(契沖)라고 하며, 「와지쇼란쇼(和字
正濫抄)」의

　　　和邦者曜靈垂統之秘区。[……] 声韻最寥亮詳雅能通華梵。故言有霊験
　　[……]

내용을 제시하고, 게이추는 일본어의 우수함을 찬미했다고 사토는 설명하고 있다.

이를 뒷받침하기 위해 게이추의 주장을 현대어로 바꾸면, 「일본은 빛나는 영(靈)이 깃든 특별한 나라이다. 음운이 아주 맑고 풍아하게 울려 퍼져 중국·인도에도 전할 수 있다. 말에 영험이 있으므로……」이다.

다음으로 에도 시대 국학자의 일본어론을 개관해 보면, 1719년에 간행된 어학서인 『동아(東雅)』의 총론에서 아라이 하쿠세키(新井白石)는 다음과 같이 말했다.

> 천지간에 저절로 방음(方音)이 있다. 우리 동방의 나라에 성음이 적음은, 그 성음이 없는 것이 아니다. 즉, 이는 천지 발성의 소리로, 천하의 소리를 모아서 그 안에 없는 것이 없다.(pp.13-14)

아라이 하쿠세키는 당시 외국인과 접촉할 기회가 있었으므로, 중국이나 서구의 언어도 약간은 알고 있었고 일본어의 음운 수가 적은 것도 알고 있었다. 그러나 일본어의 음운은 천지(天地)에서 발생한 것이기 때문에 그 소리를 합하면 없는 소리가 없고, 전부 알맞게 소리낼 수 있다고 주장하였다.

이어서 가모노 마부치(賀茂馬淵)의 「고이코(語意考)」를 살펴보겠다. 「고이코」에서 마부치는 다음과 같이 설명한다.

> 해가 뜨는 이 나라는 사람들의 마음이 꾸밈이 없으므로 말할 것이 적고 따라서 말도 적다. 일도 말도 적기 때문에 미망(迷妄)에 빠지는 일이 없고, 잊는 일도 없다. 이는 천지에서 저절로 생겨난 소리만으로 이루어졌다. 어찌 사람이 만든 것을 기다려 무엇을 하고자 하는 것인가.(p.10)

사람의 마음이 꾸밈이 없으므로 말할 것도 적고 말도 적다. 그렇기 때문에 미망에 빠지는 일도, 잊어버리는 일도 없다. 지금 이대로의 음으로 충분한데, 굳이 외국에서 만들어진 것을 받아들일 필요가 있겠는가 하고 외국, 즉 중국의 한문학에 대한 대항의식을 분명하게 밝히고 있다. 이어서,

> 이는 이 나라의 말은 천지 조상신이 가르쳐 주신 것으로, 다른 나라에는 없는 말의 영험이 있음을 알아야 한다, [……] 존귀하신 신들이 활동하시던 시절에, 천손이 다스리는 이 나라의 영원히 변치 않는 말이 국가의 근본임을 나타내준 것이다. 이에 예로부터 언령이 번성하는 나라라고 부르는 것이리라.(p.12)

라고 서술하며 이 나라의 말은 천지의 신들이 주신 것으로 어느 나라에도 없는 존귀한 것이기 때문에, 일본은 언령이 번성한 나라라고 설명하고 있다. 천신이 주신 나라말이므로 존귀하며, 하늘로부터 받은 것이므로 순수하고, 순수한 것은 아름답다는 가치관이 명확해진다.

마부치를 계승한 모토오리 노리나가(本居宣長)는 『간지산온코(漢子三音考)』에서 일본어의 음운에 대하여 다음과 같이 서술하고 있다.

> 그리하여 이렇게 존귀하게 만국의 위에 서는 나라인 고로, 방위(方位)도 만국의 처음에 있다. 사람 몸의 근본인 목과 같이 만물도 모두 뛰어나 아름다운데, 특히 사람의 성음(聲音) 언어가 올바르고 아름답기로는 또한 만국을 훌쩍 뛰어넘는다. 그 소리가 청아하고 밝고 선명하여, [……] 또한 곧고 구부러진 것이 없어 실로 천지간의 순수정아한 소리이다. [……] 또 50개의 소리로 부족한 음도 없고 남는 소리도 없으므로, 하나도 뺄 것도 더할 것도 없다. 무릇 사람의 올바른 소리는 이에 모두 갖추어져

있다. 그러므로 이 50음 외에는 모두 들짐승과 날짐승, 사물의 소리와 가까운 것으로 혼탁부정한 소리임을 알아야 한다.[……] (pp.12-14)

노리나가는, 일본은 만국의 우위에 서는 나라로 모든 면에서 뛰어난 나라라고 하는 것에서부터 출발한다. 그래서 일본인의 음성은 「바르고」 「아름다우며」 만국의 어느 언어보다도 「청랑(晴朗)하고」 「깨끗하고」 「선명하여」 탁함이 없다. 또 그 소리는 꾸밈이 없고 바르지 않은 부분이 없어 「순수」하며 「정확하고 우아하다」. 50음으로 충분히 족하며 남김 없이 표현할 수 있다. 그 이상의 음은 날짐승이나 들짐승에 가까운, 탁한 소리라고 말하고 있다.

일본어를 「뛰어나게 아름다우며」 「바르고 아름답고」 「청랑하고」 「깨끗하고」 「선명하며」 「순수정아한」 언어라고, 아름다움의 다양한 속성을 들어 찬미한 것은 노리나가가 처음이었다.

노리나가는 대작 『고지키덴(古事記伝)』을 저술하면서 『고지키(古事記)』 어구의 주석을 전편에 걸쳐 달아 나간다. 「한문(漢文)」 「한의(漢意)」와 「황국(皇国)」 「어국(御国)」을 비교하여 전자는 이치만을 따지는 유교·불교의 교훈서와 같은데, 그에 비하면 후자는 신으로부터 전해진 것으로 아름답고 바르다고 주장한다. 「『니혼쇼키(日本書紀)』는 한문장(漢文章)을 숭앙(崇仰)하기 때문에 황국의 옛 문장을 많이 잃어버리고 있는데, 이 『고지키덴』은 옛말 그대로인 탓에 상고시대의 문체가 아름답기 그지없다」(p.26)라고 적고, 스스로는 「중국 문장의 정수가 상스러움을 깨닫고, 상대(上代)의 맑은 정수를 계승해야 함」(p.27)을 숙지해 왔다고 서술하고 있다. 노리나가가 강조하고자 하는 내용은 다음의 글에서 단적으로 알 수 있다.

상스러운 중국의 문장을 씻어 내고 깨끗이 하여 청정한 일본의 마음으로 고전을 제대로 공부해라.(p.116)

노리나가는 철저하게 중국의 한어·한의를 배제하고, 예로부터 전해 온 일본어를 최고의 것으로 간주한다. 노리나가에게 예로부터 전해 온 일본어는 「청정하고」「우아하며」「미려(美麗)한」 것이었다.

: 2 : 메이지(明治) 이후의 일본어관(日本語觀)

메이지(明治) 시대에 들어와 근대사상이 도입되자 신(神)과 언어를 연결시키는 사상은 당연히 의문시된다. 일본어의 성립을 사상으로 파악한 이연숙(1996)의 치밀한 논고의 도움을 받아 메이지 시대 여러 학자의 일본어관을 더듬어 보자.

메이지 초기의 한자어 폐지 주장이나 일본어 폐지론 등을 거쳐 우에다 가즈토시(上田万年)가 등장하기 전까지 국학 계열을 잇는 학자로는 오치아이 나오부미(落合直文)·세키네 마사나오(関根正直) 등이 있었다.

모리 아리노리(森有禮)가 일본어를 폐지하고 영어를 채택히지고 한 소위 「일본어 폐지론」에 관하여 이연숙은, 모리 아리노리의 영어 서간(書簡)을 상세하게 검토한 결과 그가 영어 채택을 주장하였으나 일본어를 폐지하자고는 말하지 않았다고 한다.(pp.3-13)

오치아이 나오부미는 오치아이(1890)에서 나라(奈良)시대의 문학이 최전성기였다고 하며, 역시 「언령이 번성하는 나라」「언령이 도우시는 나라」로 시작한다(p.9). 메이지 이후에 관해서는 「우리는 일본이 무언가 특별함을 갖고 있다는 것을 알고 풍속·습관의 귀중함을 안다. 또 우리 역사를 연구하지 않을 수 없음을 알며, 우리 언어·문장을 보존해야만 한다는 것은 안다」(pp.4-5)고 했는데, 이는 복고(復古)를 기조로 하는 언어관이다.

가메이 다카시(龜井孝) 외(1965)에 따르면, 세키네 마사나오는 메이지 20년대(1887~1896)에 「국문교과서」를 편집할 때 다음과 같이 기술했다고 한다.

> 또 근래 일본의 국문을 가르치고자 하는 책도 여러 종류 세상에 나왔지만, 대부분은 이른바 아문(雅文), 즉 고문(古文)을 취하여 규범으로 삼고 있다. 옛 것을 배우려고 한다면 괜찮으나, 일상적인 사용을 목적으로 현재의 언사(言事)를 기록하고자 함에는 매우 부적당하다고 생각된다.(p.269)

즉, 그 범위가 글말로 한정은 되어 있으나, 교과서에서 일본의 국문을 가르칠 때 고문은 일상의 일을 기록하기에는 적합하지 않다고 주장하며 고문 일변도의 자세를 취하지는 않는다.

이연숙(1996)에 의하면, 우에다 가즈토시는 메이지 23년(1890) 당시 다음과 같이 생각하고 있었다.

당시 일본어 연구에는 「고전학파(古学派)」와 「진보과학파(科学派)」 이렇게 두 파가 있었다. 한쪽은 게이추·마부치·노리나가 등의 유파로 국학의 전통에 의거하고 있었던 「고전학파」이며, 다른 한쪽은 이 「고전학파」를 배제하고 당시 서구의 최신 과학적 방법에 의해 연구를 추진하는 사람들로 그 일파를 「진보과학파」라고 생각하였다. 그리고 우에다 자신은 「진보과학파」의 가장 선봉에 있다고 확신하고 있었다.

우에다가 가장 강조하고 싶었던 것은 일본에서는 언어를 「언어 그 자체」로 보는 시점이 전적으로 결여되어 있다는 점이다.(pp.97-98)

　「일본어 연구에 관하여」(1984)에서 우에다는 「오늘날까지 일본어 학자는 상고(上古)・중고(中古)의 말만을 취하고 근대의 말은 거의 안중에도 없었다」라고 말했다. 또 「글말과 입말 두 종류가 있는데, 오늘날까지의 일본어 학자는 주로 문장에 쓰인 일본어만을 조사하고, 입말은 거의 전부 버렸다」(p.116)라며, 종래 일본어 학자의 연구 방법과 대상에 대한 방법론을 비판하고 있다.

　우에다는 「일본어학」이 취해야 할 길로 다음과 같은 점을 강조했다.

> 　일본어학이 주 연구대상으로 삼아야 하는 것은 일본의 말로, 특히 그 법칙에 관해서입니다. 이 일본어학은 일본의 국문학자 말을, 일본어의 일부분만을 연구하므로 목수・군인의 말도, 오슈(奧州)・사쓰마(薩摩) 지방의 방언도 마찬가지로 굳이 그 안에서 차별하지 않습니다. 일본어 학자는 동서고금・남녀노소・빈부귀천을 묻지 않고, 현명하고 어리석음을 논하지 않으며, 모든 사람의 말을 받아들이면서, 모든 사람이 자연스럽고 명료하며 바르게 말하고 바르게 읽고 쓸 수 있음을 종국의 목적으로 삼습니다.(p.116)

　여기에는 아름다운 일본어상은 없다. 노동자의 말이나 방언도 「호불호(好不好)를 따지지 않는다」라고 하는 것은 언어 간에 우열(優劣)이나 미추(美醜)의 차이가 없다고 보는 언어학의 입장이다. 이러한 사상에서는 「아름다운 일본어」관은 탄생하지 않으며, 궁극적인 목적은 입말을 중심으로 하는 「일본어」・「표준어」를 확립하는 것이다.

　한편, 우에다의 일본어관으로는 「일본어를 위해」(1894) 중의 「일본어와 국가」에서 서술하고 있는 혈액론이 유명하다.

> 언어는 이를 말하는 국민에게 마치 혈액이 육체상의 동포(同胞)를 나타
> 내는 것처럼 정신상의 동포를 나타내는 것으로, 이를 일본의 국어에 비유
> 해서 말하자면 일본어는 일본인의 정신적인 혈액이라고 할 수 있
> 다.(p.110)

이 시점에서는 에도 시대의 학자들이 언령이 번성하는 나라의 신으로
부터 받은 순수하고 아름다운 말이라고 주장해 온 일본어관을 찾아볼
수 없다. 그 정도로 멋진 언어라면 아무 문제도 없었을 텐데 19세기
말의 일본어 상황은 그렇지 않았다. 「바르게 말하고, 바르게 읽고 쓸
수 있게」 전국에 교육을 보급해야 하며, 그 중심은 일본어이다. 일본어
가 보급되지 않으면 교육의 보급도 있을 수 없다. 그러기 위해서는 지역
이나 계층 차이로 인해, 또 성별 차이로 말이 달라서는 안 되므로 우선
표준어를 확립해야 한다고 하며 우에다는 일본어 교육 쪽으로 방향을
잡았다. 「표준어에 관하여」(1895)에서 우에다는 「교양 있는 도쿄 사람
의 입말」을 주장한다. 문장상의 괴리(乖離)를 줄이기 위한 언문일치도
목표가 된다.

일찍이 해외진출도 시야에 넣고 있다. 청일전쟁 중에 쓴 「일본어 연
구에 관하여」에서는 다음과 같은 원대한 이상을 펼치고 있다.

> 우리는 [……] 이 일본어를 갈고 닦는 데 힘을 다해야 한다. 단지 이렇
> 게 일본 국내에서만 통용될 수 있는 언어를 만들어 낼 뿐인가. 적어도
> 동양의 학술·정치·상업 등에 관계된 사람들에게는, 조선인·중국인·
> 유럽인·미국인의 구별 없이 누구든지 알아야 하는, 말하자면 동양 전체

의 보통어라고 할 만한 것을 만들어 내려고 하는 큰 결심을 가진 사람들이
다.(p.114)

쇼와기(1926~) 이후에는 전쟁에 의한 점령지, 즉 「대동아 공영권」[3]
에서의 통용어 보급이라는 과제가 일본어 영역을 크게 뒤덮었다. 그
사상을 우에다는 이미 45년 전에 먼저 설파(說破)한 것이다.

에도 시대 이후의 딱딱한 문헌 소개에서 벗어나 조금 재미있는 화제
도 덧붙여 보고자 한다. 산토 이사오(山東功)의 『창가와 국어-메이지
근대화의 장치(唱歌と国語－明治近代化の装置－)』(2008)에, 메이지 시
기의 신체시인(新体詩人)이 일본어 문법을 가르치는 창가를 만들어 외
우게 했다는 구절이 있다. 오와다 다케키(大和田健樹)가 작사한 『일본
문전창가(日本文典唱歌)』(1901)라는, 97번까지 있는 창가가 소개된다.
그 3번을 예로 들면 다음과 같다.

> 사람의 마음을 비춰 내는 말은 많으나
> 분류하여 이름 붙이니 팔품사(八品詞)가 되는구나

이러한 품사 구분에 이어 품사의 설명, 활용 방법까지 노래로 만들어
놓고 있다. 그 2번은 다음과 같다.

> 이 나라에서 자라나 더할 나위 없이 우아하고 아름다운 우리 일본어
> 함부로 쓰지 않고 법칙을 따르는 것이야말로 나라를 아끼는 마음이로구나

3: 호사카(2007:190)에 의하면 '대동아 공영권'이라는 용어는 당시의 외무대신인
마쓰오카 요스케(松岡洋右)가 1940년 7월 22일 내각 회의에서 처음 사용한
것이라고 한다.

노래로 만들어 문법이나 일본어의 아름다움을 가르친다는 것으로, 그 아이디어도 탁월한데, 교육효과도 높았을 것이다. 「아름다운 일본어」상(像)은 이 시기부터 이미 국민들에게 강하게 인식시키고 싶은 아이템의 하나였다.

: 3 : 쇼와(昭和)기의 「아름다운 일본어」

우에다의 제자로, 일본어 정책상 중요한 역할을 담당한 호시나 고이치(保科孝一)는 표준어를 책정하기 전에 방언 조사(方言調查)가 필요하다고 강조하였다. 이연숙은 우에다가 배출한 많은 제자 중에서도 호시나는 언어 교육과 언어 정책 면을 전면적으로 충실하게 계승한 인물이라고 밝히고 있다.

방언 조사는 표준어를 「순정아순(純正雅醇, 역자 주 : 순수하고 기품 있음)」하게 만들기 위한 「사업의 참고」로 삼기 위한 것이었다. 호시나도 일본어의 표준어를 「순정아순」하게 만들기 위해 방언 조사를 한다고 했으므로, 이 시점에서는 「일본어는 아름답다」라는 생각은 하지 않았다는 것을 알 수 있다.

호시나는 호시나(1899)에서 일본어 연구 방법을 기술하고 있다. 고대에 이루어진 연구의 첫 번째 결함은 신도(神道)나 제도 · 역사 · 문학 · 풍속 · 습관 등의 연구가 주요 목적이었기 때문에 「일본어의 형태 및 구조 또는 문장법이라고 하는 다양한 것」을 상세하게 연구하기 위한 것은 아니었다는 점이다. 두 번째는 일본어를 연구하는 「자료의 범위가 실로 좁아서」 대부분은 와카에서, 그 밖에 『고지키』 · 『니혼쇼키』 · 노리토(祝詞)・센묘(宣命) 등을 자료로 하였을 뿐, 방언이나 속어는 학자들이 거의 대부분 방치한 상태였다는 점이다. 세 번째 결점은 「일본의 학자가 너무 자존심이 강했다」 「일본어는 가장 신성하고 가장 존귀한 것이라고 생각하여, 일본어 이외의 언어는 금수(禽獸)가 내는 소리, 혹은 오랑캐의 말로 이를 배척하였다」(pp.5-8)고 하며 노리나가의 「조수언어(鳥獸言語)」설을 비판하면서, 과학적 방법에 의한 연구를 자신이 취할 길이라고 하였다.

쇼와 초기에도 호시나는 『신체국어학사(新体国語学史)』(1934)에서에도 시대 국학의 결점을 지적하고 있다.

> 도쿠가와 시대 이래의 일본어학에서 가장 부진한 것은 일본어에 관한 역사적 연구로, '테니오와(テニヲハ, 역자주: 한문을 훈독할 때 보충해서 읽어야 할 조사・조동사, 용언의 어미・접미어 등의 총칭)'에 관하여 살펴봐도 활용과 음운에 관해서도 역사적인 연구로 볼 수 있는 것이 매우 적다.(p.416)

이렇게 입말을 중심으로 문자 사용법・가나 사용법 등의 개혁을 주장하는 호시나와 그 스승인 우에다를 포함하는 개혁파 일본어 학자들을 야마다 요시오(山田孝雄)(1935)는 철저하게 비판한다.

> 또한 현재 사용하는 언어라는 것에 대해서도 현대의 일본어 학자들 사이에는 종종 도리에 어긋난 주장이 있다. 그것은 입말만이 살아 있는 일본어로, 문자로 쓴 것은 중요성을 인정하기에 부족하다는 의견이다. 이는 문화라는 중대 사실을 무시하고 야만인의 언어를 표준으로 삼은 그릇된 견해로, 문화를 가진 국민에게는 해가 될 뿐 이로운 점은 없는, 존립하게 해서는 안 될 잘못된 주장이다.(p.3)

입말을 「야만인의 언어」로 폄하하고, 우에다와 호시나의 이론과 주장을 「벽설(僻說)」「그릇된 견해」「해만 있고 이로운 점은 없다」며 온갖 표현을 사용하여 심하게 비난한다.

중일전쟁이 전면적으로 확대된 1937년, 문부과학성은 『국체의 본의(国体の本義)』를 간행한다. 호사카(保坂)(2007:130)에 의하면, 야마다·히사마쓰 센이치(久松潜一) 등이 편집위원의 중심인물이다. 야마다의 일본어관과 우에다 등을 비판하는 날카로운 붓끝은 이 『국체의 본의』와 연동한다고 생각된다. 따라서 먼저 『국체의 본의』를 개관하도록 하겠다. 호사카(2007:129)는 「이 책자는 전국의 보통 소학교·중학교·고등학교·전문학교·대학교 외에 각지의 도서관과 관청에도 배포된 것이다」(p.129)라고 했고, 그 주석서·해설서도 많이 출판되었으며, 전국적으로 교육되어 일본인의 정신적인 면에 큰 영향을 끼쳤다.

문부과학성은 서장(序章)에서 편찬의도를 「본서는 국체를 명징(明徵)하게 하고, 국민정신을 시급히 함양 진작시켜야 하는 의무에 따라 편찬하였다」라고 밝히고 있는데, 그 취지를 『국체의 본의』의 일본어 관련 기술 부문에서 살펴보도록 하겠다.

우선, 제1(第一) 대일본국체 4 「와(和, 역자 주: 일본, 일본어)」와 「마코토(マコト, 역자 주: 성실하고 거짓이 없는 마음, 진정)」절에서

> 또한 성심이 있는 행위야말로 진정한 행위이다. [……] 일본의 언령사상은 여기에 근거를 갖는 것으로, [……] 진정 충만한 언어는 곧 언령이며, 이러한 말은 위대한 작용이며, 한없이 강한 힘을 갖고, 끝없이 널리 통용된다. 『만요슈』에 일본은 「언령이 번성한 나라」라고 언급되어 있는 것은 이것을 가리키는 것이다. 그러나 또 한편에서는 「신의 뜻에 따라 말로 주장하지 않는 나라」라는 설이 있다. 이는 일견 모순된 것처럼 보이지만,

실은 모순되지 않는다. 말로 표현하면 반드시 행해야 하는 것으로, 따라서 행할 수 없는 말은 함부로 하지 않아야 한다. 일단 말하면 반드시 행해야 한다. 아니 성심이 깃든 말, 언령이 깃든 말인 이상은 필연적으로 행해져 야 한다. 말이 실행될 수 있는 근저(根底)에는 마코토가 존재한다. 마코토 에는 내가 있어서는 안 된다. 일체의 자기 자신을 버리고 말하며, 또 행할 때야말로 마코토가 있으며, 마코토가 빛난다.(pp.61-62)

라고 설명한다. 언령과 고토아게를 하지 않는 나라라는 표현이 부활한 다. 일본의 국학자는 주장하지 않는다 함은 이러쿵저러쿵 이유를 말하 지 않는 깨끗한 국민성의 산물이라고 해석하였으나, 여기에서는 말한 것은 실행하라고 하는 사상이라고 견강부회(牽强附会)하여 해석하고 있 다. 게다가 그것을 더 나아가 「내가 있어서는 안 된다」라고 국민의 자아 를 부정하는 것으로 무리하게 결론을 짓는다. 실로 멸사봉공(滅私奉公) 의 권장인 것이다.

제2(第二)의 3 국민성에서는 일본어의 주어(主語)·경어(敬語)를 다 루고 있다.

일본은 나라가 열린 이래로 맑고 밝고 곧은 마음을 근본으로 하여 발전 해 온 것으로, 우리의 말·풍습·습관 등도 모두 여기에서 그 본원(本源) 을 찾아낼 수 있다.(p.97)

「일본어·풍습·습관」의 본원이 「맑고 밝고 곧은 마음」에서 나온다 고 하며, 「일본어의 아름다움」도 시사하고 있다. 더욱 구체적으로 나아가

몰아귀일(沒我帰一)의 정신은 일본어에도 잘 나타나 있다. 일본어는 주어가 표면에 잘 나타나지 않고 경어가 잘 발달했다는 특색을 갖고 있다.

이는 만물을 대립적으로 보지 않고 몰아적·전체적으로 사고하기 때문이다. …… 경어가 발달함에 따라 주어를 나타내지 않는 경우가 많아졌다. 이 공경의 정신은 본래 황실을 중심으로 하여 천황을 받들고 스스로를 비우는 마음이다.(pp.98-99)

주어를 확실하게 말하지 않는 것이 자아를 드러내지 않는 공경의 정신이며 그것은 경어의 발달과 통하고, 경어의 발달에 따라 주어를 나타내지 않게 되었다고 에둘러서 말하고 있다. 문부과학성이 직접 만들고 『국체의 본의』라는 위엄 있는 제목이 붙은 권위 있는 책이라고 하기에는 별 내용이 없는 듯한 느낌도 부정할 수 없다. 더욱이 이어서 「사무라이(侍)」와 「고자이마스(ございます)」의 어원이 갑자기 소개되어 있어, 내용 그 자체의 구성에도 의문이 생긴다.

호사카도 지적했듯이 『국체의 본의』는 「일본의 전통적인 정신·도덕·사상을 구미 문화와 대항하게 하여 이를 능가하게끔 하려는 사상에 의한, 극히 정신적인 의미를 갖는 내용」(p.134)의 책이다.

화제를 바꾸어 일본어 학자 야마다 요시오의 일본어관에 대하여 알아보자. 「국민정신의 함양·진작」의 이론가였던 야마다 요시오는 『국어존중의 근본 의미(国語尊重の根本義)』(1938)에서 우에다 등을 반정신론자로 거세게 공격한다. 요즈음 「일본어 순수성의 보호·유지」를 부르짖게 된 것은 일본어의 순수성이 보호·유지되지 않기 때문이다. 그 근원은 「메이지 유신 이후 잘못된 개혁주의가 발호(跋扈)하여 무턱대고 옛것을 파괴하고, 서양을 모방하는 것을 문명 개화라고 오인한 결과 [……] 일본어의 존엄을 해치고 일본어를 혼란에 빠뜨렸기」(p.262) 때문이라고 하였다.

그것을 궤도 수정하기 위해서는 다음과 같은 일을 해야 한다고 주장한다.

> 첫째, 일본어를 아낄 것. [······] 한편으로 말하자면 일본어가 어지러워지는 것을 슬퍼하는 정신이며, 한편으로는 일본어의 순수성을 보호해 나가는 정신이다.
> 둘째, 일본어를 존중할 것. 이는 일본어가 선조 전래의 사상적인 보고임을 자각하고 존엄성을 인정해 그 경멸을 막는 정신이다.
> 셋째, 일본어를 바르게 이해하는 것. [······] 바르게 이해한다는 것은 무엇보다도 전통을 중시하는 것이다.
> 넷째, 일본어 문제는 일본인을 위한 문제로, 외국인의 의향을 살피기 위한 문제가 아니다.
> 다섯째, 한어(漢語) 숭배의 꿈에서 깨어나야 한다.
> 여섯째, 일본어의 순화라는 것은 바른 것을 표준으로 삼아 수준을 높이는 것이다. [······] 종래의 일본어 운동은 대중의 비위를 맞추어 수준을 내리는 방향으로만 주목해 왔다. 이는 도리에 매우 어긋나는 것이다. 일본의 입말은 조탁(彫琢)을 거치지 않은 지 600년, 그동안 크게 타락하였다. 이를 더욱 타락시키려고 하는 것이 오늘날 행해지고 있는 실리주의·편리주의라는 비속(卑俗)한 의견이다. 이 비속한 의견이 일본어의 순수성을 파괴하는 가장 무서운 곰팡이균이다. (pp. 267-273)

인용이 조금 길어졌으나, 야마다의 본모습을 잘 드러내 주는 문장이다. 「일본어 순수성의 보호」, 「선조 전래의 일본어의 존중」, 「해외문화·한어 숭배의 중지」, 「일본어의 순화」를 솔선하여야 한다고 강조하며, 그에 반대하는 움직임에 대해서는 심지어 곰팡이균이라고까지 말하고 있다.

더욱이 전시의 기운이 강해져 마침내 미국과의 전쟁을 시작한 1941년

에는 일본어는 「대일본제국」의 「통용어」가 된다. 야마다(1941)는

> 지금 우리가 일본어라고 인식하는 것은 일본제국의 중핵인 야마토 민
> 족이 사상의 발표 및 이해의 도구로 예전부터 사용해 왔고, 또 현재도
> 사용하고 있으며, 앞으로도 계속 사용해 나갈 언어를 말하는 것이다. 이
> 일본어는 야마토 민족에게서 발달하여 대일본제국 국민의 통용어가 된
> 것으로, 이를 간단히 말하면 대일본제국의 표준어이다.(pp.2-3)

라고 모순되게 이야기한다. 야마토 민족이 예로부터 지금까지 사용해
온 사상 발표의 도구인 일본어가 식민지·점령지의 이민족을 감싸 안는
대일본제국의 통용어가 된다면 변질은 피할 수 없는데, 그래도 괜찮은
것일까?

표준어라는 말도 나오는데, 호시나 등이 말하는 「표준어」와는 다른
개념의 표준어이다. 이연숙(1996)에 의하면 「보수파의 입장에서 『표준
어』는 전통에 근거한 글말 중심으로 받아들여지고 있었다. 그들은 『일
본어』의 존재를 일상의 『입말』에서 파악하는 것을 강하게 부정하고 있
었다. 그에 반해 개혁파는 『표준어』는 어디까지나 입말 수준에서 실현
해야 한다고 생각하고 있었다.」(p.167) 라는 내용이 나온다.

개혁파의 중심으로 야마다 비판의 선봉이었던 호시나도 전시 중의
저술에서는 기존의 입장에서 크게 물러서는 모습을 보인다. 호시나
(1936)는,

> 우리의 국운이 이렇게까지 급속하게 융성한 것은 황송하기 그지없게도
> 역대의 보살핌에 의한 것이라고 생각합니다. 그와 동시에 우리는 선조
> 전래의 일본어를 갖고 있고, 이에 의해 야마토 정신, 즉 세계만방에서도

뛰어난 일본정신을 양성하고, 이를 한데 묶어 일치단결하여 의용봉공(義勇奉公)의 성심을 다하는 것이 가능했기 때문이라고 생각합니다.(p.54)

라고 말하며, 황실숭배의 표현을 당연한 수식어처럼 가져와 선조 전래의 말과 일본정신의 연결을 찬미하며, 그 자신이 비난해 왔던 에도 시대 국학자와 다름없는 논조로 돌아간다.

일본어 존중·애호도 당시의 키워드로, 다음과 같이 주장했다.

우리는 앞으로 일본어를 크게 존중·애호하여 그 건전한 발달을 촉진하고, 순수정아(純粹正雅)한 표준어로 일본정신을 고양시키기 위해 노력하며, 일등국민으로서의 품격을 높여야 한다(p.60)

여기에서 그 품격을 따지는 것은 여성어에 대한 것이다.

언어와 인격은 가장 밀접한 관계를 갖는 것으로, 순수하고 바르며 품격 있는 말을 사용하도록 유념하는 것은 특히 여성에게는 가장 중요한 몸가짐이며, 또 사상을 건전하게 만드는 근거라고 생각합니다.(p.61)

라며 이유를 밝히지는 않았지만, 여성어가 중요한 몸가짐이며 건전한 사상을 보증하는 것이라고 한다. 그 품위 있는 말의 최고가 경어이다.

품격 있고 정중한 말을 사용하면 자연스럽게 인품과 기품이 높아집니다. 우리 일본어에서는 경어의 용법이 가장 중요한 것이어서, 그 용법에 의해 거의 그 신분을 살필 수 있습니다. 그러므로 여성은 언어 사용에 특히 주의해야 합니다.(p.84)

여기에서도 특히 여성은 경어를 능숙하게 사용하지 않으면 신분이 탄로난다고 말하고 있다. 또한 외국인의 일본어 습득에 관해서도 언급하고 있다.

> 일본어·일본의 국자(國字)를 가능하면 빨리 정리하여, 외국인이 재미있고 쉽고 간단하게 배울 수 있는 길을 열도록 해야 합니다.(p.106)

이 시기에 「외국인이 재미있고 쉽게 배우도록 하자」는 것을 생각했다는 점은 탁월한 생각이지만, 이미 30년 이상 일본어를 강요당했던 조선·대만 사람들이 재미있고 쉽게 배우고 있었을까? 당시의 생각으로는 조선·대만은 일본과 하나이며, 호시나가 말하는 외국인과는 별개라고 할지도 모르지만, 일본어 학습이라는 측면에서는 마찬가지이므로, 그런 종류의 발뺌을 할 수는 없을 것이다.

표준어가 제정되지 않은 점에 관해서는 다음과 같이 언급하며 표준어 제정의 필요성을 주장했다.

> 일본에서는 일본어의 표준이 정해지지 않았기 때문에 건전한 발달이 이루어지지 않아, 그것이 일본정신의 발달에도 많은 지장을 초래한다. [……] 순수하고 바르며 품격 높은 표준어를 제정하고 이를 존중·애호하여 그 건전한 발달을 촉진하는 것이야말로, 순결하며 숭고한 일본정신을 배양하는 것이라고 생각합니다.(pp.151-152)

「진보과학파」였던 호시나도 정신론을 전면에 내세우는 쪽으로 변화하였다. 「일본어 교육에서도 표준어가 정해져 있지 않기 때문에 교단에서 각 지방의 언어를 사용하는 교사가 많고, 의무교육을 다 마친 후에도

표준어로 문장을 쓰지 못하는 아동이 많은 것」(p.152)이 현 시점의 문제
이다.

표준어 제정의 필요성은 스승인 우에다 가즈토시로부터 이어받은 것
으로, 우에다 이래로 일본어 교육상 매우 긴요한 과제로 언급되어 왔다.
이 시점에 이르러 표준어 제정의 필요성의 하나로 「숭고한 일본정신을
배양한다」는 것이 덧붙여진 것은 시대의 추세에 따른 것이다.

호시나도 우에다도 일본어를 서민의 입말을 중심으로 방언조사를 실
시하여 표준어를 제정해야 한다고 생각하고 있던 메이지 후반부터 쇼와
초기에는 「아름다운 언어」는 의식에 등장하지 않았다. 아름다움의 여
부보다는 제도를 정비하는 것이 선결문제라고 생각하고 있었기 때문이
다. 그러나 쇼와기 전쟁의 시기에 들어가자 호시나의 논조도 「우리는
선조 전래의 일본어로를 가지고 야마토 정신, 즉 세계만방에서도 뛰어
난 일본정신을 양성하며」라고 기술하게 되고, 「진정으로 훌륭하고 아름
다운 일본 야마토의 말」이나 「순수정아한 표준어」 등 「아름다운 일본
어」라는 식의 일본어 미화가 진행된다.

우에다가 청일전쟁·러일전쟁이라는 전쟁의 시대에 맞추어 일본어
의 해외 진출까지 시야에 넣었던 것은 앞에서도 서술하였다. 그러면
외국인에게 가르치기 위한 표준어 제정이 시급해진다. 표준어 사상을
확대해 나가면 「아름다운 일본어」에 근접해 가는 것은 틀림없다. 우에
다는 표준어 제정과 일본어교육에, 호시나는 일본어정책에 힘을 기울이
게 된다. 가나 표기나 한자 사용을 제한하는 방침 등을 구체적으로 제안
하는 정책의 장으로 옮겨 간다. 그러는 동안에도 전통적인 일본어 학자
로부터는 강한 비판을 받아, 가나문자의 제정도 장음 표시(-)를 받아들
이기도 하고 빼기도 하는 등 혼란을 거듭해 간다.

이가라시 지카라(五十嵐力)(1928)는 「아름다운 언어」를 지키라고 한다.

　　일본에는 옛날에도 아름다운 말이 있었고 지금도 아름다운 말이 있다.
　그리고 그것은 갈고 닦으면 더욱 더 좋아질 가능성이 있으며, 또 말을
　갈고 닦으면 국민의 생활이 아름다워지고 국가의 위상이 높아지므로 서
　로 가능하면 주의하여 일본어를 지켜 나가고 싶은 것입니다.(p.37)

「일본」이라는 말을 들으면 예나 지금이나 「아름다운 말」이 있다고
하는 것이 직결되는 듯한, 국가와 「아름다운 말」의 매우 강한 연결을
여기에서 찾아볼 수 있다. 이가라시의 입장에서는 말의 어떤 점이 어떻
게 아름다운가를 말할 필요는 없다. 이와 같은 논조가 논단에서도 특별
하게 취급되지 않고, 독자도 쉽게 받아들였던 시대 배경을 확인해 두어
야 한다.

　노리나가 이래의 「아름다운 일본어」론은 전통을 중시하는 학자들 사
이에서 면면히 이어져, 다시 출현할 날을 기다리고 있다. 전시 중에 학
자들의 발언은 너나없이 군국주의를 찬미하는 정신주의 존중, 그 정신
을 단련하기 위한 일본어 애호, 순수 일본어를 지키라는 것이 기조로
되어 갔다.

　마쓰오 스테지로(松尾捨次郎)(1939)는 가모노 마부치의 의견을 다시
그대로 되풀이하면서, 일본어 음운 조직이 간단한 것을 일본정신과 연
결시킨다.

　　모음이 적고 자음이 많은 것은 일본어를 명랑·경쾌·우아하게 만들
　며 [……] 이는 명랑·경쾌·우아함을 사랑하는 일본정신이 이와 같은
　음운 조직을 채택하기에 이른 것으로, 이 음운 조직이 일본정신을 좌우하

게 된 점도 인정됩니다.(p.27)

라며, 탁음이 적은 것도 「명랑·경쾌·우아함을 애호하는 국민성」과 일치한다고 주장한다. 또 다른 일본어의 특징은 경어로 나타냈다.

　　일본어 경어법이 잘 발달된 것은 두말할 필요 없이 일본의 군신상하(君臣上下)가 자신의 본분을 잘 지켰기 때문으로, 일본정신이 드러난 일면입니다.(p.30)

　일본정신이 아름답기 때문에 일본어도 아름답고, 아름다운 일본어가 일본정신을 배양했으며, 아름다운 일본정신이 경어를 발달시켰다고 여기에서도 같은 말이 반복되고 있다.

　이노우에 시로(井上司朗)(1941)는 역시 「언어의 혼란」에 대한 우려에서부터 논고를 시작한다.

　　오늘날 「한마음」, 「일본협력」의 필요성을 통절하게 부르짖는데도 불구하고 그 실적이 그만큼 오르지 않는 것은, 이 일본어가 조잡하고 국민의 의사가 깊은 곳에서는 서로 제대로 통하지 못하는 것에 그 원인의 하나가 있는 것은 아닐까.(p.1)

　국민은 「한마음」으로 서로 「협력」하고 있다고 선전하지만, 뜻하지 않게도 내실은 말뿐이었음을 알 수 있다. 일본어 문제가 중요한 것은 일본어가 순수하고 바르면 일본인의 사상도 순수하고 바르게 된다고 하는, 일본인에게 있어서의 중요성은 종래와 다르지 않지만, 새롭게 동아시아 공영권이라는 말을 생각할 필요가 발생하였기 때문에, 여기에서야말로 일본어 문제가 중요하다고 본 것이다.

　　그것은 동아시아 공영권에서 공통어로서의 사명이 일본어에 새롭게
부과되었기 때문이다. [……] 그런데 일본어의 현 상황은 이 동아시아
공영권의 공통어로 무조건적으로 통용되는 것이라고는 생각되지 않는다.
일본어의 순화문제가 새롭게 대두된 것은 당연한 일이다. 어떤 타민족의
언어보다도 아름답고 함의(含意)가 풍부하며, 부드러운, 게다가 배우기
쉬운 언어—일본어를 이와 같은 경지로까지 끌어올리는 것이야말로 시급
한 일이며, [……] (p.2-5)

　일본어가 「아름답고 함의가 풍부하며, 부드러워야」만 하는 것은 일
본인에게만 필요해서가 아니다. 일본이 새로 지배하게 된 나라들을 통
치하기 위해서는 일본어를 보급해야 하는데, 그때 그 현지의 언어보다
도 아름답고 좋은 것이 아니면 보급이 불가능하지 않겠느냐고 하는 것
이다. 물론 무력으로 침략하여 점령하고, 말을 강제로 사용하게 하는
것은 가능할 것이다. 그렇지만 그것은 진정한 보급이 아니다. 현지인들
이 원해서 받아들이는 언어여야 한다. 그러기 위해서는 「아름다운」 언
어가 아니면 안 된다. 여기에서 「아름다운 일본어」 신화의 새로운 요인
이 더해진다.
　긴다이치 교스케(金田一京助)(1942)는 다음과 같이 기술하며, 정서적
으로 대대로 전해진 유산으로서의 일본어관을 피력한다.

　　과장해서 말하자면, 이 나라말 안에는 대대로 내려온 환희의 목소리와
한탄의 목소리도 깃들어 있다. 나라말은 눈물과 웃음, 피와 땀방울이 모두
하나가 되어 전해져 온 유산이다. [……] 그러므로 그리운 것, 존귀한 것,
다른 것으로 대체하기 어려운, 유일한 것이어야 한다.(pp.61-62)

　이후의 긴다이치(1944)는 더욱 감정적 · 정서적으로 일본어의 아름다

운 점을 기술한다.

> 이 나라의 장중함, 현명함, 황실중심·충효일여(忠孝一如)의 가족주의
> 의 존중, 일본의 어머니들의 훌륭함, 부도(婦道)의 훌륭함, 그와 함께 깊은
> 음영을 간직한 그윽한 일본어의, 또한 기록법의 독특함은 다시 평가하여
> 도 뛰어나고 아름다운 점이자 장점으로, 결코 뒤떨어지는 것이 아니었
> 다.(p.87)

황실숭배·가족주의·부녀자의 도리라는 식으로 찬미의 도구를 다
갖추고 있다.

우에다의 제자 중 하나였던 신무라 이즈루(新村出)도 일본어의 간략
화에 반대하는 것을 목적으로 생긴 일본국어회에서 편찬한『국어의 존
엄(国語の尊厳)』에서, 야마다 요시오·오니시 마사오(大西雅雄)·마쓰
오 스테지로(松尾捨次郎) 등과 교류하며 격렬하게 개혁파 비판을 반복
한다.

> 20세기 중반 이후 종종 언어의 물질관·기계관에 쉽게 사로잡히는 사
> 람이 있다. 그 결과 언어문자를 편의화 하고자 하여 전통을 잊어 버리는
> 쪽으로 달려가고 있는데, 그것은 아무리 우려를 표해도 부족할 뿐이
> 다.(p.144)

라고 우에다나 호시나의 문자 개혁안을 비판한다. 지금까지도 「천박하
게 외국의 사례를 일본에 응용·적용하려고 시도한 흔적이 결코 없었다
고는 말할 수 없다」(p.154)라고 개혁을 부정한다. 해외로 진출하기 위해
빨리 정비하여 혼란이 없도록 하라는 주장도 이해할 수 있지만, 그 때문

에 전통을 무시하고 안이한 간략화를 해서는 안 된다고 기술하고 있다.

　　만주국과 그 외 나라에 일본어를 확대하고자 함에 [……] 그 과도기에
　는 대용품적인 것으로 만족해야 한다고 생각하지만, 거듭 말하지만 이
　때문에 우리 일본어의 원천에 탁류가 역류하여 그 원천을 더럽히는 일이
　없도록 해야 한다고 우리는 우려할 뿐이다.
　　고로 일본어의 문제에 있어서도 일본어의 사용을 다른 나라에 확산시
　키기 전에 먼저 올바른 일본어의 길을 우리가 연구하고 명징(明徵)하게
　하는 것에서 출발해야 한다고 생각한다.(pp.161-162)

　일본 국내의 일본어를 「명징하게」하자는, 당시의 『국체의 명징(國體
の明徵)』이 일찍 사용되고 있는 점은 흥미롭지만 「국어의 원천에 탁류
가 역류하여 그 원천을 더럽힌다」는 것은 심한 비유가 아닐까. 그런
관점에서 본다면 해외에서 땀방울을 흘리며 일본어를 널리 보급하고자
애쓰는 사람들은 탁류 제조자인 것이다.

　이노우에의 주장은 해외로 진출하기 위하여 일본어를 아름답게 만들
라는 것이지만, 신무라는 해외 진출을 함으로써 일본어 자체가 변질될
우려를 느끼고 부정적인 주장을 계속한 것이다.

　이시구로 요시미(石黑修)는 콕 집어 『아름다운 일본어(美しい日本語)』
(1943)라는 제목의 책을 출간하고, 그 서문에서

　　「아름다운 말」이란 [……] 사치와 허례를 없애고 간소한 생활미를 반
　영한 진실한 말로, 그것은 언어적으로도 정신적으로도 올바른 것이어야
　한다. 바른 일본어는 기백이 있다. 기백이 있는 것은 강하다. 그래서 아름
　다운 동시에 바르고 강한 말은, 또 좋은 말인 것이다. 즉, 일본어란 바른
　일본어, 좋은 일본어와 동의어여야 한다.

일본어와 아름다운 일본어 · 바른 일본어 · 좋은 일본어는 동의어(同義語)라고 한다. 그것이 노력해야 할 목표인지, 실제적인 것인지는 명확하지 않다. 이러한 논조에서 흔히 볼 수 있는, 자신의 말에 도취된 무책임한 말과 구별이 되지 않는다.

: 4 : 해외진출 일본어

호시나 고이치의 『대동아 공영권과 국어정책(大東亜共栄圏と国語政策)』(1942)은 일본어 정책을 전문적으로 생각해 온 호시나가 일본어의 해외진출에 대한 정책면 · 실시면 · 교육방법 · 교육범위 · 교육지역 · 교사교재 등을 광범위하게 다룬 논술서다[4]:

호시나는 제3장 「일본어 정책의 본질과 그 중대성」에서 일본어 정책을 「국내에 대한 것 · 식민지에 대한 것 · 해외에 대한 것」 이렇게 세 가지로 분류한다.(p.103)

먼저 식민지의 일본어 정책에 대해 호시나는 새로운 점령지에 대한 정책으로서 일본어를 보급하는 것은 당연하지만, 그보다 먼저 새롭게 통치받게 된 사람늘 사이에는 고유의 민족어가 존재한다는 것을 인정해야 하고, 그것을 말살하는 것은 좋은 방법이 아니라고 말한다.

「식민지에는 어디까지나 동화(同化)정책을 골자로 해서 추진해야 한다. 이 경우 새로운 식민지의 국민들을 동화시키는데 가장 효과적인

---

[4]: 호시나의 논문에 쓰인 가나표기법은 시기와 논문에 따라 역사적 가나표기법인 경우도 있고 표음식 가나표기법인 경우도 있는데, 논문에 쓰인 대로 인용하고 있다.

것은 언어이고, 또한 언어 교육이다.」「식민지의 동화란, 요컨대 새로운 식민지의 국민들이 기꺼이 따르게 만드는 것이므로 우선 그들의 사상이나 정신을 동화시키는 것에 깊이 뜻을 둬야 한다.」「이 점에 있어서 조선이나 대만에 대한 일본의 정책은 대체적으로 성공했다고 해도 무방하다. 조선의 국민 교육도 이미 일본 국내와 비슷해졌으며, 지원에 의한 병역 희망자도 예상보다 몇 십 배 많은 상황이다.」「새로운 식민지의 국민으로 하여금 일본어 교육을 받고 일본어를 배우는 것이 이익이라고 느끼게 해서 그들이 자발적으로 일본어를 배우도록 하는 것이 식민지의 일본어 정책으로서는 최상이다.」(pp.122-128)

이어서 일본어를 대동아 공영권의 통용어로 삼으려는 이유를 점령지 안에서도 여러 민족이나 여러 섬에서 사용되는 언어에 차이가 있어서 의사소통이 원활하게 이루어지지 않는 실상을 필리핀의 많은 섬을 구체적인 사례로 들며 논하고 있다(p.198).

동남아시아의 여러 민족에게 가르치는 일본어에 대해서는 조선이나 대만의 교육과는 달리 「입말만 교육하고 글말까지 교육할 필요는 없다. 즉 그들이 일상 회화를 하는데 지장이 없을 만큼만 가르치는 것이 현재의 급선무다」(p.215)라고 점령 지역별로 일본어 교육의 수준을 나누어 논하고 있다.

대만에서의 일본어보급 계획으로는, 어떤 지역에서는 「『일본어 문맹자』가 『일본어 문해자(文解者)』가 되어 『일본어장(章)』을 받을 때까지 매월 2전씩 일본어습득 과태료를 부과하고 그 과태료는 일본어 보급비로 충당한다」(p.230)는 시도나 「관공서나 회사에서 직원을 뽑을 때 일본어의 습득 유무를 채용조건으로 해서 습득자에게 우선권을 인정하는」(p.232) 등 일본어 보급이 새로운 식민지 국민들의 자발성에 의한 것이

아니라 현지 지도자가 총독부의 의향을 받들어 실적 올리기에 연연해하
는 모습을 공교롭게 소개하고 있다.

「홍콩・말레이시아 반도・버마・인도네시아 제도 등 새 점령지의
주민들은 앞다투어 일본어를 배우려 하고 있다」(p.259)라며,

> (2) 인도네시아 원주민의 일본어 학습 열기가 아주 뜨거워서 군정부가
> 주최하는 일본어 강습회는 언제나 만원사례로 성황을 이룬다. 이러한 열
> 의에 보답하고자 교육국은 자카르타에 제1, 제2 일본어학교(모두 6개월
> 수업)를 개설한 뒤 성적이 우수한 자는 각 기관에 채용했다.
> (3) 싱가포르시 여기저기에는 일본어로 쓴 그림 포스터가 붙어 있다.
> 말레이시아군 선전반원 ○○○○ 씨 등의 주창으로 일본어 보급 운동이
> 말레이시아・수마트라에 열풍처럼 번지고 있는데, 그 운동을 추진하기
> 위해 6월 1일부터는 「일본어 보급 주간」이 개시된다.(p.260)

와 같은 예가 제시된다. 열심히 한 만큼 좋은 결실을 맺으면 좋겠지만
그렇지는 않은 것 같다.

> 자연적인 추세에 맡겨두면 올바른 표준어를 보급하는 것이 불가능할
> 뿐 아니라 그들을 동화시키려는 중대한 사명을 달성할 수 없다. 앞에서
> 서술했듯 점령지에 일본어를 보급하고자 하는 목적은 일본어를 통해 원
> 주민을 동화시켜 우리와 함께 일치단결해서 대동아 공영권의 진전에 기
> 여하고 아시아인을 위한 아시아를 건설하고자 하는 것에 있다. 이 목적을
> 잘 완수하기 위해서는 올바른 일본어를 공영권의 통용어로 육성해야 한
> 다.(pp.269-270)

라고 거듭 「올바른 일본어」를 추구하고 있다.

일본어 보급도 자연적인 추세에 맡겨두면 안 되고, 「가능한 한 올바르고 품위 있는 일본어를 보급해야 하므로 우선 기본 어휘를 선정할 필요가 있다.」(p.393) 또한 「일본어 일간신문을 발행해서 그들이 두루 읽게 하는 것이 정책상 가장 효과적인 방법이라고 믿는다」라는 착안도 기술되어 있다. 「그사이 일본어에 숙달되고 일본 문헌이 친숙해져 어느덧 일본정신에 동화될 것이다. 일본정신에 동화되면 대동아 공영권의 발전에 부지불식간에 서로 협력하게 되는 것 역시 당연하다」(pp.401-402)라고 천천히 자연스럽게 익힐 수 있다면 손쉽겠지만, 이라고 생각게 하는 낙관적인 견해도 기술하고 있다.

표준어 확립은 메이지 이래의 호시나의 커다란 현안이다. 올바르고 품위 있는 일본어를 보급해야 하지만, 일본 국내에도 표준어로서 충분한 자격을 갖추고 있는 일본어가 없는 것이 현실이다. 도쿄어가 표준어에 가깝지만 발음면에서 에도어의 「시(シ)」「히(ヒ)」의 혼동, 「가(カ)」와 「과(クヮ)」의 구별이 없고, 「出発・新宿・主人」을 「시쓰파쓰(シツパツ)・신지쿠(シンジク)・시진(シジン)」의 직음(直音)으로 발음하는데, 간사이지방에서는 「시유쓰파쓰(シユツパツ)・신지유쿠(シンジユク)」의 요음(拗音)으로 발음한다. 비탁음(鼻濁音, nga)도 도쿄에서는 발음이 되지만 시코쿠나 규슈지방에서는 탁음(濁音, ga)이다. 이와 같은 문제를 방치한 채 해외에서 가르칠 수는 없다. 일본어를 가르치는 사람 중에는 본인이 쓰는 사투리를 가르쳐서 신용을 떨어뜨리는 사람도 있다. 각양각색의 악센트 역시 만주나 중국, 서구인들에게 가르칠 때 큰 지장을 초래한다. 이대로 방치해두면 「해외진출에 어두운 그림자를 드리울 위험이 있다」(p.408)면서 여기에서는 일본어 전문가답게 구체적인 예를 들어가며 자신의 지론(持論)인 「표준어」가 미정비된 실상을 논한다.

다음으로 중요한 것이 가나표기법이다. 일본 국내에서는 일반적으로 역사적 가나표기법이 사용되었는데, 이는 일본의 아동에게도 쉬운 것이 아니다.

> 발음이 같은데도 「게후(ケフ)」나 「갸우(キャウ)」로 표기를 달리하는 것이 버마·말레이시아반도·인도네시아 및 필리핀의 원주민들에게 상당한 혼란을 주는 것은 말할 것도 없다. [……] 이들 원주민에게 일본어를 전수할 경우에는 [……] 발음 나는 대로 적는 발음적 가나표기법에 의존하는 것이 상책임을 다시 말할 필요는 없다(p.410)

한자에 대해서도 「꼭 필요한 것만 약간 전수하는 것이 좋을 것 같고, 그 수도 되도록 적어야 할 것이다」(p.413)라고 호시나가 오랫동안 주장해온 가나표기법 개혁과 한자사용 제한의 필요성이 기술되어 있다. 명령형·연용형 등 지역에 따라 문법이 다른 상황에 대해서도 「이를 통일하지 않으면 일본어를 배우고자 하는 외국인은 어느 쪽을 따라야 좋을지 갈피를 못 잡게 되기 때문에, 그것이 자연히 일본어의 발전을 방해하게 될 것이다」(pp.417-418)라며 하루빨리 문법을 통일할 것을 희망하고 있다.

글을 맺으면서도 호시나는 일본 국내에서 일본어의 표준화가 진척되지 않는 점, 일본어보급의 중대성에 대한 일본인의 인식이 부족한 점을 계속 한탄한다.

「해외에 진출시킬 일본어의 가장 중요한 조건은 올바르고 아름다우며 또한 발음이나 문법 등 모든 것이 규칙에 맞아야 한다.」 이를 위해서는 「일본 국민이 자숙하고 반성해서 올바른 일본어를 육성하는데 항상 마음을 써야 하는데도」 전혀 그런 마음가짐이 되어 있지 않다. 「동남아시아 민족에게 올바른 일본어를 전수했다 해도 그들이 접하는 일본인이 난잡하고 비속한 말을 사용한다면 바람직하지 못한 결과를 낳는 것은 불 보듯 뻔하다.」「조선이나 대만에 올바른 일본어를 보급하기 위해 노력하고 있는데, 이에 무관심한 일본인이 건너가서 난잡하고 거칠고 비속한 말을 유포하는 것이 커다란 문제가 되고 있다.」「어쨌든 일본국민 스스로가 순수하고 정확한 말을 유지하는 것에 깊이 자성하지 않으면 일본어의 해외진출에 막대한 지장을 초래하는 것은 분명한 사실이다」(pp.452-456) 라며 거듭 한탄한다. 알찬 내용이 담긴 교과서 제작도 서둘러야 하고, 우수한 일본어교사 양성도 강력히 요망되며, 또한 사전 편찬도 빼놓을 수 없다(pp.456-457).

마지막으로 「적어도 일본어를 대동아 공영권의 통용어로 삼고자 한다면 아주 올바르고 품격 높은 말로 육성해야 한다. 조악하고 비속한 일본어로는 통용어로서의 커다란 임무를 다할 수 없으므로, 온 국민이 한마음 한뜻으로 자신의 일본어 생활을 깊이 반성해서 일본어의 표준화가 굳건히 유지되도록 각오를 다지는 것이, 대동아 공영권의 맹주로서 그 중대한 책무를 다하는데 있어 가장 시급한 일이라고 믿는다」(p.464)라고 집요할 정도로 일본인의 자각을 촉구하며 글을 끝맺고 있다.

이연숙(1996)은 호시나의 언어정책을 호의적으로 보고 있다. 호시나는 일본어의 해외진출을 메이지 이후 우에다 가즈토시로부터 이어받은 일본어 개혁을 실시할 수 있는 좋은 기회로 보고 그것을 추진하려고 했다. 일본어 개혁운동은 전쟁 이후에도 계속되기 때문에, 호시나로서는 전쟁 전에도 전쟁 후에도 그대로 이행할 수 있었다고 평가하고 있다. 이연숙은 다음과 같이 말한다.

　　호시나가 말하는 「동화(同化)」는 식민지에 대한 국민통치정책일 뿐 그
이상도 그 이하도 아니다. 호시나가 제안하는 언어정책에는 황도(皇道)주
의적 · 국수주의적 요소는 매우 희박하다.(p.262)

　이렇게까지 무비판적으로 평가해도 괜찮을까? 일본어 정책수행을 면
죄부 삼아 전시 중의 발언을 무죄라고 해도 될까?

　　호시나(1936:54)에서는 천황의 높은 위세를 언급하고, 호시나(1942:
343)에서는 「황군의 깃발이 나부끼는 곳」「천황의 높은 덕이 닿는 아름
다운 곳」이라고 하는 등 여러 곳에서 황실을 언급하고 있다. 황도주의
적이지 않다는 이연숙의 평가는 너무 관대한 것이 아닐까.

　　호시나를 인용하다보면 가나표기법 때문에 당혹스러울 때가 있다. 이
연숙에 따르면 호시나의 가나표기법은 「전투적이라고 할 만한 것」
(p.196)으로, 그가 이상적이라고 생각한 표음식 가나표기법을 바탕에 두
고 자신이 참여하던 위원회가 새로 만든 가나표기법을 가장 먼저 받아들
였다고 한다. 1936년의 『국어와 일본정신(国語と日本精神)』에 나오는
「~또유우요우나(~とゆうような)」「아리마쇼(ありましょう)」 등은
「전투적」이라는 표현이 맞을지도 모른다. 하지만 1942년의 『대동아 공
영권과……』에서는 「~야우니나쓰테(~やうになつて)」「~데아라우
(~であらう)」 등 역사적 가나표기법으로 되돌아가 있다.

　　계속해서 호시나의 전쟁 이후의 언동을 살펴보기로 하겠다. 1946년
3월에 창간된 잡지 『사조(思潮)』 제3호(1946년 10월호 昭森社)는 「특
집 · 일본어 개혁의 여러 가지 문제점」이라는 기획 하에 각 분야를 대표
하는 인물들이 모여 일본어 개혁을 논하고 있다. 토론자로는 마쓰사카
다다노리(松阪忠則) · 구라이시 다케시로(倉石武四郎) · 도이 고치(土居

光知)·고바야시 히데오(小林英夫)·긴다이치 교스케·도조 미사오
(東篠操)·후지무라 쓰쿠루(藤村作) 등 쟁쟁한 인물들이 포진되어 있다.
그 마지막에 호시나가 등장해서「신생일본의 일본어 정책」을 논한다.
호시나는,

> 지금 일본은 민주주의를 기조로 하여 강건하게 우뚝 서 있다. 과거를
> 되돌아보면, 지나친 군국주의나 국가주의 때문에 터무니없는 압박과 위
> 협을 받아 국민이 그 나아갈 길을 항상 방해받아 왔다. 비정상적인 국가주
> 의자가 득세하여 과학의 진보를 방해하고, 언론의 자유를 빼앗고, 세계정
> 세의 추이를 돌아보지 않고 아주 편협한 독자적인 사상으로 국민을 미혹
> 시킴으로써 [……] 황송하게도 천황폐하를 비롯해 8천만 국민이 유사 이
> 래 미증유의 고난에 빠진 것은 실로 한탄스러울 뿐이다.(p.63)

라며 자신이 전시 중에 한 언행은 전부 잊고 군국주의·국가주의에 압
박과 위협을 받은 피해자처럼 행세하고 있다.「비정상적」까지는 아니
었을지 몰라도 전쟁 말기에는 호시나 역시 그에 가까운 언행을 했었다.
비정상적인 행동을 허용한 천황도「유사 이래 미증유의 고난에 빠졌다」
라고 피해자로 둔갑시켜 놓고 한탄하고 있다.
　일본어의 해외진출을 선동하고, 현지인들에게 일본어 사용을 강요하
고, 현지 언어를 억압해온 것에 대한 그 어떤 사죄나 반성은 없다. 그리
고 이에 이어지는 논문의 주장 역시 전시 중의 주장과 별반 차이가 없다.
이연숙이 말한 대로다. 호시나가 독일 유학 중 연구조사·체험한 독일
제국의 언어 정책은 상당히 엄격해서 폴란드 등 여러 나라에서 정치적
문제가 격화된데 반해, 일본이 대만과 조선에서 실시한 일본어 교육은
온건해서 불상사가 전혀 일어나지 않고 있다고 전시 중 자주 말했는데,

전쟁 후에도 같은 말을 반복하고 있다.

> 조선과 대만 및 만주에서 일본어가 우월한 지위를 차지하고 있는데도, 그로 인해 복잡기괴한 정치 문제가 발생하지 않은 것이 유럽과는 다른 점이었다.(p.64)

『대동아 공영권과 국어정책』(1942)에서는,

> 조선과 대만에 대한 일본의 정책은 대체적으로 성공했다고 해도 무방하다. [……] 지금까지 조선에서 교육으로 인해 정치적으로 문제가 발생한 적은 없다.(p.127)

라고 했던 것이 「복잡기괴한 문제」가 발생하지 않았다고 보다 모호하게 표현했을 뿐 요지는 비슷하다. 대만에서 「일본어 가정(역자 주 : 가족 전원이 집에서 일본어를 사용하는 것)」을 장려하거나 조선에서 이름까지 빼앗아버린 것은 문제가 아니었다는 것일까? 이연숙은 식민지 지배 하에서도 조선어를 학교의 교과과목으로 포함시킨 점 등을 들며 일본의 일본어 정책이 온건하게 행해졌다고 주장하는 것에 대해 조선어 과목은 「『일본어』교육을 위한 보조수단이기도 했다. [……] 일본의 지배의 폭력성을 은폐하기 위한 알리바이로 이용된 것에 불과하다」(pp.250-254)고 말한다. 이러한 일본의 정책은 일반적으로 「조선어말살정책」「민족어말살정책」이라고 불렸다고 한다.

호시나(1946)로 다시 돌아가 보자. 호시나는 표준 일본어가 제정되어 있지 않으므로 빨리 그것을 정해야 한다고 전쟁 전과 전시 중에도 일관되게 주장했는데, 그는 전쟁 후에도 물 만난 물고기처럼 똑같은 주장을 반복한다. 일본인의 언어에 대한 표준의식 결여를 한탄하는 태도는 전시 중과 변함이 없다. 전시 중에는 억제되어 있던 이 한탄도 거리낌 없이 표출되어 그 필요성이 「중일전쟁 이후 일본 국민의 사상이 차츰 통제를 잃은 모습이 근래의 언어사용에서 그 양상을 더욱 잘 드러내고 있다」(p.67)고 이제 와서 손바닥을 뒤집듯 말을 바꾸고 있다. 선조로부터 물려받은 일본어 정신이 흐르고 있으므로 황군의 군사들이 혁혁한 전과를 올리고 있다고 말하지 않았던가.

호시나처럼 전시 중에 한 발언에 대해 시치미를 떼는 학자는 또 있다. 경어가 세계에 자랑할 만한 것이라고 주장하고, 특히 그 아름다운 경어의 사용자이자 수호자인 여성은 부녀자의 도리를 지켜야 한다고 외친 긴다이치 교스케도 같은 특집에서 「민주주의 하의 일본어 문제」라는 제목의 글을 통해 자신의 의견을 개진한다. 호시나와 다른 점은 머리말에서,

> 지금 우리는 중대한 결심이 필요한 때이다. 이제 와서 무엇을 지키고자 연연해하는 것일까. 우리는 떳떳하게 반성하고, 지금까지의 세계무비(世界無比)의 교만함을 버리고, 근본부터 다시 생각해 새로운 첫 발걸음을 바르게 내디뎌야 한다.(p.47)

라고 반성의 글을 적고 있는 점이다. 다만 그 반성이 「세계무비의 교만함」에 대한 것뿐이라면 진심으로 반성했다고 보기는 어렵다. 경어를 세계 어디에서도 찾아볼 수 없는 아름다운 것이라고 한 것은 「세계무비의 교만함」이었으므로 그 점을 깨달은 것은 당연히 반성한 듯 보인다. 그러나 그 후 간행된 『국어학 논고 긴다이치 교스케 선집Ⅲ(国語学論考

金田一助選集Ⅲ)』(1962)에도 「여성어와 경어」가 수록되어 있는데, 가나표기법이 다소 다를 뿐 내용이나 문장은 거의 비슷하다. 위의 책에서도 「일본의 부도(婦道)가 세계의 부인도 가운데에서도 특별히 뛰어나고 아름다우며」 「일본의 여성어 역시 실로 일본의 부인도와 관련되는 세계에서도 아주 드문 것」이라고, 1942년에 쓴 것과 똑같은 어구가 나온다. 이것이 「세계무비의 교만함」이 아니고 무엇이겠는가. 이런 식이라면, 말로는 「떳떳하게 반성하고」라고 했지만, 그 반성을 곧이곧대로 받아들일 수 없는 것이다. 또한 긴다이치가 말하는 여성의 경어론과 전쟁 후의 경어관에 대해서는 야스다(2008)에 상세히 나온다.

전쟁 후의 반성을 본격적으로 다루기 전에 전시 중의 언동을 조금 더 살펴봐야 한다. 전시 중 호시나에 뒤이어 적극적으로 일본어의 해외 진출에 관여한 사람은 구기모토 히사하루(釘本久春)다. 구기모토(1944)의 주장은 호시나·신무라 등이 말한 범주를 벗어나지는 않지만, 그가 흥아언어정책(興亞言語政策)의 중점으로 든 세 가지를 소개해본다. 당시 문부과학성 도서감수관이라는 자리에 있었던 구기모토는 해외의 일본어교육을 정리하는 위치에 있었다. 그 세 가지란,

> 첫째, 일본어의 철저한 보급을 통해 대동아 공통어를 확립하는 것.
> 둘째, [……] 각 지역에서 원주민들의 모국어에 의한 표준어를 확립하는 것.
> 셋째, 영어 세력의 잔재를 청산하는 것.(p.21)

으로, 둘째의 내용이 다른 논자와는 다르다. 호시나도 현지의 민족어와 일본어의 보급을 조화롭게 민족어와 공존시키는 것이 좋다고는 하면서

도 「모국어에 의한 표준어를 확립하자」고까지는 말하지 않았다. 더욱이 대부분의 논객은 일본어를 보급해 현지어로 만들라고 강력하게 주장만 할 뿐, 원래부터 존재하는 현지인들의 언어는 완전히 무시하거나 못본 척 했다.

　다만 첫째의 「일본어의 철저한 보급」과 둘째의 「원주민의 모국어에 의한 표준어 확립」을 모순되지 않게 실행할 수 있는 방책이나 대책은 제시되어 있지 않기 때문에 그 실현가능성은 별도로 살펴봐야 하지만 말이다.

　첫째에 대해서는 아래와 같이 말한다.

　　　일본어 보급의 구체적 방법에 대해서는 […] 그 하나는 전 지역에서 일관되게 통일된 일본어를 유지시킬 것. 말과 말을 표기하는 표기법도 바르고 권위 있는 일본어를 이식한다는 노력이 각 지역을 통해 행해져야 할 것. 이른바 식민지 일본어라고도 하는 변형 일본어가 성립되지 않도록 지금보다 엄격하게 경계해야 한다. (pp. 22-23)

　여기에서 호시나 등과 다른 점은 「권위 있는 일본어」가 더해진 것이다. 점령지에 보급하는 일본어는 「올바른 일본어」만으로는 안 되고 권위가 필요하다는 얘기다. 게다가 「변형 일본어」가 되지 않도록 경계해야 한다고 말한다. 이러한 취지는 신무라도 말했지만, 「변형 일본어」라는 것이 피진(pidgin, 역자 주 : 의사소통이 되지 않는 언어를 쓰는 사람들 사이에 자연스레 형성된 언어. 문법이 간략화되고 어휘가 극도로 제한되어 있다) 일본어를 가리키는지, 아니면 일본 각지에서 모인 방언 사용자들의 보급으로 인한 일본어 자체에서의 「변형화」를 가리키는지는 알 수가 없다.

일본어의 해외보급이라는 사실에 직면하면서 일본 국민 전체의 일본어 통일, 일본어 생활의 정제라는 과제를 들 수 있다. 일본 국민 각자가 자신의 일본어 생활을 절실히 반성하고, 몸소 올바른 일본어를 표현하는 사람, 형성하는 사람인 것처럼 자신을 훈련해야 한다.(p.25)

라는 것이 구기모토가 일본인에게 보내는 메시지이다. 해외보급을 위해 국내의 일본어를 바르고 아름답게 가꿔야한다는 주장은 호시나를 비롯해 1940년대 초반부터 많은 지식인들이 말해 왔던 것이다.

당시의 일본어관은 「아름다운 일본어」「일본어는 아름답다」라는 고대부터 내려온 순수성을 기본으로 한 사고방식에서 한 걸음 더 나아가 외국인에게 보급하기 위해서는 「좋고, 아름답고, 올바른」 일본어이어야 한다는 규범의식이 「순정(醇正)한 말」을 탄생시킨 것이다.

: 5 : 전시(戰時) 중 교과서 속의 일본어관

전쟁 전의 마지막 교과서는 제5기 국정교과서지만 이를 살펴보기에 앞서 제4기 교과서부터 간략하게 살펴보고자 한다.

1941년 이후 명칭이 국민학교로 바뀌지만, 그 이전 심상소학교(尋常小學校) 시기의 교과서 「소학 일본어독본」에는 「올바른 일본어」「일본어를 애호(愛護)하자」 같은 취지를 직접적으로 드러내는 과(課)는 없다. 다만 권9의 2과에 실린 「트루크 섬에서 보내는 편지」가 전시(戰時) 상황임을 나타내고 있다. 트루크 섬에 온 지 3개월이 되는 숙부가 조카에게 보내는 편지 형식의 이 글은 섬의 식물과 음식물, 기후, 자연 등에 대해

전하고 있는데, 마지막 단락에 가면 다음과 같은 문장이 나온다.

> 토착민들은 아직 문명화되어 있지 않지만 성격이 온순하고 일본인을 잘 따르며, 특히 최근 몇 년 동안 일본이 여기저기에 학교를 세운 덕분에 아이들은 일본어를 곧잘 구사한다. 일전에도 십여 명의 소녀가 「기미가요」를 부르고 있었다.(pp.8-9)

일본어가 해외에 진출한 사례로 현지 아이들이 일본어를 잘 구사할 뿐 아니라 「기미가요」까지 부를 수 있다는 것을 전하고 있다. 점령지 아이들이 「기미가요」를 부르는 예는 제5기 『초등과(初等科) 일본어 3』의 4과에도 「기미가요 소년」이라는 제목의 글이 실려 있다. 이 노래를 부를 수 있는 것을 일본어를 구사할 수 있는 하나의 척도로 보았고, 일본에 대한 현지인들의 충성심의 표현이라고 생각했을 것이다. 「토착민(土人)」, 「잘 따른다(よくなつき)」, 「곧잘 구사한다(なかなか上手に)」처럼 식민지나 점령지 아이들을 깔보는 듯한 표현을 문제로 삼자면, 그것만으로도 차별론의 커다란 테마로 다룰 수 있겠지만, 여기에서는 언급하지 않겠다.

제5기 소학교 교과서의 명칭은 「국민과(國民科) 일본어교과서」로, 1941년부터 사용되었다. 일본어는 국민과의 중심에 위치해 있었고, 1학년이 『읽기(ヨミカタ)』1·2, 2학년이 『읽기(よみかた)』3·4, 3학년에서 6학년까지가 『초등과 일본어』1부터 8까지였다. 교사용에는 문부성에서 작성한 교과서의 정신 및 편찬방침이 상세하게 기술되어 있다. 여기에는 목차만 적어본다.

1. 국민과(科) 지도의 정신 (1) (2) (3) (4) [생략]
2. 국민과 일본어 지도의 정신
   (1) 국민과 일본어의 의의
   (2) 일본어 지도의 4분절 분절의 기초 음성언어 지도와 문자언어 지도
   읽기 글짓기 쓰기 말하기
   (3) 일본어 애호와 일본어 순화
3. 국민과 일본어교과서
   (1) 편찬방침
   (2) 제1기 일본어교과서 읽기(キミカタ) 단어 연습(コトバノオケイコ) [이하 생략]

2의 (1)에서는, 일본어 지도자는 일본어의 본질을 잘 파악해야 한다고 강조한 뒤, 「언어를 단순히 사상을 전달하는 도구로 생각하는 것은 아주 통속적인 언어관」이라며 언어를 도구로만 여기는 언어관을 부정하는 것으로 시작한다. 이는 그와 같은 언어관이 존재했고, 그것을 부정할 수밖에 없는 사정이 있었음을 시사한다.

또한 「일본인은 일본어를 통해 생각하고 느끼고 사상을 구성한다. 일본인의 사고, 감정, 사상은 어디까지나 국민 공유로, 선조 때부터 전해 내려오는 일본어와는 떼려야 뗄 수 없다. 바로 여기에 일본어를 지도하는 데 중요한 열쇠가 숨어 있다. 즉, 일본어 지도의 첫 번째 목적은 일본어와 떼어놓고는 생각할 수 없는 국민적 사고와 감정을 통해 국민정신을 함양하는 것에 있다」(p.21)는 글에서 알 수 있듯, 일본어의 본질을 논하던 것이 어느새 국민정신으로 슬그머니 옮겨가 있다.

(2)의 음성언어 지도와 문자언어 지도에서는, 그전까지는 일본어 지도의 분절에 들어가지 않았던 「말하기」가 이번 개정에서 채택된 점은

크게 주목해야 한다고 서술하고 있다.

> 발생적 견지에서 보면 음성언어가 문자언어보다 먼저 나타났고, 음성
> 언어의 기반 위에서 문자언어가 발달했다는 것은 말할 나위도 없다. 그러
> 므로 문자언어로서의 일본어를 철저히 지도하기 위해서라도 그 기반이
> 되는 음성언어로서의 일본어가 바르고 풍부하게 배양되는 것이 중요하며,
> 바로 거기에 「말하기」의 중요성이 있다.(pp.23-34) (밑줄은 인용자)

접속사 「그러므로(随って)」의 사용법을 눈여겨 볼 필요가 있다. 보통
순접 접속사 「그러므로」가 오면 후속 문장은 「그러므로 우선 음성언어
부터 교육한 뒤 문자언어 교육으로 넘어가야 한다」는 내용이 뒤따라야
하는 법이다. 그런데 음성언어보다는 오히려 문자언어를 우위에 두고자
하는 내용으로 슬그머니 바뀌어 있다. 문자언어야말로 언어의 중심이라
고 교사들을 선동하려는 것이다.

「글짓기」절에서는, 저학년의 글짓기는 「말하기」에서 출발하는 것이
중요하다고 언급한 뒤,

> 「글짓기」는 말을 문자언어로 바꾸는 것이므로 어린이의 생활언어는
> 「글짓기」를 통해 순화되어야 하고, 당연히 사투리도 바로잡아서 올바른
> 일본어로 평이하고 명료한 글을 쓰도록 해야 한다.(pp.28-29)

라고 주장한다. 이 글도 내용이 교묘히 뒤바뀌어 있다. 생활언어를 문자
화해서, 즉 일상생활에서 일어난 일을 글로 쓰게 해서 문장력을 향상시
키고자 하는 것이 글짓기임에도, 이 글은 오히려 생활언어를 교정하기
위해 글짓기를 시켜야 한다고 주장하고 있다. 즉 글짓기는 어디까지나

올바른 일본어로 교정하기 위한 수단일 뿐이고, 입에서 나오는 말을 그대로 글로 옮기면 안 되며, 규범화된 말하기로 개조해서 글을 써야 한다는 것이다.

(3)의 일본어 애호와 일본어 순화에서는,

　　　일본어가 단순히 사상표현의 도구가 아니라 국민적 사고와 감정의 결정체이고 국민의 사상정신과 불가분의 관계라는 것을 생각하면, 새삼 일본어의 중대한 의의를 알게 됨과 동시에 일본어를 어떻게 존중하고 애호해야 하는가를 통감하게 된다. 그러므로 일본어 교육은 국민들이 일본어의 중대성을 깨닫고, 일본어를 존중하고 애호하는 마음을 기르는 데에 힘써야 한다. [……] 오늘날 일본어가 동아시아의 공통어로서 중대한 역할을 하고 있는 것을 보면 [……] 입말로서의 표준어 교육과 함께 발음 및 악센트의 순화통일을 철저히 해서 동아시아의 공통어로서, 더 나아가서는 세계어로서의 문화적 자질을 갖추는 것이 현재의 급선무이며 [……] 일본어 교육은 음성언어에서의 표준어 사용뿐만 아니라 문자언어의 경우에도 항상 올바른 일본어를 사용하도록 유의하고 [……] 어린이의 일상생활에까지 체현(體現)시키는 것을 목표로 삼아야 한다.(pp.33-36)

　일본어는 이미 「동아시아의 공통어」이고 「세계어」라면서 시선을 국외로 돌리겠다는 의지를 명확히 한 뒤, 그러기 위해서는 입말과 글말, 두 가지 측면 모두에서 「올바른 일본어」를 사용해야 한다고 말하고 있다. 그러나 호시나가 1943년의 저서에서도 되풀이했고, 표준어 제정을 줄기차게 요구해온 현실에서 생각할 때, 「올바른 일본어」의 실체가 있었다고 순순히 받아들이기는 힘들다. 또한 「표준어 사용」이라는 표현이 나오지만 실제로는 표준어가 제정되지 않았던 것은 아니었을까. 호시나가 예로 들고 있는 동사, 예컨대 간사이 지방 어린이가 「가우테(買

うて)」라고 하고, 간토 지방 어린이가 「갓테(買って)」라고 말하는, 이런 차이를 어떻게 제외하고 가르쳐야 한단 말인가.

그러나 위의 내용들보다 먼저 살펴봐야 할 것이 3의 (1)의 편찬방침이다. 교과서의 목차를 따르다보니 이 같은 순서가 되었지만, 가장 먼저 살펴봐야 하는 것이 교과서의 편찬방침이다.

> 먼저 일본어 교과서의 교재는 올바른 일본어를 통해 국민정신을 함양하고, 정서 순화와 창조력 계발에 이바지하며, 아울러 일본어를 애호하는 마음을 기르는 데 적합해야 한다.(p.39)

위의 글을 보면 일본어과의 목적은 언어 이해나 창조력 또는 표현력보다는 국민정신의 함양에 있음을 알 수 있다. 일본어 교육 본래의 목적이 크게 왜곡된 것은 바로 이 편찬방침에서 출발한 것이다.

그렇다면 이러한 편찬방침에 따라 만들어진 교과서는 구체적으로 어떻게 되어 있을까.

『읽기(ヨミカタ) 2』(1학년 2학기용)의 4과에는 「라디오의 말」이라는 글이 나온다. 가타카나에 한자가 섞인 표기법으로 되어 있다. 그 전문을 실어본다(행이 바뀌는 부분을 / 로 표시한다).

> 일본의 라디오는 / 일본말을 합니다. / 바른 말이 / 아름다운 말이 / 일본 전역에 들립니다. / 만주에도 닿습니다. / 중국에도 닿습니다. / 온 세계에 울려 퍼집니다.
> 日本ノ　ラジオハ、 / 日本ノ　コトバヲ　ハナシマス。 / 正シイ　コトバガ、 / キレイナ コトバガ、 / 日本中ニ　キコエマス。 / マンシウニモ　トドキマス。 / シナニモ　トドキマス。 / セカイ中ニ　ヒビキマス。

(pp.16-17)

「바른 말」 「아름다운 말」이라는 표현이 이미 초등학교 1학년 교과서에 등장하고 있다. 라디오에서 나오는 말이 「아름다운 말」이고, 「바른 말」인 것이다.

『초등과 일본어 4』(4학년 2학기용)의 4과에는 다롄(大連)에 있는 일본인 어린이가 그곳에서 보고 들은 것을 일본에 있는 친구에게 편지 형식으로 쓴 「다롄에서」라는 글이 실려 있다. 거기에는,

> 만주국에는 다양한 민족이 모여 있고 모두 즐겁게 일을 하고 있습니다. 이곳 사람들은 일본어를 열심히 배우려고 노력하고 있습니다. 비록 각 민족의 언어는 다르지만, 머지않아 일본어로 서로 얘기도 나눌 수 있게 되고 마음도 통하게 되겠죠. 얼마 전, 중국 거리에 놀러 갔을 때 재미있는 간판이 눈에 띄었습니다. [……] 무슨 간판인지 궁금해서 옆에서 놀고 있는 만인(滿人) 어린이에게 물어봤더니 「저것은 중국 음식점 간판입니다」라고 일본어로 정확하게 알려주었습니다.(pp.22-23)

라고 일본어가 해외에서도 통용되게 되었으며 머지않아 「만주국」의 통용어가 될 거라는 것과 중국 어린이가 적극적으로 일본어를 사용하게 되었다는 내용이 적혀 있다.

그런데 일본어를 모국어로 하는 비슷한 또래 아이의 질문에 과연 중국인 어린이가 「저것은 중국 음식점 간판입니다(あれは支那料理の店のかんばんです)」라고 대답했을까. 기껏해야 「저건, 중국 음식점 간판이야(あれは、支那料理の店のかんばんだよ)」나 「저건, 중국 음식점 간판(あれは、支那料理の店のかんばん)」정도가 아니었을까. 도대체 이

런 부자연스러움의 어디가 「올바른 일본어」라는 것일까.

제4기 국정교과서 『소학 일본어독본 권8』(4학년 2학기용)의 4과에도 「다롄에서 보내는 편지」라는 글이 있지만, 거기에는 「만주인들 사이에도 일본어가 점점 퍼지고 있습니다. 어제도 시장을 가다가 길을 잘 몰라 놓고 있던 만주인 어린이에게 물어봤더니 일본어로 정확하게 알려주었습니다.」(p.41)라고만 적혀 있을 뿐, 「만주」 어린이의 대답은 나와 있지 않다. 그런데 제4기 교과서에서는 「만주인 어린이(滿洲人の子供)」였던 것이 제5기 교과서에는 「만인 어린이(滿人の子ども)」로 되어 있는 것이 왠지 마음에 걸린다.

『초등과 일본어 5』(5학년 1학기용)의 7과에는 「말과 글」이라는 글이 실려 있다. 의사소통 수단으로서의 말의 기능, 생각을 글로 표현하는 방법, 마음을 전하는 방법 등 입말로서의 「말」과 글말로서의 「글」의 기능 및 진심이 담긴 말이나 글로 표현하는 방법을 설명한 뒤, 마지막에

우리는 바르고 아름다운 말과 글을 사용해야 한다는 것을 잊어서는 안 된다. 그렇게 하는 것이 예부터 전해 내려온 소중한 일본어를 더욱 훌륭하게 갈고 닦는 길이다.(pp. 44-45)

라는 문장이 이어진다. 말과 글을 바르고 아름답게 사용하라고 가르치는 것은 좋지만, 느닷없이 「예부터 전해 내려온 소중한 일본어」라는 문장이 등장하는 데에는 놀라지 않을 수 없다. 에도시대 국학자들이 주장한 「신이 내려주신 말」이라는 언어관이 쇼와시대 초등학생에게로 계승된 것이다.

『초등과 일본어 7』(6학년 1학기용)의 4과에는 「경어 사용법」이라는

글이 실려 있다. 이 글은 일본의 경어는 세계 최고의 경어이고, 여성이 남성보다 더 정중하게 말하는 것이 「일본어의 관습」이라고 가르치고 있는데, 이에 대해서는 뒤에 나오는 「여성의 경어」편에서 자세히 서술하겠다.

『초등과 일본어 8』(6학년 2학기용)의 20과에는 「일본어의 힘」이라는 글이 실려 있는데, 제4기『소학 일본어독본 권9』의 28과와 같은 내용이다.

> 일본은 신화시대 이래 만세일계(萬世一系)의 천황을 받들고 세계에 유례없는 국체를 이뤄 오늘날까지 발전해 왔으며, 일본어 역시 건국 초기부터 계속 전해 내려와 현재에 이르고 있다. [……] 일본어는 이처럼 국가나 국민과 떼어놓을 수 없는 것이다. 자기 나라의 말을 잊어버린 국민은 더 이상 국민이 아니라고 말하기도 한다. 일본어를 존중하자. 일본어를 사랑하자. 일본어야말로 국민의 혼이 깃들어 있는 것이다.(pp.144-145)

일본어는 신화시대인 건국 초기 이래의 것으로, 국민의 혼이 깃들어 있는 일본어를 사랑하고 존중하자며, 야마다 요시오나 오니시 마사오가 소리 높여 외쳤던 것과 똑같은 주장을 교실에 울려 퍼지게 하고 있다.

이어서 중등학교의 교과서는 어떨까. 이가라시 지카라가 편집한『순정(純正)일본어독본』과『순정여자일본어독본』이라는 책이 있다. 그는 『순정일본어독본』의 서문에서 편찬 취지를 아래와 같이 밝히고 있다.

> 일본어 독본의 세 가지 대의(大義)를 요약하면, 일본어의 고유성과 순정미려(純正美麗)한 모습을 알리고, 오랜 세월 동안 여러 작가에 의해 다양한 형태로 표명된 각각의 취지와 의의를 알리고, 또한 국토 국민의 가장 높은 천성이 가장 훌륭하게 나타난 모습을 알려서, 국민들이 일본어와 국가 및 국토를 이해하고 애호하도록 하는 것이다.(pp.1-4)

요컨대 올바르고 아름답고, 국토와 선조를 반영하는 일본어를 가르치는 것과 그런 일본어를 애호하도록 하는 것이 편찬방침이라는 얘기다. 그리고 중등학교용『순정일본어독본 권7』과 여자고등학교용『순정여자일본어독본 권7』에는 그가 1928년에 출간한『국어 애호(国語の愛護)』라는 책의 취지가 세 과에 걸쳐 고스란히 수록되어 있다.

제1과에는, 선조에게 물려받은 일본어를 애호해야 하는데도 외국어의 남용으로「일본어가 극도의 난맥 상태에 빠져 있다」(p.2) 또한「지방 사투리가 끊임없이 침투하면서 일본어 본래의 의의와 운치에 악영향을 미치고 있다」(p.5)는 내용이 들어 있다.

제2과에는「되도록 올바르고, 아름답고, 풍부하고, 통일성이 있는 일본어로 만드는 데에 초점을 맞추고 싶다. 무엇보다 제일 먼저 법칙에 맞는 일본어로 만들고 싶고, 더 나아가서는 아름답고 정취가 있는, 훌륭한 일본어로 만들고 싶다. […]」(p.7)는 내용이 적혀 있다.

제3과에는,「선조 때부터 전해 내려온 소중한 재산인 일본어를 훌륭하게 유지하고, 되도록 풍부하고 선미(善美)하게 만드는 것이 자손인 우리의 의무다.」「요컨대 일본어를 이 기준에 맞게 올바르고, 아름답고, 풍부하고, 통일성이 있는 것으로 만들어 일본어와 국가를 빛나게 하고 싶으며, 적어도 이 점에서만큼은 일본을 세계 최고의 자리에 올려놓고 싶다」(pp.20-21) 라고, 어느새 얘기가 일본어 애호에서「일본을 세계 최고의 자리에 올려놓고 싶다」는 소망으로 바뀌어 있다.

: 6 : 잡지 『일본어』를 되짚어보다

당시 일본어의 해외 보급은 시급하고 중요한 과제였기에 그 일에 직접 관련된 사람들에 의해 1941년 「일본어교육진흥회」가 발족되었고, 동(同) 진흥회에 의해 『일본어』라는 잡지가 간행되었다. 이 잡지를 따라가 보면 당시 일본어학자나 지식인들의 일본어관과 일본어 진출관, 일본어 교육관 등을 엿볼 수 있으므로, 간행 시기별로 특징적인 발언이나 논고를 살펴보기로 하겠다.

1941년도 vol.1-1호에서 요시자와 요시노리(吉沢義則)는 「입말과 글말」이라는 논문을 통해 아래와 같이 말한다.

> 언어는 국민 모두가 존중하고 사랑해야 나라(奈良)시대나 헤이안(平安)시대처럼 아름답게 발달한다. [……] 우선 국민에게 일본어 사랑을 환기시켜야 한다. [……] 일본어는 국민정신을 표현한 것이다. 일본어 사랑은 곧 국가에 대한 사랑이어야 한다. [……] 그러므로 우리는 먼저 전국민에게 일본어 사랑을 목청껏 호소해야 한다. (pp. 28-29)

이 시대에는 와카 문학사 등 헤이안 문학의 전문가조차도 「일본어는 국민정신을 표현한 것이다」, 「일본어 사랑을 환기시켜야 한다」라고 부르짖지 않을 수 없었던 모양이다.

vol.1-2호에는 문부과학성 도서국장 마쓰오 초조(松尾長造)의 「일본어 대책에 관한 문부과학성의 근본방침」이 실려 있다.

그 내용을 요약하면,

> 안으로는 일본어를 순화하고 통일해서 국민정신의 진흥에 이바지함과

동시에 신일본문화건설의 기반을 다지고, 밖으로는 대동아 공영권에 올
바른 일본어를 보급해 대동아 신질서건설의 근간을 마련하는 데 있
다.(p.17)

로, 즉 일본에서는 「일본어 순화와 국민정신의 진흥」에, 식민지나 점령
지에서는 「올바른 일본어 보급」에 힘쓰겠다는 말이다.

vol.1-5호에는 당시 중국의 철도회사가 운영하는 학교에서 일본어를
가르쳤던 마쓰오 류키치(松尾龍吉)의 「현지의 일본어 교육」이 게재되
어 있다. 여기에서 현지란 당시의 구분으로 말하면 중국 북부지방이다.

선조가 건국 이래 순수하게 물려준 말, 즉 일본의 정신적 핏줄이자 생
명인 일본어에 대한 종래의 생각을 일소시켜 국민적 자각을 촉구하고,
일본문화의 앙양과 일본정신의 고양을 꾀하는 동시에 도야(陶冶)되고 올
바른 일본어를 중국 대륙에 보급해서, 일본어를 대동아 공영권의 공통어
로 만드는 것이 매우 중요하다는 것을 절실히 느끼는 바이다.(pp.37-38)

위의 글에서 「종래의 생각」이란 일본어 개혁을 통해 전통문화를 부정
하는 것을 가리킨다. 마쓰오는 선조 때부터 내려온 말을 잘 지키고 일본
정신을 고양시켜 「올바른 일본어를 중국 대륙에 보급」할 것을 주장하고
있다. 그리고 현지에서 사용될 교재의 요건으로는 「교육목적에 부합하
고 학습자의 심리·연령·생활환경에 적합해야 하며, 또한 일본어의
풍부함, 아름다움, 고상함을 지니고 있어야 하고, 항상 일본적 성격을
내포하고 있어야 한다」(p.39)라고 말한다. 중국 북부지방에서 가르치는
일본어는 철저히 「아름다운」 일본어이어야 하고, 교재 역시 반드시 일
본적 성격을 담고 있어야 한다는 것이다.

vol.2-1호에는 히사마쓰 센이치가 「일본문화의 대동아 공영권 진출에 대해」라는 글에서 문화 진출을 얘기하면서 일본어 진출에 대해서도 언급하고 있다.

> 일본어는 일본정신의 구현이고, 일본인의 마음을 표현한 것이다. [……] 일본어를 대동아 공영권에 진출시키기 위해서는 일본어를 더욱 순화해야 하는 것은 말할 필요도 없다. [……] 그러나 이 경우에도 일본어는 국민정신의 구현이고, 마음과 언어는 하나로 융합되어 떨어질 수 없는 관계라는 것을 잊어서는 안 된다.(pp.28-29)

히사마쓰로 말할 것 같으면, 1976년에 사망했지만 상대(上代)문학 연구가이자 문학사전 등의 편찬자로 지금도 서적에 그 이름이 남아 있는 일문학자다. 야스다(安田, 2002)는 저서에서 히사마쓰가 전쟁 시기와 전쟁 전후를 어떻게 살아왔는지 그의 언동을 따라가며 세세히 다루고 있다. 히사마쓰가 『국체의 본의』의 편집위원이었다는 것에서도 알 수 있듯, 그는 일본정신론을 주창하는 이데올로그(Ideologue)였다.

일본어는 일본정신을 표현한 것이고, 그런 일본어를 대동아 공영권에 진출시키기 위해서는 순화가 필요하다고 말한다. 일본정신과 국민정신이 어떻게 다른지 명확하게 설명되어 있지는 않지만, 마음과 언어는 하나이므로 정신이 언어에 나타날 거라는 얘기다.

도키 젠마로(土岐膳麿)는 같은 호에 실린 「진출 일본어의 후속성」이라는 글에서 아래와 같이 말한다.

> 일본어의 대륙진출을 적극적으로 추진하는 것을 용장(勇壯)하고 과감한 직접적인 일이라고 한다면, 새로운 시대의 말을 하나하나 검토하고

조정하는 일은 경건하고 충실한 간접적인 근무봉사라 할 수 있다.(p.31)

이시카와 다쿠보쿠(石川啄木)와 친분이 있고 혁신적인 와카를 발표했던 도키는 이 시대에도 전쟁 수행이라는 기치를 내걸고 있지는 않다. 언어를 바라보는 방식도, 히사마쓰 같은 보수주의자들의 논조를 비판하고 있지는 않지만, 모호한 태도를 취한다.

vol.2-9호에는 문부과학성 도서감수관 구기모토 히사하루의 「일본어 교육의 기초」라는 논문이 실려 있다. 4절에서 살펴본 구기모토(1944)의 근본적인 사고방식이 나타나 있으므로 새삼 소개하지는 않겠다. 요컨대, 해외로 일본어를 보급할 때 정비되지 않은 상태로 나가는 것은 일본어의 권위를 실추시키는 일이며, 실질적인 면에서도 불편할 뿐 아니라 비능률을 초래한다. 그러므로 「일본어 보급 사업이 일본인에게 일본어의 통일과 정제(整齊)를 요구하는 것은 당연하다」(p.10)라며 일본어의 정비를 주장한다. 이것은 요시자와나 히사마쓰 등이 국내에서만 일본정신을 주창한 것과는 달리 현장을 아는 사람만이 할 수 있었던 절실한 주장이다.

1943년 vol.3-1호에는 니시오 미노루(西尾実)의 「일본어 총력전 체제의 수립」이 실려 있다. 니시오가 몽골과 신장 지역·중국 북부지역·중국 중부지역에 있는 일본어 학교를 돌아다니며 일본어 교사들에게 들은 얘기를 먼저 소개하고 있다. 이를테면 각 지역의 일본어 학습 열기가 뜨겁기는 하지만, 이는 목숨을 보전하거나 직업을 얻는 데 유리하기 때문이지, 유감스럽게도 일본문화나 일본정신을 배우기 위함은 아니라는 것이다. 이러한 현실을 근거로 니시오는 다음과 같이 말한다.

일본어를 대동아 공영권의 공통어로 보급하는 일도 지역 확대에만 치중해봤자 그 효과는 미미하다. 차라리 국내의 일본어에 대한 의식을 확립하고, 일본어를 존중하는 마음을 강화하는 것이 첩경일 수 있다.(p.21)

해외 보급을 성급하게 진행하는 것에 제동을 거는 발언이라 할 수 있다.

같은 호에는 「일본어의 장래와 반성」이라는 특집이 꾸며져 있다. 히무로 기치헤이(氷室吉平)는 이 주제 하에 쓴 「일본어 잡감(雜感)」이라는 글에서 「국민에게 일본어를 존중하고 애호하는 마음을 고취시키는 것」과 「일본어를 순화하고, 올바른 일본어 사용법을 가르치고, 일본어를 정리하고 개선하는 것」이 필요하다고 주장하며, 아래와 같이 정리하고 통일해야 할 항목을 구체적으로 열거하고 있다.

한어(漢語), 음훈, 아테지(当て字, 역자 주: 한자의 본래 뜻과는 관계없이 그 음이나 훈을 빌려서 표기하는 한자.), 숙어 등 한자 정리, 가나 표기법 정리, 오쿠리가나(送りがな, 역자 주: 한자나 가나를 섞어서 쓸 때, 어형을 분명하게 하기 위해 그 뒤에 다는 가나), 띄어쓰기, 구두점, 문체 등의 표기법 제정, 표준어, 악센트, 경어, 문체의 정리 및 통일 등등을 조속히 해결해야 할 것이다.(pp. 34-35)

그만큼 정비되지 않은 언어를 해외에서 가르치는 데에는 많은 고충이 따랐을 것이다. 게다가 그런 일본어를 보급하는 교사는 일본 각지의 방언을 사용하는 사람들이다. 그렇게 다양한 일본어로 어떻게 일본정신을 가르치려고 했던 것일까.

또한 마시모 사부로(真下三朗)의 「여성어의 장래와 반성」이라는 논문도 실려 있는데, 이에 대해서는 뒤에 나오는 「여성과 경어」 편에서 서술하겠다.

vol.3-2호에는 이와부치 에쓰타로(岩淵悅太郞, 제일고등학교 교수), 나이토 아로우(內藤濯, 도쿄상과대학교수), 구기모토 히사하루(문부과학성 도서감수관), 다카하시 겐지(高橋健二, 대정익찬회 문화부장), 마쓰다 다케오(松田武夫, 문부과학성 도서감수관) 등이 참석한 좌담회의 글 「전시 하의 일본어생활」이 실려 있다. 거기에서 가장 먼저 논의 대상으로 삼는 것이 여성어인데, 이 또한 뒤에서 한꺼번에 서술하겠다.

일본어 교육에서의 일본어 존중에 대해서도 논의가 된다. 이에 대해 마쓰다는 「입말을 순화해야 한다. 그리고 개인적인 생각이지만 되도록 야마토어(역자 주: 주로 헤이안시대의 일본의 아언(雅言))를 살렸으면 한다」(p.64)며 순화의 방향까지 제시한다. 구기모토는 일본인은 입말에 자신감이 없다면서 「일본어에 의지하며 생활하고 있는 만큼 일본어 속에서 아름다움을 찾으려고 하거나, 아름답게 사용하려고 하는 마음가짐이 중요하다」고 말한다. 아름다운 일본어에 대해 마쓰다는 초등학교 선생님들을 모아놓고 멋진 낭독을 들려준 뒤 부추겨야 한다고 주장한다. 「『낭독을 들으니 일본어의 아름다움을 아시겠죠? 일본어는 원래 아름다운 언어입니다. 여러 가지 방법으로 훼손시키고 있는 이 일본어를 아름답게 사용해야 하지 않겠습니까?』라고 부추기는 것이다. 일본어가 아름답고 올바르다는 근거를 제시해야 한다.」

구기모토는 「익찬회 같은 곳에서 일본어를 아름답게 사용하자, 일본어에 자신감을 갖자, 같은 캠페인을 펼쳐주면 고마울 것 같다」라고 익찬회 대표인 다카하시에게 공격의 화살을 돌린다. 그러자 다카하시는 「그런 일을 전개하고는 있지만 여간 까다로운 게 아니다. 우리의 문장이라며 완고하고, 외부에 대해서는 묘하게 너그러워져서」라며 말끝을 흐린다.

그러나 문부과학성 관료가 대정익찬회에 일본어 순화와 지도를 의존하다니 이 무슨 주객이 전도된 발상이란 말인가. 언론의 자유가 없던 시대인데다 관료 스스로가 윽박지르듯 통제를 요구하는 발언을 일삼던 시대였던 것이다.

마지막에 구기모토가 「다함께 전쟁을 치르자고 국민의 마음을 하나로 모으는 것이 군대에 가는 것보다 더 중요하다. [……] 사상통일과 생활통일의 완성, 이런 것의 통일조차 아직 제대로 되어 있지 않지 않느냐. 그렇게 된 데에는 언어문제와 일본어 교육의 책임이 큰 것 같다」고 결론을 맺는다. 정비되지 않은 일본어의 통일에 대한 얘기가 슬그머니 사상통일과 생활통일의 완성 및 전쟁체제협력 쪽으로 흘러가는 것을 알 수 있다.

vol.3-5호에는 미키 기요시(三木淸)의 「필리핀의 언어문제와 일본어」가 실려 있다. 그는 그 글에서 일본어 보급도 현지의 정세를 살펴가며 다양한 방면에서 진행해야 한다고 주장한다. 일본어 교사는 먼저 「토착어」부터 습득해야 하고, 필리핀인 일본어 교사도 양성해야 한다는 것이다. 또한 현지어를 말살하는 것은 불가능하며 그것이 목적이 아니라고도 말한다. 그러면서,

> 토착어 안에 일본어를 유입시키는 것을 생각해봐야 할 것 같다. [……] 적어도 중요한 몇몇 단어는 번역하지 않고 원어 그대로 유입시켜 토착어와 혼합되거나 융화되도록 하는 것도 괜찮을 것 같다.(p.10)

라고 「올바른 일본어」를 주장하는 노선과 달리 일본어의 피진화를 용인

한다. 당연한 과제임에도 일본어 교사의 현지어 습득과 현지인 교사 양성이 등한시되어 온 것은 사실이었다.

vol.3-7호에는 구기모토의 「사상전과 일본어 교육」이라는 논문이 실려 있다. 그는 그 글에서 일본이 통치하기 시작한 여러 나라의 국민들이 세계 신질서 건설의 의의를 충분히 인식하지 못하고 대동아 민족으로서의 자각도 없는 이때야말로, 근대화 극복과 황도(皇道)정신의 체현에 노력하고 있는 일본의 모습을 구체적으로 이해시켜야 할 때라고 주장한다. 그리고 그러한 사상전을 승리로 이끌기 위해서는 일본어 교육의 역할이 크다고 말한다.

> 일본어 교육은 황도정신을 되살리고 실현시키기 위한 언어 교육이므로, 사상전의 본질을 수행해야 하는 입장에 있는 것은 분명한 사실이다. 대동아 전쟁은 나날이 치열해지고 있다. 일본어 교육은 모든 것을 이겨내는 대동아인다운 심성을 기르고, 황도정신을 구체적으로 체득시키는 데 기여해야 할 책임이 있다.(pp.11-12)

말은 다소 과격하지만 「황도정신」에 대한 설명이 없기 때문에 일본어 교육에서 원하는 것이 무엇인지 알 수가 없다. 당시에는 ○○정신이 유행했고, 온 국민이 한마음 한뜻으로 전쟁을 치르고 있을 때이므로 일일이 설명할 필요가 없다고 생각했을 것이다. 그보다는 그와 같은 분위기를 살피거나 이해시키는 데 주력했을 것이다.

vol.3-7호에는 「노무라 대좌(大佐)와의 좌담회」라는 기사가 실려 있다. 구기모토와 나가누마 나오에(長沼直兄)가 노무라 야스오(野村恭雄) 육군 대좌에게 얘기를 듣는 형식의 좌담회다. 당시에는 문부과학성 관료나 일본어 교육 전문가가 육군 대좌에게 일본어에 관한 의견을 듣는 것이 전혀 이상하지 않았던 모양이다.

　노무라는 다음과 같은 말을 한다. 「일본어는 일본이라는 작은 나라만의 것이 아니라 대동아 공영권의 언어라는 측면에서 바라봐야 하는 단계에 이르렀다고 생각한다. 결국 우리가 문제시해야 할 점은 일본인의 언어생활이나 해외로 보급할 언어를 단순화하는 것이 아니라 일본인 자신이 정확하고, 친절하고, 품위 있게 말하는 언어생활을 확실히 실천하는 것이라고 생각한다. [……] 요점은 언어문제는 곧 정신문제라는 것을 확실히 인식하는 것이다」(p.58)라고 여기에서도 어느새 「정신」 문제로 옮겨가 있는데, 이런 얘기를 굳이 육군 대좌에게 들어야 했을까 하는 생각이 드는 게 솔직한 심정이다.

　같은 호에는 오타 기이치(太田義一)의 「중국 북부지역에서의 일본어의 품위」라는 글도 실려 있다. 오타는 중국 북부지역뿐 아니라 점령지나 만주에서의 일본어는 「하층민 언어」라고까지 말할 정도는 아니지만 상류 지식층에서는 사용되지 않고 있으며,

> 그들이 만족해하는 일본어의 수준이라는 것은 매우 촉성적(促成的)이고 저급하며, 그 저급한 일본어가 그들의 개인적이고 물질적인 이익을 얻는데 최대한 이용되며 거리 곳곳에 범람하고 있다.(p.69)

라고 피진 일본어의 범람을 한탄한다. 여기서 「그들」이란 지식층을 제외한 일반 국민들을 말한다. 해외에 진출한 일본어의 실상이 조금씩 드러나는 것 같아 흥미롭다.

　vol.3-10호에는 나카지마 겐조(中島健蔵)의 「해외의 일본어에 대해」라는 글이 실려 있다. 그는 점령지에는 「전통적이고 올바른 일본어를

보급하는 것이 당연한 일」이지만, 「질서 회복과 정치적 재정비를 위해 아주 실용적인 의미에서 일본어 보급이 진행되었다는 것도 잊어서는 안 된다」(p.6)고 「허울 좋은 빈말」만 늘어놓지는 않는다.

거리에는 눈앞의 이익을 위해 일본어를 배우는 현지인이 많다고도 전한다. 일본정신을 보급한다는 측면에서 보면 그다지 낙관적이라고 말할 수는 없다. 「동남아시아에서의 일본정신은 종래의 현지 요소까지도 충분히 포용할 수 있는 관대한 것」이어야 하지만(p.7), 「민족정신에는 말로 표현할 수 없는 기운이 있기 때문에 정신문제를 그렇게 간단히 낙관할 수만은 없을 것 같다」(pp7-8)고 아주 현실적인 발언을 한다.

그런 난관을 타개하기 위해서는 일본의 사정만 생각해서는 안 되고 미리 현지 사정을 연구하고 조사할 필요가 있으므로, 「전시 하에도 운영되고 있는 문화계열의 각 학교에서는 대동아 공영권에 속하는 나라에 대한 연구가 시급히 정식과목으로 개설돼야 한다」(pp.8-9)고, 당연한 일임에도 실제로는 등한시되고 있던 현지사정 연구를 주장한다.

이 잡지에서는 다른 논자(論者)들과는 달리 아주 냉정하고 객관적인 나카지마지만, 가와무라(河村, 1944)의 저서에 수록된 1942년 4월 29일자 「진중신문(陣中新聞)」에서의 발언은 무모하기 그지없다. 「비록 더듬거릴지라도 새로운 국민 모두가 일본어를 말하는 그날이야말로 대동아 공영권 확립이 결실을 맺는 날이다. 바르고, 강하고, 아름다운 일본어를 말레이시아 및 수마트라섬에 울려 퍼지게 하자. 이 또한 나라와 사회를 위해 이바지하는 중요한 일 가운데 하나다.」(p.83) 특히 「바르고, 강하고, 아름다운 일본어를 울려 퍼지게 하자」는 대목은 동일인의 발언이라고는 생각할 수 없을 만큼 직설적이다.

vol.3-12호에는 1943년 10월 16일 「대동아 공영권과 일본어」라는 주제로 열린 강연회의 내용이 게재되어 있다. 강연자 가운데 한 사람인 도요시마 요시오(豊島与志雄)는 「일본어의 아름다움」이라는 제목의 강연에서 「일본어는 다른 언어에 견주어 음성(音聲)의 표정은 비교적 적고 음조(音調)는 단조롭지만, 화자(話者)의 아름다운 성품을 바탕으로 해서 생각하면 일본어가 지닌 복잡한 아름다움을 알 수 있을 것이다」라고 말한다. 가모노 마부치가 부활한 듯한 주장이 아닐 수 없다.

그리고 화자의 얼굴 표정이 적은 것은 「감정을 억제하는 일본적 미덕 때문」이고, 「행위의 표정이 적은 것은 언어 그 자체에 표정이 많기 때문」이라고 선문답 같은 말을 한다. 「또한 일본인은 정신 그 자체에 정조(貞操)를 갖고 있다. 도의(道義)는 정조관 없이 성립되지 않는다. 고로 언어의 아름다움이 일본민족의 아름다움과 동일하다고 말할 수 있다」 (p.83-83)면서, 일본인의 정조가 아름다운 말을 낳고 일본어가 아름답기 때문에 일본민족은 아름다운 민족이라고 주장하지만, 말을 빙빙 돌리기만 할 뿐이어서 일본어의 무엇이, 어떻게, 아름다운지는 알 수가 없다. 문득 이런 강연을 들은 청중은 어떤 사람들이었을까, 과연 만족하고 돌아갔을까 하고 쓸데없는 궁금증이 인다.

나카지마도 「말레이시아의 일본어 교육」이란 제목으로 강연을 했다. 말레이시아는 여러 민족이 모여 있지만 언어가 통일되어 있지 않았다. 그래서 어쩔 수 없이 영어가 공통어로 사용되었다. 군대가 상륙한 이후 일본인과 현지인의 의사소통이 원활하게 이루어지지 않아 현지인이 일본어를 배울 필요가 생겼다고 한다. 그 때문에 「진보 고타로(神保光太郎) 등이 주축이 되어 싱가포르에 싱가포르일본학교를 열어」 학생 모집 공고를 냈더니 이백 명 정원에 이천 명이나 몰리며 북새통을 이루는 바람에 통제가 불가능해지자 나카지마는 결국 두 손 두 발 다 들고 떠났다고 한다. 또한 신문과 라디오에 일본어란(蘭)이나 일본어 소개 코너 등을 마련해, 간단한 일본어를 해설한 것도 보급에 효과가 있었다고 보고하고 있다. 그리고 「동남아시아에 가든 안 가든 그곳에 대한 연구는 아주 중요하다. 특히 종교는 여러 가지 일과 연결되어 있기 때문에 연구가 더더욱 필요하다」(p.85)면서 현지사정 연구의 필요성을 3-10호에 이어 계속 주장하고 있다.

오오카 야스조(大岡保三, 문부과학성 국어과장)는 「일본어 교육의 현황(現狀)」이라는 제목으로 강연을 했다. 대만, 조선, 만주, 필리핀, 말레이시아, 스마트라, 자바, 셀레베스, 미얀마, 중국 남부지역, 태국 등 각지에서 행해지고 있는 일본어 교육이 「군인과 보도반원들 덕분에 잘 진행되고 있지만 교과서와 교사가 부족한 것은 여전하다」(p.46)며 일본어 교육이 성황리에 이루어지고 있음을 보고하고 있다. 또한 만주에서는 「어학검정제도를 도입해 그 결과에 따라 대우에 차별을 두기 때문에 일본어 보급이 더욱더 활발해지고 있다」고 일본어 능력에 따라 대우를 다르게 하는 제도가 생겼음을 시사한다.

> 그러나 그곳에서 사용되는 일본어는 너무도 제각각이다. [……] 오늘날에는 관계관청이 정한 정식 일본어, 올바른 일본어를 보급할 필요가 있다. 그래야만 우리 황군의 진정한 힘과 이상을 실현시킬 수 있고, 또한 진정한 대동아 공영권 건설도 비로소 달성할 수 있다.(p.86)

문부과학성 국어과장이 「관계관청이 정한 정식 일본어」라고 마치 남의 일처럼 말하는데다, 올바른 일본어가 보급돼야만 대동아 공영권이 건설된다고 아주 냉정하게 말하는 것도 인식의 온도차가 느껴져서 흥미롭다.

또한 같은 호에는 나가누마 일본어교육진흥회 이사장이 10월 24일 강연회에서 했던 인사말이 실려 있다. 일본어학교를 운영하기도 하는 그는 그 강연에서 왜, 무엇을, 어디서, 누구에게, 어떤 일본어 교육이 필요한지 일곱 가지를 제시하고 있다.

왜 가르치는지에 대해서는 「맹주인 일본을 이해시키기 위해서다. 즉 도의국가인 일본의 진정한 모습을 원주민들에게 이해시켜 대동아 공영권의 사상통일을 도모하기 위해서다」라고 말하고, 무엇을 가르치는지에 대해서는 「대동아 공영권 어디를 가더라도 말이 통하려면 올바른 일본어이어야 한다. 표준어이어야 한다」고 말한다.

어떻게 가르치는지에 대해서는 「일본인의 생활감정을 이해시키기 위해 직접 교수법, 즉 현지어가 아닌 일본어로 가르친다는 방침을 세우고 있다」고 말한 뒤, 마지막에 가서 「현지에 있는 일본인은 누구나 일본어 교사이고, 또한 일본어 교사는 일본인을 대표한다는 의미에서 현지에 거주하는 모든 일본인은 언동을 삼가야 한다」(p.87)고 현지 일본인에게 당부의 말을 덧붙인다. 무엇을, 어떻게 가르치는지에 대해서는 일본어 교육을 직접 담당하고 있는 만큼 구체적이고 현실적이지만, 왜 가르치는지에 대해서는 대동아 공영권의 사상통일을 위해서라며 다른 평론가들의 호언장담과 똑같이 공허한 정신론을 내세우고 있다.

vol.3-11호에는 「북중국에서의 일본어 교육의 신단계」라는 주제 하에 열린 좌담회의 내용이 실려 있다. 참가자는 후지무라 쓰쿠루(베이징사범대학 명예교수), 가타오카 요시카즈(片岡良一, 동(同) 대학 교수), 조코 간이치(上甲幹一, 동 대학 부교수), 사토 간지(佐藤幹二, 베이징대학 교수), 시노하라 리이쓰(篠原利逸, 베이징사범대학 부속 제일여고 교사)

이렇게 다섯 명이다.

후지무라는 「대학의 일본어과가 갑자기 일본정신이나 일본문화만을 위해 존재하는 것처럼 여겨져 불안했지만, 최근에는 일본어과가 외국어 학과 가운데 하나라는 것을 아무도 의심하지 않게 되었다. 학생들 사이의 반일 감정도 수그러들었다. 친일(親日)은 앞으로의 문제로, 중국 북부지역의 일본어 교육 현황을 대강 말씀드리면 학생들이 일본어를 대하는 자세는 좋은 편이라고 해도 별 무리는 없을 것 같다」(p.47)라고 모호하게 긍정적 평가를 내리고 있다. 이러한 자리에서는 자신의 성과를 자랑하고 싶은 법이라 조금이라도 성과가 있으면 부풀려서 보고하기 마련인데 후지무라는 그럴 만한 성과조차 없었던 모양이다.

사토는 「일본정신을 불어넣기 위한 일본어라는 얘기를 들었는데, 반도인(半島人, 역자 주: 일본이 조선인을 격하해서 부르는 말)이나 본도인(本島人)은 일본인이므로 당연한 일이지만, 중국은 외국이라 아무래도 […] 일본인을 만드는 것이 목적은 아니라고 생각한다」(p.4)면서 중국에서 정신주의를 불어넣는 것은 무리라고 솔직하게 고백하고 있다.

국책에는 일본정신을 대동아 공영권에 널리 보급하기 위해 일본어 교육을 하는 것으로 되어 있지만, 실제로는 나카지마의 말처럼 인간의 가장 깊은 곳에 있는 정신이라는 것을 억지로 주입하거나 이해시키는 것이 그리 쉽지만은 않다는 본심들이 이 좌담회에서 오가고 있다.

1944년도 vol.4-1호에도 「일본어 교육의 근본문제」를 주제로 한 좌담회의 내용이 실려 있다. 이와부치, 오오카, 구기모토 외에도 지카자와 미치모토(近沢道元, 일중학회 이사), 도코 다케조(東光武三, 대동아성 남방사무국 정무과장), 니시오(도쿄여자대학 교수), 하시모토 신키치(橋本進吉, 도쿄대학 교수), 하야시 가즈히코(林和比古, 국제학우회 일본어

학교 교수), 하라 모토스케(原元助, 문부성 교학과장)가 참석하고 있다.

일본어 보급 방침에 대해, 오오카는, 경어를 생략하고 가나 표기를 표음식으로 해서 일본어를 간략화하자는 파와 어디까지나 올바른 일본어를 보급해야 한다는 파가 있지만, 「간략화한 일본어를 보급하는 것은 별 의미가 없다는 게 개인적인 생각이다. 일본어 보급의 의의를 좀 더 정신적인 면에 두는 이상 반드시 내외일여(內外一如) 원칙으로 가야 한다」(p.53)고 주장한다.

하야시는 유학생에게 일본어를 가르치는 일본어학교 교수로서 다음과 같은 말을 한다. 「일본어에는 수준과 단계라는 것이 있어서 갑자기 신문이나 잡지 같은 것을 읽게 할 수는 없다.」 모든 외국어를 학습할 때 해당되는 사항이지만, 「초급 단계에서는 올바르고 알기 쉬운 것부터 가르친다」(p.53-54)며 현장의 목소리를 전하고 있다.

도코는 「바른 일본정신을 지니고 있고, 일본문화를 뒷받침 해줄 수 있는 올바른 일본어라는 것은 꼭 필요하다. 그런 관점에서 보면 일본어를 가르치는 일본어 교사는 무엇보다 우선적으로 진정한 일본인이어야 한다」(p.56)고 말한다. 그에 대해 니시오는 「현실적으로는 일본인뿐만 아니라 현지인 교사도 일본어를 가르치도록 해야 한다」며 이의를 제기한다. 그러자 도코는 이전부터 일본어를 보급해왔다면 현지인에게 맡길 수 있겠지만, 아직 초기 단계인 만큼 일본인이 가르쳐야 하고 대신 「구심점 역할을 할 수 있는 일본인 교사들이 각지에 많이 퍼져 있어야 한다. 그리고 그 밑에서 배운 현지인 교사가 많이 배출되는 것이 가장 이상적인 형태가 아닐까 싶다」(p.57)며 한 발 물러나 절충안을 제시한다.

일본어 교사가 가르쳐야 하는 올바른 일본어에 대해 구기모토는 「현지에 있는 일본인의 언어생활이 바르지 않기 때문에 아무리 올바른 일본어를 보급하려고 해도 어려운 점이 많다」(p.60)고 말한 뒤, 「일본어에 대한 일본인의 감각이 너무 둔한 것 아니냐」고 도쿄제국대학에서 일본어학을 가르치는 학계 권위자인 하시모토에게 질문을 던진다.

그에 대해 하시모토는 「실제로 그렇다. 일본어 교육을 할 때 그런 감각을 키우는데 주안점을 두어야 한다. 종래의 일본어 교육이 완전히 실패로 끝났기 때문에 어쩔 수 없다」라며 우에다와 호시나가 추진해온 일본어 교육의 실패 탓으로 돌린다. 구기모토가 「어떻게 말하든 의미만 통하면 된다는 사고방식은 잘못됐다고 생각한다」며 하시모토의 지지를 얻으려고 하자, 하시모토도 「맞는 말이다. 말 뿐만 아니라 모든 예의범절도 마찬가지이다」(p.62)라며 말 이외의 범주로 확장시킨다.

하시모토의 발언에 힘을 얻은 구기모토는 국민의 사상통일이라는 지론을 꺼낸다. 「국민의 사상통일 문제는 역시 언어문제와 결부시켜 생각해야 할 것 같은데 어떻게 생각하느냐」며 화제를 그쪽으로 돌린다. 그러자 하시모토가 「아주 중요한 문제라고 생각한다. [……] 우리의 국체와 일본문화를 알리기 위해 일본어를 보급한다고 생각하기 때문에 [……] 대동아 공영권 각지에 나가 있는 일본인은 본인이 일본문화의 전파자라는 사명을 자각하고, 문화사절로 가 있는 거라고 생각해야 한다」(p.63)고 힘주어 말한다. 구기모토는 일본어의 간략화에 대해서도 「일본어가 어려우니까 통일을 해달라거나 간략하게 해달라는 얘기를 자주 들었는데 [……] 일본어는 단어 하나에도 정신이 깃들어 있고 전통 생명이 숨쉬고 있으므로 배우기 어렵다고 간략하게 할 수 있는 것이 아니라고 하면 매우 못마땅한 표정을 짓는 사람들이 꽤 있었다」(p.63)라며 하시모토에게 도움을 청한다.

이에 하시모토는 「전적으로 동감한다. 현직 일본어 교사들이 잘못된 일본어 교육을 받았기 때문이다. 다시 말해 지난 몇 십 년 동안 제대로 된 일본어 교육이 전혀 이루어지지 않았다는 얘기다」라고 우에다 이후 의 일본어 개혁에 책임을 전가한다. 구기모토가 잘못된 점을 듣고 싶다 고 하자 「아무래도 일본어를 존중하는 마음이나 정신이 근본인 만큼 그런 것을 길러야 한다고 생각한다」며 여기에서도 정신론의 결여를 실 패의 원인으로 지목한다.

하라도 거기에 동조해 「일본어에는 생명이 있다. 언령이라고 말하는 이유가 거기에 있다. 그런데 그것을 형식적으로만 다루면 일본어의 장 점은 사라져버릴 것이다」라며 또다시 언령을 동원한다.

니시오가 화제를 바꿔 「대동아 공영권의 언어 가운데 공통어가 될 만한 것은 일본어뿐이라고 말하는 건 무리일까요?」라며 하시모토에게 동의를 구한다. 그에 대해 하시모토는 「말하지 못할 것도 없다」며 소극 적으로 긍정한다. 이에 힘을 얻은 니시오는 「대동아 공영권의 공통어로 적합한 것은 일본어밖에 없다는 신념을 갖고 보급하면 효과도 확실하고 진행도 빠를 것이다」라고 힘주어 말한다. 구기모토가 현지인이 자신감 을 갖고 임하면 공통어로 보급할 수 있다고 하자, 니시오는 「자신감을 가져야 하는 것은 일본인이다」라고 말하고, 도코도 「일본인부터 확신을 갖는 것이 선결문제다」라고 거든다.

그 말을 받아 오오카가 「일본어는 문법이 없다든가 수준이 낮다든가 하는 인식이 강하다. 여간 난감한 게 아니다」(p.67)라고 하자, 하시모토 가 곧바로 「일본어는 아주 논리적인 언어라고 생각한다」고 말한다. 이 와부치가, 일본어를 가르치기 위해 해외에 가려고 하는 교사들이 가나 표기법 등 일본어가 어렵다고 걱정한다고 하자, 오오카가 「메이지 이후 의 일본어 개혁론 탓이다. 개혁론자들이 일본어의 자신감과 긍지를 잃게 했을 뿐 아니라 악영향까지 끼쳤다」고 비난한다.

그 말을 듣고 하시모토도 「개혁론은 근본적으로 잘못된 것이다」라고 단언한다. 하시모토가 일본어는 논리적인 언어라고 말한 것에 대해 이 와부치가 「일본어는 아주 논리적이다. 서양식 논리가 아니고 일본식 논리지만 말이다」라고 거듭 강조한다. 하시모토는 「서양의 논리학이라 는 것은 서양어의 논리학이다. 일본어의 경어가 나쁘다고 하지만, 경어 는 일본의 예(礼)를 줄곧 나타내온 것이므로 그런 서양식 논리에 들어맞 지 않는 것이 많이 있다」라며 역시 경어를 예로 든다.

이와부치가 「동양정신을 제대로 파악해 발양(發揚)하고 있는 것은 일 본민족뿐이라는 생각이 든다. 그런 의미에서 대동아 공영권 각 지역의 사람들이 동양정신을 깨달아 그것을 높이 고양시키기 위해서는, 먼저 일본어를 공부해 일본인이 갖고 있는 동양정신의 진수를 파악해 가는 것이 바람직하다고 생각한다」며 화제를 정신론으로 되돌린다.

지카자와가 「역시 어느 모로 보나 동양에는 일본어 이외에는 없군요」 라고 결론을 내려고 하자, 일본어가 대동아 공영권의 공통어로 적합하 다는 것을 충분히 납득하지 못한 니시오는 「일본어 교육의 의미를 거기 에만 국한시키면 무리하게 밀어붙이는 것처럼 생각되므로, 언어 그 자 체로서도 일본어이어야만 하는 이유를 확실히 제시할 필요가 있을 것 같다. [……] 요시카와 고지로(吉川幸次郎)가 일본어는 우수하니 자신감 을 갖고 보급해야 한다고 말했다」라며 일본어 자체에서 공통어로 삼기 에 적합한 장점과 우수성을 찾고 싶어 한다.

하시모토는 공통어로서의 자격이 있다고 말한 뒤,

일본어가 공통어로써 이민족 사이에서 사용될 경우 바르지 않은 일본

어가 사용되는 것을 경계할 필요가 있다. 경어가 빠진 일본어, 피진 일본
어가 생기면 곤란하다. [……] 일본인은 상대방이 잘못된 말을 사용하면
자신도 모르게 그대로 따라하는 버릇이 있기 때문에 자연스레 잘못된 말
을 퍼뜨릴 위험이 있다.(p.70)

라며 피진화를 우려한다. 한편 대동아 공영권 건설을 위해 일본어를
공통어로 빨리 보급해야 한다면서도 피진 일본어는 안 된다, 경어를 빼
면 안 된다, 올바른 일본어가 아니면 안 된다는 등 여러 조건을 달기
때문에 보급에 어려움을 겪는 것이다.

　이어서 학교에서의 올바른 일본어 교육에 대한 얘기로 분위기가 고조
된다. 군인인 도코가 「초등학교에서 바른 말 사용법을 잘 가르쳐서 일
본어를 바르게 말하는 학생에게는 좋은 점수를 주고, 이상하게 말하는
학생은 꾸짖으면 된다」고 다소 투박한 의견을 내놓는다. 오오카는 「사
범학교를 좀 더 향상시켜야 한다」면서 교사 양성 쪽으로 눈을 돌린다.
그에 대해 구기모토는 「전국의 우수한 교육자들을 모아놓고 여름방학
을 이용해 말하기 훈련을 시키면 된다. 그리고 관공서나 회사에서도
직원을 채용할 때 올바른 일본어를 사용하지 않는 사람은 불합격시키면
된다」며 일본어를 취직의 자격요건으로 삼을 것을 권한다.

　유독 많은 지면을 할애해가며 vol.4·1호에 실린 좌담회 내용을 기술했
다. 내로라하는 일본어학자와 일본어교육 관계자가 참석한 좌담회이므
로, 당시의 일본어관과 일본어교육관의 실상을 파악할 수 있을 거라고
생각했기 때문이다. 1944년, 전시상황이 상당히 악화되어 있었을 텐데
도 참석자들에게서는 그다지 긴박함이 느껴지지 않는다. 기회만 있으면
메이지 이후의 일본어개혁운동에 책임을 전가하고 있다. 참석자 대부분

은 도쿄제국대학 일문학과 주임교수인 하시모토에게 자신의 논거의 타당성을 인정받고 싶어서 비굴할 정도로 그의 비위를 맞추거나 그에게 조언을 구하고 있다. 하시모토는 추켜세워지는 것이 그리 나쁘지는 않은 듯 자신의 지론을 주창하거나 모호하게 답변을 회피한다. 관료와 군인, 젊은 학자들이 도쿄제국대학 교수의 권위에 매달리는 이 우스꽝스럽고 보기 흉한 좌담회가 종이 사정도 좋지 않았던 당시에 무려 20페이지에 걸쳐 실려 있다.

같은 호에는 하야시 후미코(林芙美子)의 「아름다운 말」이라는 에세이도 실려 있다.

인도네시아에서 온 손님이 하야시와 가정부가 얘기하는 것을 듣고 「이렇게 아름다울 수가! 일본어는 정말 아름답군요」라며 감격하듯 말했다고 한다. 하야시는 모음이 많은 일본어는 「외국어처럼 물 흐르는 듯한 느낌은 없지만, 듣고 있으면 담백한 음색이라고 느껴진다」라고 쓰고 있다.(p.104)

하야시는 글의 아름다움에 대해서도 말하고 있다. 「일본의 글은 히라가나가 섞여 있어서 시각적으로 부드럽다는 생각이 든다. 일본어야말로 입말과 글말 모두가 아름다운 언어가 아닐까 싶다」면서 시각적이고 청각적인 면에서의 아름다움을 얘기한다.

vol.4-2호에는 도키에다 모토키(時枝誠記)의 「일본어 문제의 최근 동향과 일본어학」이라는 글이 실려 있다.

메이지 이후 일본의 학문은 구미의 영향을 강하게 받아왔다. 일본어도 마찬가지로, 「비록 일본어에 대한 인식은 없을지라도 당당히 논의할 수 있다는 것이 현 일본어 문제의 실상이다」(p.7)라고 비아냥거린다. 청일전쟁이 한창일 때 우에다가 부르짖었던 「일본어는 일본인의 정신적 혈액과 다름없다」는 사고는 이민족을 지배하지 않았던 시대에는 타당할지 모르겠지만 지금은 해당되지 않으며, 「일본어는 이미 국민들의 공통감정을 표현하기 때문에 일본만의 언어라고는 말할 수 없게 되었다.」(p.9) 우에다의 「일본어는 일본인의 정신적 혈액」이라는 주장에 따르면, 일본인에게 정신적 혈액은 「일본어」이겠지만 조선인에게는 「조선어」가 된다. 「일본어」는 조선인에게 보급해야만 하는 것이지만, 조선인의 정신적 혈액은 아닌 것이다.

전시체제에 맞춰, 일본어를 간략화하는 것이 선결문제라고 생각하는 파와 정신력의 앙양이라는 측면에서 볼 때 간략화는 전통적인 일본정신을 파괴하고 국가적 통일을 방해하는 것이라고 생각하는 파가 서로 비난하고 공격했지만, 그 이전에 필요한 「일본어에 대해 조사하고, 반성하고, 인식하는 태도가 거의 결여되어 있다」(p.10)면서 종래의 일본어학 연구의 문제점을 정리하고 비과학성을 지적한 뒤, 언어에 대한 자신의 의견을 아래와 같이 개진한다.

> 언어는 화자가 자신의 생각을 밖으로 표현하기 위한 하나의 도구라고 보는 언어관이다. 언어는 [……] 자신을 밖으로 나타내어 보이는 것이며, 일종의 인간 행위이다. [……]
> 언어는 화자 없이는 존재할 수 없고, 또한 화자의 표현의지 없이는 성립되지 않는다. [……] 이러한 언어관에 입각하면 언어는 결코 개인의 힘이나 교육의 힘으로 어찌할 도리가 없는 것은 아니며, 우리의 마음가짐에 따라 좋게도 되고 나쁘게도 되는 것이라고 생각해야 한다.(p.13)

즉 우리는 언어를 주체적으로 선택하고 세련되게도 할 수 있으므로 조선에서도 일본어를 주체적으로 선택하면 된다고, 우에다의 모순을 지양하는 해석을 내놓고 있다. 조선에서 일본어를 국어로 보급하는 것을 정당화할 수 있는 근거가 생긴 것이다. 게다가 「언어는 가치의식에 입각한 표현적 행위이므로 간략하게 하는 것이 반드시 언어를 좋게 한다고 할 수는 없으며」,

> 또한 각양각색의 문체나 표현형식이 존재하는 것을 단순히 일본어가 통일되어 있지 않고 난잡하기 때문이라고만 생각하지 말고, 각각의 장면에 어울리는 상이한 표현방식일 뿐이라고 생각해야 한다. [……] 장래의 일본어는 과학적인 세밀한 사상까지도 표현해야 하고, 또한 이러한 표현에 적응한 미(美)까지도 창조해가야만 한다.(p.14)

라며, 결국 일본어개혁을 부정하고 전통을 굳건히 지키겠다는 의지를 명확히 드러내고 있다. 통일되지 않은 것은 표현형식이 다를 뿐이므로 그런 것까지 통일할 필요는 없다는 얘기다.

vol.4-5호에는 「우리의 일본어관」이라는 테마로 저명한 소설가, 시인, 일본어학자, 하이진(俳人, 역자 주: 하이쿠를 짓는 사람) 등 열세 명의 단문이 실려 있다. 이 글들은 그 시기를 대표하는 문화인의 에세이집으로, 당시 지식층의 일본어관을 엿볼 수 있는 중요한 자료이다. 각 필자가 가장 힘주어 말하고 있는 부분을 발췌해 적어본다.

> 시다 노부요시(志田延義) : 단순히 일본어를 어지럽히지 않도록 하겠다는 소극적인 태도에 머무르지 말고, 좀 더 적극적으로 나서서 일본어 본래의 진면목이 발휘되도록 하는 것이 중요하다. 이것이 일본어의 순정화(醇正化)를 부르짖어온 의미이다. 여기에 소중한 일본어의 전통을 지키려는 사람들의 자각, 모색이 있고 연구, 연성(錬成), 시책의 과제가 있다.

가토 마사유키(加藤将之) : 일본어는 정신사(精神史)의 표현이자 결정체
이고, 또한 정신사 그 자체이기도 하다.(p.32)

기히라 다다요시(紀平正美) : 각국의 국어에는 저마다의 언령이 있으므로
우열을 가리고 논하는 것은 부질없는 일이다. 그러므로 한 나라의
국어는 그 나라 국민들이 소중히 여기는 수밖에 없다.(p.32)

모리야마 게이(森山啓) : 일본어를 사랑하는 마음은 일본어로 참된 마음
을 표현해온 선조들을 사모하는 마음이기도 하므로, 나라말과 나라
글의 전통에 쏟는 사랑이라고 할 수도 있다. 일본어를 존중하는
마음은 결국 국사(國史)를 존중하는 마음이다.(p.33)

간바라 아리아케(蒲原有明) : 문제는 하나 더 남아 있다. 한자(한어가 아
니라) 사용 문제가 바로 그것이다. 우리가 대동아 공영권에 지도의
손길을 뻗칠 수 있는 절호의 기회를 잡아 한자 문제를 완전히 매듭
지을 수 있기를 바라는 바이다. 이것은 공연한 내 개인적인 바람이
아니다. 순수한 일본어를 보급하는, 국가의 커다란 사명에 관한 일
이다.(p.33)

요시카와 고지로(吉川幸次郎) : 일본어의 훌륭함은 많은 사람이 인정하는
바이다. [……] 내가 생각하는 일본어의 훌륭함은 유연함과 자유로
움에 있다. 내적으로는 끝없이 새로운 말을 만들어내고, 외적으로
는 어떤 외국어도 받아들인다. 그럼에도 문맥은 조금도 흐트러지지
않는다.(p.34)

히사마쓰 센이치(久松潜一) : 일본어를 그저 실용적으로만 다루는 것은
일본어의 본질에 반(反)하는 것이다. [……] 어구 하나에도 국민정
신이 깃들어 있고, 건국 이래의 전통 속에서 배양되어 왔다는 것을
잊어서는 안 된다. 예로부터 일본어관 또는 일본어의식이라고 불리
는 언령적 사고방식에는 오늘날에도 음미해야 할 점이 많다고 생각
한다. [……] 말과 사물이 하나가 되고, 말과 행동이 일치하는 언령
적 언어관이야말로 일본어 본래의 사고방식이라고 생각한다.
[……] 좋은 일본어, 아름다운 일본어, 올바른 일본어 역시 이러한
전통적인 일본어관 위에서 확립되어야 한다.(p.34)

히나쓰 고노스케(日夏耿之助) : 일본어는 깊이를 더하고 세밀함을 가다듬
어, 그 범위에 한어의 힘찬 금속성 울림이 있는 [……] 문학어 외에
한어에 함축되어 있는 한민족 문명과 인도 문명의 유구한 아름다움
까지 잘 알려서 [……] 마침내 근대 일본어에서나 볼 수 있는 흔들
림 없는 미(美)의 부분에까지 도달하게 되었다.(p.35))

야먀구치 세이시(山口誓子) : 옛 사람들은 올바른 일본어로 시구를 지었
다. [……] 옛 사람들이 그랬던 것처럼 요즘 사람들도 올바른 일본
어로 문학을 해야 한다. 말하자면 올바른 일본어정신을 계승하는
문학을 해야 한다는 것이다. [……] 하이쿠에는 올바르고 아름다운
일본어가 사용되기를 바라지만, 여기서 말하는 아름답다는 것은
아름다운 일본어만 골라서 사용하라는 뜻이 아니다. 일본어는 그
자체에 아름다움이 갖춰져 있다기보다는 오히려 언령의 흔들림에
의해 아름다워지는 법이다.(p.35)

마쓰무라 에이치(松村英一) : 물론 언어는 살아 있는 생명체와 같아서 시
대와 함께 변해가지만, 그 속에 있는 일본어의 전통과 순수성은
지켜가야 한다. 그러기 위해서는 일본어의 본질을 파악해 거기에
맞게 발전시켜 가는 것이 매우 중요하다고 생각한다. [……] 「가나
표기법」도 초등교육을 받을 때 잘 길들여 놓으면, 사람들이 말하는
어려움 같은 것은 없을 거라고 생각한다. 배우는 부담을 경감시키
고자 하는 부모의 마음을 이해하지 못하는 것은 아니지만, 그보다
먼저 일본어를 존중하고 사랑해야 하는 까닭을 충분히 가르쳐야
할 것이다.(p.36)

다카기 이치노스케(高木市之助) : 일본어는 실용적인 동시에 고전적이거
나 문학적이어야 한다. [……] 예를 들면, 올바른 일본어란 음성학
적 또는 어법적인 올바름을 지니고 있어야 할 뿐 아니라 일본민족
의 혼을 바르게 지닌 것을 의미하고, 쉬운 일본어란 일본어에서
이러한 고전적 혹은 문학적인 가치를 빼내 껍데기만 남아 있는 것
을 말하는 것이 아니라, 다른 민족이 수용하고자 할 때 일본어의
이러한 전면적인 가치를 쉽게 취득할 수 있다는 의미에서의 쉬움을

의미한다.

간바야시 아카쓰키(上林暁) : 일본어 문장은 [……] 이른바 한자와 가나가 혼용되어 있는데, 한자와 가나가 뒤섞인 그 점이 아주 복잡하고 무한한 아름다움을 드러낸다. [……] 그저 낭독을 통해 말의 울림을 귀로 듣는 것 외에 눈으로 보고 읽으면서 일본어의 아름다움을 접하도록 하는 것에도 주안점을 두어야 한다. [……] 철저한 구어체 문장이 일본어가 지향해야 할 최고의 경지라면 현실감이 떨어지는 한어를 너무 많이 남용하는 것은 오히려 일본어 발달에 역행하는 것은 아닐까.(36-37)

고이즈미 도조(小泉苳三) : 국민의 일본어의식 앙양과 함께 일본어 순화 운동이 강력하게 전개되어야 한다. [……] 이민족을 위한 쉽고 특별한 일본어를 만들자는 생각을 해서는 안 된다. 표기법의 정리라고 해서 가나 표기법을 바꾸자는 말이 아니다. 한자와 가나의 혼용문과 역사적 가나 표기법은 반드시 유지되어야 한다. [……] 가나와 한자를 능숙하게 섞어 사용하고 있는 것은 세계에서 유일하게 추상적 문화와 구체적 문화를 종합할 수 있는 능력을 지닌 선택받은 민족이라는 뜻이다.(p.37)

해외에서의 일본어 교육에 대해 이대로는 안 되겠다는 문제의식을 갖고 간바라·마쓰무라·다카기·고이즈미 등은 표기법의 간략화에 대한 자신들의 의견을 개진하는데, 결론적으로는 네 명 모두 해외 보급을 위해 한자 사용을 제한하거나 일본어를 간략화해서는 안 된다고 주장한다. 고이즈미 등은 역사적 가나 표기법이 세계 유일의 뛰어난 표기법이라며 이를 계속 유지할 것을 고집한다.

이 기회에 아예 한자를 사용하지 말자는 간바라의 주장은 표기법의 간략화에 주안점을 둔 것이 아니라, 적대국인 중국에서 유래한 한자이므로 그 덮개를 걷어내 버리고 싶다는, 에도시대 국학자들이 주장한 일본어로의 회귀를 소망한 것이다.

다른 일본어관을 정리해보면 다음과 같다. 일본어 순정론(純正論)·일본어의 순수성·「올바른 일본어」·「아름다운 일본어」·「일본어의 미」·「일본어의 훌륭함」을 주장한 사람은 시다·히사마쓰·야마구치·간바야시·요시카와·마쓰무라·고이즈미로 일곱 명이고, 언령·영혼론은 기히라·히사마쓰·야마구치·다카기로 네 명이다. 「일본어의 존엄성」을 주장한 사람은 시다와 모리야마이고, 「일본어정신」을 주장한 사람은 가토와 야마구치이다. 결국 여기에 등장하는 사람들은 전통적인 「아름다운 일본어」를 존중하고 지키자는 지식인뿐이고, 표기와 어법을 간략화해서 식민지나 점령지에 보급해야 한다고 주장하는 사람은 아무도 없다.

vol.4-7호에는 사토 하루오(佐藤春夫)의 「동남아시아의 일본어」라는 수필이 실려 있다. 그는 그 글에서,

> 일본어 보급이 일본정신이나 일본적 사고를 이민족에게 납득시키는 매개체로 매우 쓸모가 있는 것은 분명한 사실이다. 그러나 그 이상의 역할을 기대하는 것은 무리다. 위대한 일본정신이나 대명천지에 통하는 일본적 사고는 별개의 방법을 통해 습득하도록 해야 한다. [……]
> 대동아 공영권에 거주하고 있는 일본인 각자가 일본의 도(道)에 따라 살아감으로써 진정한 일본인이 얼마나 우수한지를 몸소 실천해 보여주는 수밖에 없다.(p.54)

라고 말한다. 사토는 일본어를 보급하면 일본정신도 자연스레 심어질 거라는 희망에 가득 찬 공론(空論)을 부정하고, 결국 일본인이 체현하는 수밖에 없다고 말한다. 즉 일본인이 국체정신을 체득해 민족의 우수성

을 각자 체현해야 한다는 것이다. 그런데 사토는 이렇게 고상한 임무를 수행하는 것이 말을 가르치는 일보다 몇 십 배 어렵다는 것을 인지하고 말한 것일까. 원칙론에 입각한 이상론은 아니었을까.

vol.4-10호에는 「동남아시아를 말한다—문화건설의 문제점들—」을 주제로 한 사토와 구기모토의 대담이 실려 있다.

사토는 동아시아 사람들이 황도문화를 터득하게 해야 한다고 주장한다. 구기모토가 「황도정신을 익히도록 하기 위해서 어떻게 하는 것이 좋겠느냐」고 묻자, 그는 4-7호에서 주장했던 것처럼 동남아시아에 나가 있는 일본인들이 자신의 임무를 아주 성실하게 수행해야 한다고 대답한다. 하지만 그 성과에 대해서는 언급하지 않는다.

구기모토는 일본인이 중국어를 받아들여 「메이파즈(沒法子, 역자 주 : '어쩔 수 없다'라는 뜻)」나 「멘쓰(面子, 역자 주 : '체면'이라는 뜻)」 같은 단어를 쓰거나, 인도네시아에 체류하는 일본인들이 말레이어를 빌려 쓰는 것에 대해 다음과 같이 말한다.

> 중국어나 말레이어를 조금씩 섞어 말함으로써 대화를 편하게 할 수 있다면 비난할 생각은 없다. 일본어가 다소 훼손되긴 하겠지만, 오히려 이런 말에 일본어에 대한 일본인의 민감한 감각이 살아 있다. 다만 외래적 요소를 송두리째 없애야 한다는 생각은 상당히 소박한 결벽으로, 굉장히 우습다는 생각이 든다.(p.17)

피진화의 용인이다. vol.4-1호에 게재된 좌담회에서는 하시모토가 피진화에 대해 반대의견을 강력히 피력하자, 구기모토는 이를 묵인했었다. 게다가 「어떻게 말하든 의미만 통하면 된다」는 사고방식은 잘못된 거라고 강경한 발언을 한 것도 구기모토였다.

1945년도 vol.5-1호에는 후시미 다케야(伏見猛弥)의 「대동아 정책과 일본어 교육」이라는 논문이 실려 있다.

그는 논문에서 종래의 일본어 교육이 성공하지 못한 것은 일본어를 그저 언어로만 보급시켰을 뿐, 일본어를 통해 일본의 진수(真髓)를 접하게 하려는 노력을 하지 않았기 때문이라고 말한다. 후시미가 조선을 여행하다가 육군지원자훈련소를 참관했을 때 그곳 소장인 우메다(梅田) 대좌는 다음과 같이 말했다고 한다. 「일본어 교육의 목표는 단 하나다. 반도인은 천황의 수족(手足)으로서『군인칙유』를 복창해야 하는데, 그러기 위해서는 역사적 가나 표기법에 준거하는 올바르고 정확한 일본어를 배워야 한다.」(p.6)

이 말을 들은 후시미는 「이민족에게 일본어를 가르치려고 하는 태도 가운데 가장 자신 있는 태도를 접했다. [……] 그들에게 하루라도 빨리 일본어를 가르쳐 천황을 우러러보게 하고 싶다는 이런 의지가 한결같아야 일본어 교육은 정상 궤도에 오르는 것이다」라고 깨닫고, 다음과 같은 결론에 도달한다.

> 일본어 학습이 이민족에게는 어렵다는 이유로 이를 간략화하거나 제한하려고 하는 것은 그야말로 본말이 전도된 발상으로, 요는 일본의 국체를 체득하게 하는데 어느 정도의 일본어 실력이 필요하냐가 문제다. [……] 언어를 교육하면서 기술적이고 말초적인 면만 다루는 것은 대동아 정책으로서의 일본어 교육의 타락이다.(p.7)

군인칙유를 바르게 복창시키고, 「국체를 체득하도록 하는 것」이 일본어 교육의 목적이라면 굳이 가나 표기법을 언급할 필요는 없을 것이다. 그러나 군인칙유를 복창할 수 있는 것이 일본정신을 습득했다는 증표라는 단락이 있었던 것은 미처 눈치채지 못했다. 이렇게 「보급」한 일본어는 과연 무슨 의미가 있을까. 야스다(安田, 2006:159) 흉내를 내자면, 패전 직후 남은 것은 궁성요배(宮城遙拜)나 히노마루에 경의를 표하도록 강요당한 기억=여기에서는 군인칙유=일 뿐 일본어는 아니라는 것이다.

여러 페이지에 걸쳐 잡지 『일본어』를 살펴보았다. 일본어 관계자뿐만 아니라 각계의 쟁쟁한 인물들이 잇달아 등장해 일본어와 식민지・점령지로의 일본어 진출에 대해 얘기를 하고 있어서 당시의 일본인이 일본어를 어떻게 생각했는지 잘 알 수 있었다. 하지만 「아름다운 일본어」를 어떻게 지키고, 어떻게 존중하고, 어떻게 보급해야 할지 고심한 흔적은 발견할 수 있었지만, 당시의 일본어가 정말로 아름다웠는지는 여전히 잘 모르겠다. 「선조로부터 내려온 말은 순수하니까 아름다울 것」이고, 「아름다웠으면 좋겠다」는 이상과 소망이 어느 순간, 「아름다우니까」 지켜야 하고 보급해야 한다고 소리 높여 주장해온 발자취를 되짚어온 셈이 된다.

잡지 『일본어』가 간행되던 1942년에 나온 『국어문화강좌 제6권, 국어 진출편』에서도 당시의 일본어학자 및 일본어 교육 종사자들이 일본어의 해외 진출에 대해 구체적으로 논하고 있다.

중국 베이징 사범대학에서 일본어를 가르치던 후지무라 쓰쿠루는 「일본어의 진출과 일본어 교육」(pp.1-17)이라는 글에서 다음과 같이 말한다. 표준적 음성교육이 국내에서 제대로 이루어지지 않고, 방언 사용자들이 해외에서 일본어 교육에 종사하는 것에 대한 문제점을 들며 「사람들의 음성언어에는 방언도 섞여 있어서 통일성이 결여됐다는 생각 뿐 아니라 표준적 음성언어로서 저속하다는 생각까지 든다」며 당시의 방

언을 「저속하다(いかがわしい)」라고까지 표현한다. 이는 「아름답다」
의 대극(對極)에 있는 일본어다.

아사히신문사의 시모무라 히로시(下村宏)는 「일본어의 세계적 발전」
(pp.18-31)이라는 논문에서 아래와 같이 말하고 있다.

> 일본어가 해외로 진출하기 위해서는 크게 세 가지가 필요하다. 하나는
> 정치력이고, 다른 하나는 문화력이며, 나머지 하나가 언어의 우수성이다.
> 언어의 우수성이란 언어 그 자체가 간략하고, 정확하고, 자유롭고, 아
> 름답고, 호감을 지니고 있는 것을 말한다.(p.20)

즉 정치력과 문화력을 갖춘 우수한 언어—간략하고, 정확하고, 자유
롭고, 아름답고, 호감을 지님—가 해외에 진출할 수 있다는 얘기다. 그
러므로 해외에 진출시킬 일본어는 아름다워야 한다. 만약 해외 진출에
성공하면 그것은 일본어가 아름답기 때문이고, 해외 진출에 실패한다면
그것은 일본어가 아름답지 않기 때문인 것이다.

조선총독부의 모리타 고로(森田梧郎)는 「조선에서의 일본어 교육」
(pp.62-73)이란 글에서, 「일본어에 깃들어 있는 애국심을 배양해서 황국
국민을 연성(練成)하는 것」이 일본어 교육의 최대 목적이라고 말한다.
그리고

> 이 국민정신은 일본어 상용자인 일본인에게는 선조로부터 물려받은
> 전통정신이지만, 일본어를 상용어로 사용하지 않는 조선인에게는 대개의
> 경우 새롭게 배양해야 할 새로운 정신이다.(p.70)

라며 국내에 있는 정신론자들이 주장하는, 일본어를 보급하면 국민정신

도 자연히 보급된다는 낙관론을 펼치지는 않는다. 국민정신은 「새롭게 배양해야 할 새로운 정신」으로, 일본어와는 별개로 생각해야 할 뿐 아니라, 그것이 일본어를 가르치는 것보다 중대하고 절실한 과제라는 것을 현장에서 뼈저리게 인식한 것이다.

일본어 교사인 아사하라 미치오(麻原三千雄)는 「남양(南洋)제도의 일본어 교육」(pp.89-105)이라는 글에서 30여 년의 경험을 바탕으로,

> 일본어는 의외로 복잡해서 같은 것을 표현하는 데도 여러 가지 말이 있고, 일본어를 다시 일본어로 설명해야 하는 경우도 아주 많으며, 또한 경어도 용법이 많아서 적절하게 구사하기가 용이하지 않는 등 아무리 언령이 복을 가져다주는 나라라고는 하지만 대동아 공영권의 공통어로 보급하기에는 부족한 면이 없지 않다.

라고 현장 경험자이기에 가능한 일본어의 문제점을 지적한다. 아무리 언령이 복을 가져다주는 나라라 할지라도 경어의 복잡함은 어찌할 방도가 없다는 얘기다.

다카미야 다로(高宮太郎)는 「인도차이나 및 태국」(pp.159-171)이라는 글에서 그 지역의 일본어 교육에 대해 전하고 있다.

> 일본어가 어렵다고 말하는 것은 주로 한자와 한어 때문이므로 이것을 적당히 정리해서 평이하게 할 필요가 있다. [……] 일본어는 한 글자 한 글자의 발음이 평명(平明)하고 베트남어나 타이어처럼 성조가 없기 때문에 비교적 익히기 쉽다.(p.169)

일본어가 어려운 것은 한자 중심의 표기법 때문이고 입말 자체는 쉽다

는, 오늘날의 일본어 교육의 상식이 당시에도 이미 논의되었던 것이다.

국제학우회에서 유학생들의 일본어 교육을 담당했던 오카모토 지마타로(岡本千万太郎)는 「유학생의 일본어 교육」(pp.172-187)에서 「우리가 일본어 교육에 종사하며 절실히 느끼는 것은 일본어에 권위가 없다는 것이다. [……] 전문학교 이상에서는 강의할 때 걸핏하면 외국어를 사용하고, 권위 있는 참고서도 오히려 외국 서적인 경우가 많다. 그래서 유학생들은 일본어를 조금도 존중하지 않는다」(p.185)고 한탄한다. 게다가,

> 일본어, 아니 일본어의 표기법에는 논리성이 결여되어 있다. 바꾸어 말하면 불합리하고 부자연스러운 면이 많다. 그러므로 사전을 이용한 독학이나 자습은 일본인에게도 어려울뿐더러 외국인에게는 거의 무리다.

라며 일본어는 불합리하고 부자연스럽다고까지 말한다. 잡지 『일본어』에서는 결코 등장하지 않던 일본어에 대한 비판이다. 그 결과 암기교육이 중심이 된다. 「암기와 모방에 시간과 에너지를 허비하다 보니 이해력과 비판력이 발휘되지 못하고 창조력도 무디어진다. 일본어 교육, 일본 문화의 최대 결점은 바로 거기에 있다」(pp.186-187)고 지적하는데, 당시로서는 상당한 용기가 필요한 발언이 아니었을까. 아니, 어쩌면 이 정도의 비판은 허용되었을지도 모른다. 오카모토의 논조로 짐작해볼 때, 당시의 아카데미즘은 권위 있는 학자들의 자기규제가 너무 지나쳤거나 맹목적으로 체제에 순응하고 시류에 편승하다가 급기야는 시류를 주도하기까지에 이르게 된 것일지도 모른다는 생각이 든다.

참고로 오카모토의 논문 표기법은 호시나(1936)처럼 새로운 표음식

가나표기를 따르고 있다.

　이상으로 전시 중 전개된 일본어의 해외 진출 및 보급과 관련된 언설을 살펴보았다. 대일본제국 공영권의 공통어를 목표로 한 다양한 의견이 있었는데 나라 안팎의 일본인들의 발언을 종합해보면, 크고 작은 차이는 있지만 일본어 보급이 아시아 국가들에 좋은 일이고, 아시아 국민들에게 행복한 일이라고 생각하는 점에서는 일치하고 있다. 그러나 억지로 일본어를 배워야 했던 나라들의 비극이나 울분에 대해서도 생각해볼 필요는 있을 것이다.

　가와무라(河村, 1994)는 어느 싱가포르인의 회상을 소개하고 있다. 「일본인은 우리에게 일본어를 배우라고 강요했다. 그들은 우리에게 『너희들의 승격여부는 일본어 구사능력에 달려 있다』고 경고했다. [……] 우리 대부분은 어릴 때부터 영어를 사용해왔는데도, 일본인은 우리에게 일본어로 말할 것을 요구했다.」(p.87)

　혼다 히로유키(本田弘之, 2010)는 중국 동북지방의 일본어 교육 실태조사를 하던 중, 제2차 세계대전 당시 중국인에게 일본어를 사용하도록 강요했다는 얘기를 듣게 되었다. 「현재(2000년 초반, 엔도 주) 70~80세인 노인들은 일본침략시대에 교육을 받았는데, 일본어를 사용하지 않으면 화장실 청소 등 여러 가시 벌을 받았기 때문에 모두 일본어를 할 수 있다」라고 40대 일본어 교사가 자신의 아버지에게 들은 얘기를 전하고 있다.

　『일본어』vol.3-12호에는 「만주에서는 어학검정제도를 시행해 그 결과에 따라 처우의 등급을 정하기 때문에 일본어 보급이 점점 확산되고 있다」(p.86)는 오오카의 글이 실려 있다. 검정제도와 처우 등급제를 실시한 덕분에 일본어 보급률이 높아지고 있다고 자랑스럽게 기술하고 있다. 이는 일본어 구사능력이 실생활에서 이익을 좌우하고 있음을 나타내고, 일본어를 억지로 사용해야 하는 입장에서는 정신적인 압박감이 상당했으리라 짐작할 수 있다.

일본 측에서 보면「아름다운 일본어」이지만 억지로 배워야하는 입장에서는「승격을 좌우하는, 화장실 청소를 강요당하는 일본어」였다는 것을 잊어서는 안 된다.

:7: 아름다운 말의 대표, 여성어

일본어가 아름답다고 말하는 논자들이 반드시 언급하는 것이 경어이고, 그 가운데서도 아름다운 말로 꼽는 것이 여성어다. 그러므로 제2차 세계대전 당시의 일본어관을 살펴보기 위해서는 여성어를 하나의 착안점으로 삼을 수밖에 없다.

호시나(1936)는 일본어를 애호하고 올바른 표준어를 사용함으로써 일본정신의 앙양에 이바지하고, 일등국민으로서의 품위를 향상시켜야 한다고 주장한 뒤,

> 언어와 인격은 아주 밀접한 관계에 있으므로 올바르고 품위 있는 말을 사용하려고 노력하는 것은, 특히 여성에게는 아주 중요한 마음가짐이며, 그렇게 함으로써 사상도 건전해진다고 생각한다.(p.61)

라고 말했다. 그는 경어를 품위 있는 말의 최고봉으로 뽑았고, 여성과 경어에 대해서는「여성어와 아동어」라는 장(章)을 따로 마련해 상세히

기술하고 있다.

> 일반적으로 교양 있는 여성은 경어, 즉 경어체의 말을 사용한다. [……] 원래 여성어는 남성어에 비해 상냥한 것이 특징이므로, 경어의 의미가 아니더라도 가능한 한 품위 있고 정중한 말을 쓰도록 유의해야 한다. [……] 여성으로서 되도록 바르고 품위 있으며, 규정에 맞는 표준어를 사용하는 것이 부덕을 기를 수 있는 방법이므로 「모치(モチ, 역자 주 : もちろん의 준말)」「단치(ダンチ, 역자 주 : だんちがい의 준말)」「야다(ヤーダ, 역자 주 : '싫다'는 뜻의 속어)」같은 비속어는 삼가야 한다.(pp. 227-230)

여성은 남성보다 정중하고 품위 있게 말해야 하며 「올바르고 품위 있는」 일본어를 사용해야 「부덕」이 길러진다고 말하고 있다. 여성들은 단지 여성이라는 이유로 품위 있고 정중하게 말하도록 요구받았던 것이다. 이 글이 쓰인 지 70년이나 지났지만, 이러한 사회적 요구는 오늘날에도 여전히 남아 있어서 사회적 제약에서 벗어나 자유롭게 살고자 하는 여성들을 괴롭히고 있다.

위상론을 쓴 기쿠자와 스에오(菊沢季生)도 『국어와 국민성(国語と国民性)』(1940)이라는 글에서 「경어법은 세계 최고의 아름다운 문법적 범주다」(p. 299)라며 「세계 최고」를 자랑스러워하고, 또한

> 경어법의 장점을 잘 살렸으면 한다. 남성어와 여성어의 위상이 다르다는 것을 인지하고 있다면, 여성은 남성어인 「기미(キミ, 역자 주 : '너'를 뜻함)나 보쿠(ボク, 역자 주 : '나'를 뜻함)」같은 말을 사용하지 않았으면 한다. 아이가 부모를 존경하기 바란다면, 「파파・마마」처럼 경의(敬意)가 담기지 않은 외국어를 사용하게 하는 비국민적인 태도는 삼갔으면 한다.(pp. 302-303)

라고 「비국민」이라는 말까지 들먹여가며 여성에게 말씨에 주의할 것을 당부하고 있다.

긴다이치 교스케도 경어에 대해 자주 언급했다. 특히 여성의 경어에 대해서는 격렬한 어조로 말하곤 했다. 이 글 4절에서도 서술했지만, 「여성어와 경어」(1942)에서는 「일본의 부도(婦道)는 세계에서 가장 뛰어나며, 거기에서 탄생한 일본의 여성어 역시 세계에서 아주 드문 말이다」(p.293)라고 말하고 있다.

「부도」가 무엇을 뜻하는지 명확하게 나타나 있지는 않다. 아마도 가부장제의 삼종지도(三從之道)에 따라 아버지·남편·아들을 잘 섬기고, 전쟁터에 나갈 충성스런 2세를 낳아 기르는 여성의 삶을 말하는 것 같은데, 세계의 여성과 어떻게 비교해서 일본의 부도가 세계에서 가장 뛰어나다고 주장하는 것일까. 긴다이치는 「여성어의 특징은 경어가 많은 것이며, 경어의 발달은 여성어와 아주 밀접한 관계에 있다」(p.296)는 말도 했다.

> 경어는 아주 먼 옛날 여성의 금기에서 발원(發源)한 금기어의 계통을 이어받은 말이다. 무의식속에 잠재해 있는 그 꺼려하는 감정의 기억이 문화와 함께 진화해서 세련되고 품위 있는 말이 되고, 여성어와 경어법으로도 발전한 것이다.(pp.298-299)

위의 주장대로라면 금기라는 것은 다른 사회에도 있는데 왜 그곳에서는 경어로 발전하지 않았을까. 이에 대해 긴다이치는 구미는 개인주의 사회에서 평등화의 길을 걸었지만, 일본은 가족주의의 모토인 「장유유서, 남녀유별」 같은 위계질서가 경어로 발전된 것이라고 말한다. 긴다이치는 자주 조리에 맞지 않는 주장도 했다.

> 일본어는 서양어들과 비교해 자랑할 만한 것이 별로 없다. 명사에는 격(格)도, 수(數)도, 성(性)도 없고, 동사에는 인칭도, 시제도, 수도 없다. 다만 서양어에는 없지만 일본어에는 있는 정치(精緻)한 경어법만큼은 충분히 자랑할 만하다. 그러한 경어 중에서 특히 미묘(美妙)하고 정치한 것이 바로 여성어다.(p.307)

명사에 격이나 성이 없으면 자랑할 만한 것이 못되는 것일까. 거꾸로 동사에 인칭이나 시제가 있으면 자랑할 만한 것일까. 일본어에만 경어가 있는 것도 아닌데 그게 그렇게 자랑할 만한 것일까. 언어학적으로 볼 때 전혀 이치에 맞지 않는 말이다. 긴다이치는 「조금의 막힘도 없이 술술 나오는 여성어를 듣고 있으면 나는 이따금 음악을 듣고 있는 듯한 착각에 빠진다」라고 할 만큼 여성의 경어에 흠뻑 빠져 있었다.

하지만 현실은 긴다이치의 생각대로 되지 않기에 격분하고 개탄한다.

> 그런데 요즘 교양 있는 일본 여성들 사이에서 일고 있는, 경어법을 없애려는 풍조는 도대체 뭐란 말인가. 본인들이 일본의 부도를 가차 없이 미국식으로 바꾸려는 것도 아니면서. 개탄스럽기 짝이 없다.(p.308)

여성이 가정에서 「파파·마마」라는 호칭을 허용하는 것을 긴다이치는 절대 용납할 수 없는 것이다. 그리고 「어쨌든 진정한 일본 여성이 되려면 먼저 전통적인 여성어와 세계에 유례없는 미묘한 경어법부터 익혀야 한다」(p.309)면서 그 예로 든 것이 「이이데스(いゝです, 괜찮습니다)」라는 표현이다. 이 말은 남성이 쓰면 괜찮지만, 여성이 사용하면 무뚝뚝한 느낌이 드니까 「이이노(いゝの, 괜찮아요)」「이이와(いゝわ, 괜찮아요)」내지는 「요로시우고자이마스(よろしうございます, 괜찮사옵니다)」같은 표현을 쓸 것을 권한다. 이런 것이 긴다이치가 말하는 「아름다운 여성어」인 것이다.

이시구로 요시미는 저서 『아름다운 일본어』(1942)의 「여성어의 발달」이라는 장(章)에서,

> 여성어의 특징은 아름답고 품위 있고, 완곡한 표현을 쓰고, 정중하며, 또한 일본어의 경우는 딱딱한 한자어를 삼가는 것이다.(p.227)

라고 쓰고 있다. 그러나 메이지 이후 여성의 학력이 높아지면서 딱딱한 한자어를 사용하는 사람도 나오고, 전쟁으로 인해 생활이나 의복에 활동성과 함께 동작의 민첩함이 요구되면서 여성어도 변한다.

> 여성어가 점점 중성화 또는 남성화되어 가고 있다. 바꿔 말하면 여성어가 소멸 위기에 직면해 있다는 뜻이기도 하다. 여성어 역시 경어와 마찬가지로 일본어에서 아주 발달된 부분으로, 일본어의 아름다움을 형성하는 데 한몫하고 있다.(pp.231-232)

이시구로는 여성어가 일본어의 아름다움을 대표한다고 생각하고 있다. 그렇기 때문에 여성어가 점점 중성화되는 것이 참을 수 없는 것이다. 여성어가 중성화되어 가는 것을 기술한 것은 이시구로가 처음이라고 생각하지만.

국민의 절반을 차지하는 여성은 아이의 최초의 일본어교사이며, 또한
그래야 하는 사람이다. 여성어의 아름다움과 올바름은 일본어의 절반을
아름답고 바르게 하는 것과 연결되어 있을 뿐만 아니라, 다음 세대의 일본
어를 그렇게 만드는 것이야말로 여성의 의무다. 아름답고 올바른 일본어
의 기초는 여성에 의해 구축된다. [……] 차세대 일본 국민과 함께 차세대
일본어는 여성의 손에 의해 수호되고 육성된다.(pp.277-280)

여성에게 아이의 언어교육을 맡기는 것은 호시나와 공통된 점이다.
그러나 이시구로는 한 발 더 나아가 「아름다운 일본어」의 기초를 구축
하는 「의무」와 「차세대 일본어를 지키는」 의무까지 여성에게 요구하고
있다. 「아름다운 일본어」의 실체는 처음에는 경어지만, 마지막에는 「차
세대 일본어」로까지 확대되어 여성에게 그것을 수호하고 육성할 것을
요구한다. 그리고 지금까지 살펴본 논문들에서 그랬던 것처럼 맺음말
부분에서의 논지확대기법은 위의 글에서도 답습되고 있다. 당시의 일본
여성은 가부장제 하에 인권과 자유도 무시당한 채 아버지와 남편과 아
들을 섬겨야 한다는 삼종지도의 생활을 강요받았다. 그런데 그렇게 아
무런 권리도 없고 독자적인 의지조차 가질 수 없었던 여성들이 언어의
아름다움을 지켜라, 그래야 할 의무가 있다 같은 말을 듣는다면, 이치에
맞지 않는 요구라며 거부할 수밖에 없지 않았을까.

잡지 『일본어』의 3-1호에는 마시모의 「여성어의 장래와 반성」이라는
글이 실려 있다. 거기에서 그는 「요즘 여성들이 사용하는 말은 질이
현격히 저하되어 있고, 표현도 지나치리만큼 정중하다」(p.39)면서 질적
저하와 지나친 경어 사용을 여성어의 문제점으로 들고 있다. 전자는
「여성의 교양을 무시한 듯한 말이나 남성어를 차용한 것으로 생각되는
말」을, 후자는 「경어를 남용하는 것」(p.40)을 가리킨다면서, 이와 같은

언어 파괴를 바로잡을 수 있는 것은 가정교육뿐이라고 말한다.(p.45)

> 이 세상 어머니들에게 언어에 깊은 관심을 가질 것을 요구하는 바이다. 그러기 위해서는 외래어와 유행어, 남성어에 대한 깊은 성찰이 필요하다. 또한 지나치게 정중하게 말하거나 말을 빙빙 돌려서 장황하게 말하는 것도 신중히 검토해야 할 필요가 있다. 바꿔 말하면 어머니는 자신이 사용하는 말에 항상 민감해야 한다. [……] 어머니들은 딸의 사소한 말에도 항상 신경을 쓰는 것이 중요하다.(pp.46-47)

어머니들에게 과도한 기대를 하고 있다. 고등교육을 받은 여성이 적었던 당시, 어머니들은 어떻게 단어를 선택하고, 어떻게 옳고 그름을 판단해야 할지 지나친 기대에 짓눌려 있었던 것은 아니었을까. 어머니들은 어떻게 해야 좋았을까.

마시모는 마지막에 「여성들이 일본여성 본연의 모습으로 돌아왔다」 「여성어를 검토하고, 순화하기에는 지금이 최적기다」 「올바른 여성어를 확립하는 것은 대동아 공영권의 지도국인 일본 여성 전체의 의무다」 (p.48)라고 아주 낙관적으로 말한다. 전쟁으로 인해 쓸모없는 유행어나 외래어 등이 도태되었기 때문에 지금이야말로 여성어를 「순화」할 수 있는 절호의 기회라고 말하는 것이다. 그리고 「순화」된 여성어의 확립이 아시아의 지도국인 일본 여성의 의무라고 말한다. 어느새 「대동아 공영권의 지도국인 일본 여성」으로 치켜세워지면서 갑자기 범위가 거창해져버린다. 이 방식이 전시 중의 논문 쓰기의 특징이라는 것을 필자는 확실히 배웠다.

3-2호에 실린 좌담회에서도 여성어를 다루고 있다. 나이토가 메이지 시대에는 여성어와 남성어가 있었는데, 지금은 없어지고 「여성들이 남

성 흉내를 내고 있다. 여성이 쓴 문장을 봐도 여성다움이 전혀 느껴지지 않는다.」(p.51) 「여성들이 여성의 소양을 잃어가고 있다」(p.52)고 말하자, 사키야마(崎山)가 「여성 평론가나 여성 운동가들이 남녀는 항상 동등해야 한다는 생각에 얽매여 여성어를 사용하지 않기 때문」이라며 여성 지도자를 비난한다.

구기모토는 「여성이 남성어를 익히면 상냥함이 없어지는 것은 물론이거니와 여성다운 당당함도 사라진다. 또한 말투도 이상해져서 아이를 가르치게 될 경우 […⋯] 아주 난감한 상황에 처하게 될 것이다. 아이에게 예의범절도 가르치지 못하게 될 것이다」(pp.52-53)라고 말한다. 사키야마가 여성어를 되살리기 위해서는 남편의 교육이 필요하다고 말하자, 나이토는 「요즘 세상에 마누라에게 경어로 말하게 하는 것은 잘못된 방법인 것 같다」며 아내가 남편에게 경어를 쓰도록 강요하는 것에 이의를 제기한다. 그에 대해 사키야마는 「여성에게 그렇게 시키는 것은 너무도 당연한 일」이라며 남존여비 사상을 끝까지 고수한다. 그러자 나이토는 「그렇게 되면 부부 사이의 친밀감이 없어질 것 같다. 나는 역시 입헌제로 가고 싶다(웃음소리)」면서 여성을 옹호하는 발언을 한다.

여기서 주목해야 할 점은 아내가 남편에게 경어를 쓰도록 해야 한다는 주장이다. 사키야마의 「여성에게 그렇게 시키는 것은 너무도 당연한 일」이라는 강경한 자세는 당시 여성의 경어 사용에 강제성이 있었음을 뒷받침해준다. 그렇게 되면 부부 사이에 친밀감이 없어진다는 나이토의 말이 정론이지만, 그 말을 웃음으로 얼버무릴 수밖에 없는 것을 보면 당시 소수파의 사회적 입지가 어땠는지를 충분히 짐작할 수 있다.

아이의 언어 교육을 어머니에게 떠맡기는 것은 마시모와 똑같다.

일본어 교과서도 여성과 경어에 대해서는 확실히 가르치고 있다. 제5

기 교과서『초등과 일본어 7』(6학년 1학기용)의 4과에 실린「경어 사용
법」이라는 글을 보면, 일본어에는 경어가 있으며 그 사용법이 유달리
발달되어 있으므로 경어 사용법을 반드시 터득해둬야 한다(p.25)고 설
명한 뒤 아래의 글이 이어진다.

> 일반적으로 여성이 남성보다 더 정중하게 말하는 것이 일본어의 관습
> 이다. 따라서 여성이 사용하는 경어에는 약간 특수한 면이 있다. 대부분
> 이 가정에서 사용하는 물건에 대한 것으로, 「오나베(おなべ, 냄비)」「오
> 사카나(おさかな, 생선)」「오메시모노(お召物, 의복)」라든가, 「시루(汁,
> 된장국)」를「오미오쓰케(おみおつけ)」라고 하는 것이 그 예다. 「이쿠(行
> く, 가다)」「구루(来る, 오다)」를「이랏샤루(いらつしやる, 가시다·오
> 시다)」라고 하는 것도 여성다운 말에 해당된다. 요즘에는 남성들도 이런
> 말을 사용하고 어떤 말은 일반적으로 사용되기도 하지만, 도를 넘으면
> 오히려 지나치게 정중하다는 느낌이 들거나 또는 유약하게 들리기도 한
> 다.(pp.30-31)

「여성이 남성보다 더 정중하게」말하고, 경어도 더 많이 사용하는
것이 일본어의「관습」이며, 게다가 여성어는 특수하기 때문에 남성이
흉내를 내거나 도를 넘는 것은 좋지 않다고 말하고 있다. 경어의 이중
(二重)기준을 어릴 때부터 심어준 것이다. 그 특수한 일본어가「아름다
운 일본어」의 실상이었다.

:8: 맺음말을 대신해서 ─ 표준어의 성립

우에다와 호시나의 표준어 제정 시도가 좌절됐을 때도, 전시 중 일본

어의 해외 진출과 보급에 진력할 때도, 교사들이 각 지방의 방언을 사용하기 때문에 교육효과가 오르지 않는다는 취지의 발언이 눈에 자주 띌만큼, 표준어의 확립은 메이지 이후의 숙원이기도 했다. 그렇다면 전쟁이 끝나고 63년이나 흐른 지금, 과연 그 문제는 해소되었을까.

다나카(田中, 1997)에 따르면, 표준화는 1970년대에 일단 달성되었다고 한다.

> 다이쇼시대부터 쇼와 초기에 걸쳐 학교를 중심으로 각 지역사회에서 표준어 보급운동이 강력하게 전개되지만, 학교 교육이 지역출신 교사에 의존하는 경우가 많은데다 사람들의 사회활동 범위가 지역적으로 한정되어 있었기 때문에, 노력에 비해 눈에 띌 만한 성과를 거두지는 못했다. [……] 일본어의 표준화가 본격적으로 진행된 것은 역시 텔레비전 시대를 맞이하고부터다. 방송 자체는 다이쇼 말기인 1925년에 라디오 방송이 시작되었고, 방송을 통해 표준화 운동을 본격적으로 전개했지만, 수신기의 보급 속도가 더뎌서 그 효과는 크지 않았다. 1942년이 되어서야 겨우 수신기의 보급률이 50%일 정도였다. 그에 반해 1953년에 방송이 시작된 텔레비전은 10년 후인 도쿄 올림픽을 전후로 보급률이 80%까지 육박하게 되었다. 라디오에 비해 정보전달 기능이 월등히 뛰어난 텔레비전 방송은 일본어의 표준화에 커다란 힘을 발휘했다. [……] 1970년대에는 거의 전 국민이 표준적인 말을 익혔기 때문에 일본어의 표준화는 일난 달성되었다고 해도 무방하다.

그런데 우에다와 호시나가 그토록 염원했던 일본어의 표준화는, 반세기 이상에 걸친 필사적인 노력을 비웃기라도 하듯, 가전제품인 텔레비전에 의해 불과 십 년 만에 싱겁게 달성되었다. 표준화 달성으로 인해 「올바른 일본어」「아름다운 일본어」도 달성되었기 때문에, 이 표현은 사라져야 할 터였다. 그러나 이 글의 모두(冒頭)에서 말한 것처럼 21세기에 이르러서도 「일본어」라는 단어 앞에 붙는 「아름다운」이라는 수식어는 사라지지 않고 있다. 이것은 우에다와 호시나 등 개혁론자들이 주장한 「올바른 일본어」 이전부터 존재한, 노리나가 이후의 「아름다운 일본어」 계열의 잔재라 할 수 있다. 결국 메이지 이후의 개혁파와 보수파의 다툼은 정신론을 앞세운 보수파의 승리로 끝났고, 패전 후에도 그 영향력은 사라지지 않고 불사신처럼 되살아나 「아름다운 일본어」를 남겼다. 게다가 이 보수파는 2010년 현재에도 상용한자를 대폭 늘리는 것에 여전히 막강한 힘을 발휘하며 승리를 뽐내고 있다.

参考文献

イ ヨンスク(1966) 『「国語」という思想 近代日本の言語認識』 岩波書店
五十嵐力(1928) 『国語の愛護』 早稲田大学出版部
五十嵐力編(1929) 『純正国語読本巻一』 早稲田大学出版部
五十嵐力編(1929) 『純正国語読本巻七』 早稲田大学出版部
井上司朗(1941) 「国語と国民思想」(『国語文化講座 第5巻 国語生活篇』 朝日新聞社, pp.1-10)
井上敏夫編集(1981) 『国語教育史資料第二巻教科書史』 東京法令出版株式会社
岩波書店編(1934) 『国語巻一』 復刻 1988, 岩波書店
上田万年(1901) 「本居宣長翁の百年祭にあたりて」(『明治文学全集44落合直文・上田万年・芳賀矢一・藤岡作太郎集』 筑摩書房, 1968, pp.142-145
上田万年(1894) 「国語研究に就て」(『明治文学全集44落合直文・上田万年・芳賀矢一・藤岡作太郎集』筑摩書房, 1968, pp.114-118
上田万年(1894) 「国語のため」(『明治文学全集44落合直文・上田万年・芳賀矢一・藤岡作太郎集』 筑摩書房, 1968, pp.108-113
岡本千万太郎(1942) 「留学生の日本語教育」(『国語文化講座第六巻・国語進出扁』 朝日新聞社, pp.172-187)
落合直文(明治23) 「奈良町の文学」(『明治文学全集44 落合直文・上田万年・芳賀矢一・

藤岡作太郎集』 筑摩書房, pp.7-11)

亀井考他編(1965) 『日本語の歴史 6 新しい国語への試み』 平凡社

河村湊 (1994) 『海を渡った日本語―植民地の「国語」の時間』 青土社

菊沢孝生(1940) 『国語と国民性』 修文舘

金田一京助(1942) 『国語研究』 八雲書林

金田一京助(1944) 『言霊をめぐりて』 八洲書房

金田一京助(1962) 『国語学論考 金田一京助選集Ⅲ』 三省堂

金田一京助(1976) 『日本語の變遷』 講談社

釘本久春(1944) 『戦争と日本語』 龍文書局

山東功(2008) 『唱歌と国語 明治近代化の装置』 講談社選書メチエ

新村出(1943) 「新東亞建設と日本語の問題」(『国語の尊嚴』 日本国語会偏 国民評論社,
    pp.141-162)

杉本つとむ編著(1994) 新井白石『東雅』影印翻刻, 早稲田大学出版部

武田祐吉校注(1955) 『万葉集下卷』 角川書店

田中章夫(1997) 「『京ことば』から『江戸ことば』、『標準語』の誕生まで」(『日本語学の
    みかた』) アエラムック朝日新聞社, pp.128-138)

保阪正康(2007) 『昭和史の教訓』 朝日新聞社

保科孝一(1899) 『國語學小史』 大日本図書株式会社

保科孝一(1934) 『新体国語学史』 賢文館

保科孝一(1936) 「四 国語の尊重愛護」『国語と日本精神』 實業之日本社

保科孝一(1942) 『大東亞共榮圏と国語政策』 統正社

本多勝一(2006) 『金曜日』 2006年12月1日號

本田弘之(2010) 「中国朝鮮族の日本語教育「再開」期の様相―日本語教育史の「斷絶史
    觀」を再考する」(假題『世界を結ぶことば』 三元社所收印刷中)

松尾捨次郎(1939) 『国語と日本精神』 白水社

松田好夫校訂(1941) 『賀茂真淵 語義・書議』 岩波書店

本居宣長著(1979) 『漢字三音考 地名字音轉用例』 林文典、湯沢質幸解説、勉誠社文庫

文部省(1935) 『尋常小學國語讀本卷九』 大阪書籍株式会社

文部省(1937) 『国体の本義』 文部省

文部省(1941) 『ヨミカタ』一・二『よみかた』三・四『初等科国語』一～八

安田敏朗(2002) 『国文学の時空 久松潜一と日本文化論』 三元社

安田敏朗(2006) 『「国語」の近代史 帝国日本と国語学者たち』 中公親書

安田敏朗(2008) 『金田一京助と日本語の近代』 平凡社

山田孝雄(1935)　『国語学史要』岩波書店

山田孝雄(1938)　『国語尊重の根本義』白水社

山田孝雄(1941)　「国語とは何ぞや」(『国語概論篇』国語文化講座第二巻、朝日新聞社、
　　　　　　　　p.1-19)

吉田澄夫・井之口有一編　『明治以降国語問題集』風間書房、1964所収、p.115

雑誌　『日本語』日本語教育振興会　1941第1巻～1945第5巻

講座　『国語文化講座　第6巻　国語進出篇』朝日新聞社　1942

제2장

일본어는 아름다운가
- 언어학의 관점에서 -

사쿠라이 다카시
(桜井 隆)

:: 들어가며

　일본어는 아름다운가. 아름다운 일본어란 무엇인가. ―그 과학적인 해답을 언어학에서 얻으려는 경우가 있다. 그러나 이 학문은 그 해답을 얻는 데 그리 적합하지 않다는 생각이 든다.

　언어학은 서양에서 생겨난 학문으로 일본어를 특별 취급하지 않으며 세계 유수의 언어 중 하나로 밖에 간주하지 않는다. 또 언어학은 문과계통의 학문이지만 이과계통의 성질을 이용해 언어를 분석하여 객관적으로 규명하고자 하는 학문이다. 「아름다움」이라는 감각적인 것은 언어학의 연구 테마로 성립되기가 어렵다. 굳이 일본어의 아름다움을 규명하려한다 해도, 결국 아무런 연구 성과도 얻지 못한 채 끝나고 말 가능성이 있다.

　과연 「아름다운 일본어」라는 것은 존재하는 것일까.

: 1 : 언어 자체의 아름다움

1.1. 「아름다운 일본어」

『아름다운 일본어 사전』(小學館)이라는 사전이 있다. 여기에서는 단어를 네 종류로 나누어 다루고 있다.

> 「일본의 색」 「에도무라사키(江戸紫)」처럼 이름은 들어서 알고 있는 말
> 「후세에 남기고 싶은 일본어」 그리운 일본어 2100 단어
> 「자연에 관한 단어」 비 · 바람 · 구름 · 눈 · 공기 등 자연과 관련된 단어
> 「의태어」 「훌훌」 같은 의성어 · 의태어

이런 단어들을 총칭하여 「아름다운 일본어」라고 정의하고 있다. 이는 「아름다운 일본어」의 전형적인 사례일 것이다. 언어에는 발음과 문법이라는 분야도 있지만 일반적으로 「말」하면 먼저 떠오르는 것이 「단어」다. 아름답다고 생각되는 단어를 모은 것이 바로 「아름다운 일본어」다. 또 「아름답다」고 느끼는 단어로는 섬세한 색채를 표현하는 단어, 그리운 단어, 아름다운 자연을 나타내는 단어, 매우 일본어다운 느낌을 주는 의성어 · 의태어 등이 있다.

그러나 이 사전에 수록되어 있는 것이 진정 「아름다운 일본어」일까. 실제 예를 들어 검토해 보고자 한다.

1.1.1. 누구에게 아름다운가

「후세에까지 남기고 싶은 일본어」로 다음과 같은 낱말을 예로 들고

있다.

　　오햐라카스(おひゃらかす)　　내심으로는 놀리고 싶은 마음이면서 겉
　으로는 칭찬하는 척 하는 것을 일컫는다.

　이 단어는 복잡한 심리상태와 태도를 한 마디로 표현하고 있기 때문
에 소중하다고 여겨 후세에 남기고 싶은 것인지도 모른다. 그렇다면
그것은 그런대로 이해하지만, 필자는 적어도 이 단어에서「아름다움」은
느껴지지 않는다. 그런 태도뿐만 아니라 그 말 자체가 풍기는 음감 역시
매우 불쾌하게 느껴진다.
　이 단어를「아름다운 일본어」라고 하는 것은 단순한「그리움」, 다시
말해서 점차 사라져가는 것에 대한 향수가 아닐까.
　그러나 이 단어를 들어보지도 못한 세대는 아무런 감흥도 느끼지 못
할 것이다. 아름답게 느끼기는커녕「무슨 뜻이냐」고 묻는 것으로 끝나
는 게 아닐는지.
　또「자연에 관한 단어」에는 다음과 같은 말이 있다.

　　가미카제(神風)　　신의 위덕으로 세차게 부는 바람.

　그러나 일본어를 모르는 외국인이 kamikaze라는 말을 들으면「광신
적인 자살공격」을 떠올릴 테고, 그 말에서「아름다움」은 전혀 느끼지
못할 것이다. 세상에 대고「이것이 아름다운 일본어다」라고 주장하는
것은 내키지 않는다.
　「오햐라카스」든「가미카제」든, 문제는 누구에게 아름다운가 하는 점

이다. 사전 편집자는 이런 단어들에서 「아름다움」을 느꼈겠지만 그렇지 않은 사람도 많을 거라고 생각한다. 「일본어의 아름다움」에 객관적이고 절대적인 기준은 없다.

1.1.2. 무엇이 아름다운가

「자연에 관한 단어」로는 다음과 같은 낱말을 열거하고 있다.

> 봄바람　봄에 부는 바람 (春の風　春に吹く風)
> 양풍　　선들바람　　 (涼風　　涼しい風)

이런 단어는 단어로서 아무런 깊이가 없다. 아름답다고 느끼는 것은 언어형식이 아니라 「봄바람」, 「선들바람」 그 자체가 아닐까.

두 단어를 영어로 표현하면 "wind of spring", "cool wind"이다. 중국어로는 「春風(chūn fēng)」 「涼風(liàng fēng)」이다. 언어형식에 관계없이 가리키는 것은 똑같다. 영어 화자든 중국어 화자든 대부분은 그것을 기분 좋게 느낄 것이다. 가리키는 것이 아름답기만 하다면 어떤 언어라도 그것을 나타내는 단어는 아름답다는 얘기다. 「하루노가제(春の風)」 「료후(涼風)」라는 단어가 일본어라서 특별히 아름다운 것은 아닐 것이다.

1.1.3. 일본어다움

『아름다운 일본어 사전』에서 의태어를 특별히 다루는 것은, 의태어가 일본어 에만 있는 독특한 것으로 재미와 즐거움이 있다고 여기기 때문인 것 같다. 영어에는 이런 종류의 단어가 분명 많지 않다. 예를 들면 「고소코소 아루쿠(こそこそ歩く)」는 sneak, 「후라후라 아루쿠(ふ

らふら歩く)」는 stroll, 「요치요치 아루쿠(よちよち歩く)」는 toddle로 동사 그 자체를 바꾸어 표현한다. 또 「요로요로 아루쿠(よろよろ歩く)」는 walk with unsteady steps (직역 : 오보쓰카나이아시도리데 아루쿠 おぼつかない足取りで歩く : 불안정한 걸음으로 걷다)처럼 부사구를 써서 상태를 묘사한다.

영어와 비교해 보면 의태어는 일본어의 특징처럼 보인다. 그러나 의태어는 한국어에도 있다. 그 종류도 매우 많아 일본어가 의태어로 표현하는 부분은 한국어 역시 의태어로 표현할 수 있다. 「고소코소(こそこそ)」는 「살금살금」 「후라후라(ふらふら)」는 「비틀비틀」 「요치요치(よちよち)」는 「아장아장」이다.

다양한 의태어를 갖고 있는 것이 일본어만의 특색은 아니라는 얘기다. 또한 「こそこそ」와 「살금살금」 「ふらふら」와 「비틀비틀」 중 어느 것이 아름다운가를 객관적으로 판단할 수는 없을 것이다. 그럼에도 의태어가 있기 때문에 일본어가 아름답다고 하는 것은 단지 외국어를 너무 몰라서가 아닐까.

일본어를 외국어와 비교한다고 할 때 대개는 영어를 비교대상으로 삼는데, 대다수의 일본인이 알고 있는 외국어가 영어이기 때문이다. 또 영어는 국제적으로 널리 통용된다는 점에서 영어가 마치 「국제표준」이라도 되는 것처럼 생각하는 경향이 있다. 그래서 영어와 비교하게 되는 것 같다. 그러나 엄연히 외국어는 영어만 있는 게 아니다. 영어와 비교하면 일본어가 특수해 보이지만 한국어와 비교하면 유사성이 두드러진다. 그러므로 의태어가 일본어만을 각별히 아름답다고 할 근거는 되지 못한다.

1.2. 경어(敬語)

1.2.1. 상하관계를 나타내는 경어

『아름다운 일본어 사전』을 떠나 이 책에서도 엔도(遠藤)가 언급했듯이, 일본어의 장점으로 경어를 꼽기도 한다.

경어는 손윗사람에 대한 존경이나 자기를 낮추는 겸양의 마음을 표현하는 어법이다. 그러나 애당초 사람을 상하로 구분 짓는 사고방식이 과연 아름다운 것일까.

또한 경어는 매사를 공손하게 전하는 기능도 있다. 그러나 어떤 언어에나 공손한 표현은 있다. 영어에도 Do it!이라는 단순한 명령형뿐만 아니라 Would you mind doing it?이라는 표현도 있다.

일본의 경어와 같은 것이 한국어에도 있는데, 우메다(梅田)(1989: 959)가 정리한 것을 보면 다음과 같다.

> 극존칭(上稱)) : 가장 상위
> 존칭(中稱)) : 중간 정도의 가벼운 경의를 나타냄
> 평어(等稱)) : 어리지만 이미 성년이 되어 아이로 취급할 수 없는
> 경우
> 하대(下稱) : 아이를 대하는(아무런 경의도 나타내지 않는) 형태

> 上稱)) : 完全に上位
> 中稱) : 中間的な軽い敬意
> 等稱) : 下位であるがすでに成年に達して子供扱いできない場合
> 下稱) : 子供に対する(何らの敬意も表さない)スタイル

그러나 경어가 있다고 해서 한국어가 아름답다는 말을 적어도 일본에

서는 하지 않을 것이다.

또한 경어가 매우 발달한 언어는 자바어(Java語)라고 생각한다. 사키야마(崎山)(1989:209)는, 사용법을 다음과 같이 10단계로 나누고 있다.

1. 순수상체(純粹常體)
2. 최저어(最低語) 1류(類)
3. 최저어(最低語) 2류(類)
4. 상(常)·중간체
5. 경(敬)·중간체
6. 중위체(中位體)
7. 순수경체(純粹敬體)
8. 약경체(若敬體)
9. 노경체(老敬體)
10. 극존칭체(最上敬體)

경어가 있어서 일본어가 아름답다고 한다면, 경어가 고도로 발달한 자바어가 세상에서 가장 아름답다는 얘기가 된다. 그러나 자바어가 세상에서 가장 아름답다는 말을 들어본 적이 없다.

경어가 발달했다는 점은 일본어의 특징 중 하나이기는 하지만 그것은 일본어에만 있는 현상이 아니다. 또 경어가 가장 발달된 언어가 일본어라는 얘기도 아니다. 그럼에도 굳이 경어를 일본어의 특징이라고 내세우는 것은, 외국어를 모르거나 고작 영어와 대비시키는 것만으로 일본어를 설명하는, 좁은 시야를 드러내는 것이 아니고 무엇이겠는가.

혹은 영어와 비교하는 데 의의가 있지, 한국어나 자바어와는 비교할 생각조차 없다는 따위의 의식이 머리 한 구석에 남아 있기라도 한다면, 그것은 서양 사대주의와 아시아를 멸시하는 사고방식을 갖고 있기 때문이다.

1.2.2. 경어 ― 또 하나의 기능

경어는 남을 존경하는 것뿐 아니라 멀리하는 작용도 한다. 예를 들면, 싸울 때 친한 사이라도 갑자기 경어로 말할 때가 있다. 서로 큰소리로 싸우다가 정색을 하고는 「아, 그렇습니까? 알겠습니다.」라고 내뱉는 경우 등이 그것이다.

이는 언어상 분명 「경어」이기는 하지만 거기에 「경의」의 뜻은 전혀 없다. 경어가 갖는 거리감을 이용해 상대를 냉정하게 대하려는 의도다. 경어가 아름답다고 할 때 경어가 갖는 이런 기능을 제대로 파악하고 하는 말일까.

한편 어떤 가게에서는 점원이 경어를 쓰지 않고 일부러 친구와 얘기하듯 손님을 대한다고 한다(필자가 TV에서 본 것은, 젊은 여성을 상대로 하는 도쿄 시부야의 의류점이다). 손님과의 심리적인 거리감을 줄이려고 경어를 쓰지 않는 것이다. 손님 역시 그런 태도에 마음이 편안해지는 모양이다. 아름다운 경어를 쓰지 않는 것이 오히려 긍정적으로 작용했다고 볼 수 있다.

경어를 아름답게 느낀다 해도 그것은 언제 어떤 경우라도 다 아름답다는 절대적인 미(美)는 아니다. 항상 아름다운 것은 남에게 경의를 품고 대하려는 마음의 자세지 경어라는 언어형식은 아니다.

: 2 : 「아름다운 일본어」

일본어라고 해서 무조건 다 아름답다고 주장하지 않고, 「아름다운 일본어」와 그렇지 않은 일본어로 나누어 다루는 견해도 있다.

2.1. 올바른 일본어

「올바른 일본어」가 아름다운 일본어라는 견해가 있다. 바꿔 말하면 올바르지 않은 일본어는 아름답지 않다는 말이 된다.

현재, 바르지 않은 일본어라는 것을 인정하면서도 널리 쓰이는 어법으로 「라누키고토바(ら抜き言葉)」(역자 주 : 가능동사의 어미 られる에서 ら가 탈락한 말)가 있다. 중·고등학교 일본어교과서에 나오는 문법에서는 「미라레루(見られる)」「다베라레루(食べられる)」가 옳다고 되어 있지만, 이를 「미레루(見れる)」「다베레루(食べれる)」로 말하는 경우가 많다. 「라(ら)」를 뺀 표현을 「ら抜き言葉」라고 하는데, 잘못된 사용이라는 지적을 종종 받는다.

나가이 아이(永井愛)의 희곡 『라누키노사쓰이(ら抜きの殺意)』(1998: 19-20)에는 다음과 같은 대화가 나온다. 참고로 등장인물인 에비나(海老名)는 중학교 일본어교사이고 도모(伴)는 중소기업의 직원으로 설정되어 있다.

도모(伴)	「라누키고토바」가 무슨 말이죠?
에비나(海老名)	「데레루(出れる)」나 「미레루(見れる)」「고레루(来れる)」 같은 말로, 원래 「ら」가 들어가야 할 자리에서 「ら」를 빼고 말하는 표현법이에요.
도모	나만 「出れる」라고 말하는 건 아니에요. 여기저기서 그러잖아요. 들어보신 적 없으세요?
에비나	다들 그렇게 말한다고 해도 틀린 건 틀린 거지요.
(생략)	
도모	결국 라누키고토바를 쓰지 말아라, 그런 얘기군요.

에비나	네. 참을 수가 없어요.
도모	그 정도로 참을 수 없나요?
에비나	일본어에 대한 범죄 행위니까요. 역겹고 피가 거꾸로 솟는답니다.

伴	何ですか、「ら抜き言葉」ってのは?
海老名	「出れる」とか「見れる」とか「来れる」とか。本来「ら」を入れるべき所から「ら」を抜いている言葉遣いのことですよ。
伴	「出れる」って言ってんのは私だけじゃないですよ。あちこちで言ってんでしょう。聞いたことないんですか。
海老名	あちこちで言ってたって、間違いは間違いです。
「略」	
伴	つまり、ら抜き言葉をつかうな、そういうことですね。
海老名	ええ。我慢がなりません。
伴	そんなに我慢がなりませんか?
海老名	日本語に対する犯罪的な行為ですからね。虫酸が走ります。血が逆流しまよ。

등장인물인 에비나가「일본어에 대한 범죄행위」라고 비난하는 언어 사용은 보통「언어(사용)의 혼돈」이라고 한다.

그에 대한 비판이나 탄식이 어제오늘의 일은 아니다. 『마쿠라노소시(枕草子)』(996년경)의 제185단에는 다음과 같은 소절이 있다.

무슨 말을 하더라도「その事させむとす」「いはむとす」「なにとせむとす」라는 식으로「と」자를 써야지, 그냥「いはむずる」「里へ出でむずる」하는 식으로 말하면 이는 매우 잘못 된 것이다. 더구나 편지에서 그렇게 적는다면 말할 것도 없다.

なに言をいひても、「その事させむとす」「いはむとす」「なにとせ
むとす」といふ「と」文字をうしなひて、ただ、「いはむずる」「里へ出
でむずる」などいへば、やがていとわろし。まいて、文に書いては、
いふべきにもあらず。

「~사세무토스(~させむとす)」「이와무토스(いはむとす)」「~세
무토스(~せむとす)」라고 해야 할 부분을, 「と」라는 글자를 없애고「이
와무즈루(いはむずる)」「~데데무즈루(~出でむずる)」라고 하는 것
은,「이토와로시(いとわろし(非常に悪い) 매우 나쁘다)」.「마시테 데가
미니 가이타토나루토, 겐고도단다(まして手紙に書いたとなると、言
語道断だ 더구나 편지에서 그렇게 적는다면 언어도단)」(하기다니 萩谷
注1977:90)이라는 것이다.

그러나 현대인에게는「いはむとす」를「いはむずる」라고 했다 해서
「いとわろし」라고 할 만큼 위화감은 없을 것이다.

이런 언어사용이 절대적으로 나쁘다는 것은 아니다. 세이 쇼나곤(淸
少納言)의 비판이든「라누키고토바」에 대한 비난이든, 자기가 익숙하게
써온 표현과 다른 새로운 표현에 대해 심하게 위화감을 느끼는 것일
뿐이다. 따라서 이런 식의 비판이나 비난은 언제나 기성세대가 신세대
에게 가한다. 각자 개인적인 취향의 문제다.

세이쇼나곤은 이를 가려, 위에 적은 한 소절을 설명하기 전에 다음과
같이 분명하게 양해를 구하고 있다.

かう思ふ人、殊にすぐれてもあらじかし、いづれを、「善し」「悪し」
と知るにかは。されど、人をば知らじ、ただ、心ちにさおぼゆるな
り。

(이렇게 생각하는 내가 특별히 「말솜씨」가 뛰어나다는 얘기가 아닙니다. 어떤 것이 좋다 나쁘다 어디 분별할 수 있는 건가요? 그러나 남들이 어찌 생각하든 단지 내 마음이 그렇다는 것이지요.)(萩谷 注1977:89)

「올바른 일본어」란 어떤 의미에서 주관적인 것이라는 설명이다.

원래 언어학에서 「언어의 혼돈」이라는 표현은 하지 않는다. 「혼돈」이라는 말에는 질서정연한 것이 붕괴되었다는 가치관이 포함되어 있다. 그것은 붕괴된 것이 아니다. 전 세대와 달라졌다는 얘기일 뿐이다. 그러므로 언어학에서는 이를 언어의 「변화」라고 부른다.

새로운 표현을 만드는 것이 잘못이고 「혼돈」이며 아름다움을 잃는 것이라고 한다면, 그 논리적 귀결로서 사람은 영원히 태곳적 일본어를 지금까지도 쓰고 있어야 한다는 얘기가 된다. 그것은 불가능한 일이며 비현실적일 것이다.

「올바른 일본어」가 유동적인 것이고, 일본문학사상 굴지의 수필가인 세이 쇼나곤이 「단지 내 마음이 그렇다는 것이지요(ただ、心ちにさおぼゆるなり)」라고 한다면, 「올바른 일본어」에서 미를 발견하고자 하는 것은, 보편적이고 객관적인 판단이 아니라 단순히 자신이 아름답다고 생각하는 것을 아름답다고 표현하는 데 지나지 않는다.

2.2. 표준어

표준어(공통어)가 「좋은 말」이고 방언은 「나쁜 말」로 간주되던 시기가 있었다. 「좋다」는 것은 「옳다」는 뜻일 뿐만 아니라 「품위가 있다」「아름답다」는 가치관도 담겨 있다. 이런 의식은 지금도 일부 사람들

사이에 남아 있는 것 같다.

　가토(加藤)(2007:201)는 방언이「나쁜 말」로 간주되는 실제 예로서
직접 경험한 것을 토대로 설명한다.

　　필자가 쇼와 15년(1940년)에 입학한 니가타 현 고시군(新潟県古志郡,
　　현재는 나가오카 시에 합병)의 초등학교에, 오십음도(五十音圖)와 함께
　　「좋은 말 나쁜 말」 대조표 십 수개를 예로 들어놓았는데, 맨 앞에「보쿠,
　　와타시/오레,오라(ボク、ワタシ/オレ、オラ。) 기미, 오마에/ 은나, 오
　　사마(キミ、オマヘ/ンナ、オサマ。)」맨 끝에는 「다베라레마스/괏즈
　　(タベラレマス/クァッヅ。)」(모두 상단「좌측」이 좋은 말 이고 하단「우
　　측」이 나쁜 말)이었던 것을 기억한다. 오른쪽 단어 중「오사마(オサマ)」
　　는 경의를 나타내는 말이기는 하지만 방언이다.

　그러나 방언이 정말「나쁜 말」일까. 방언은 자신이 태어나 자란 지역
의 말이며, 자신의 기분을 가장 적절하게 표현할 수 있는 언어가 아닐까.
그것이「나쁜 말」로 취급당할 이유가 없다.

　한편, 표준어를 보급시키는 일은 일본이 근대국가로서의 통일을 달성
하기 위해 필요하기는 했다. 명확한 법적 규정도 없이 도쿄·야마테(山
手) 방언을 기초로 한 말이 사실상 표준어로서의 지위를 갖고 널리 보급
되었다. 그러나 그것은「중앙」에서 쓰이는 말이었기 때문이지 미추(美
醜)와는 별개의 문제다.

　표준어 형태의 언어(공통어)가 정착해도 방언이 사라지는 일은 생기
지 않았다. 오늘날의 방언은 아끼고 보존해야할 것, 오락의 대상으로서
지위가 복권되었다고 할 수 있다. 이노우에·야리미즈(井上·鑓水)
(2002)의 권두화(卷頭畵)에 몇 개의 방언 삽화를 소개하고 있는데, 거기

서 받은 인상은 「귀엽다」다. 「귀엽다」는 「아름답다」의 현대어적인 표현이다.

그러면 반대로 방언의 존재가 일본어의 아름다움을 나타낸다는 의미일까. 그러나 방언은 어느 나라에나 존재하는 언어. 방언이 있어서 일본어가 아름답다고 한다면, 전 세계의 모든 언어 역시 마찬가지로 아름다운 것이다.

: 3 : 기교적 아름다움 ― 미문(美文)

일상생활에서 얘기하는 「아름다운 일본어」와는 별개로, 문장의 기교를 연마하여 의식적으로 언어의 아름다움을 추구한다는 시도도 있다.

근현대에 와서 일본어가 「미(美)」와 직접 관련된 예로는 「아름다운 글(美文)」이 있다. 그것은 어떤 것일까. 나카야마(中山)(1980)가 대표적인 예로 든 『미문 운문 하나모미지(美文韻文花紅葉)』(1896)에 오마치 게이게쓰(大町桂月)의 「닛코잔노 오쿠(日光山の奥)」라는 기행문이 수록되어 있다. 다음은 그 중에서 「기리후리노 다키(霧降滝)」를 묘사한 부분이다. 참고로, 좀 길지만 전체가 한 문장이다.

천 길 낭떠러지,
아래에서 올려다보는 저 높은 곳에
높고 낮게 솟아오른 검푸른 바위가 무수히 많고
큰 물줄기로 시작해 두 갈래가 되고
다음엔 세 갈래, 다섯 갈래, 일곱 갈래……
끝내 천 갈래 만 갈래로 흩어진 폭포수는

마치 백설처럼 절벽을 덮고
춤추듯 날아오른 물보라가 계곡에 가득하고
싸락눈 되었다가 흩어져 안개가 되고
심연 바닥에서 물과 함께 휘돌아 부는 상쾌한 바람이
늘어진 내 소맷자락을 펄럭이고
절벽에 솟은 나무들 사이로 비추는 햇살이
발아래 단풍 물들이는 것을 보니 참으로 신기하고
안개가 내린다는 그 이름이 너무나도 허무하여라.

　絶壁千尺、下瀑より高きに、巖の色黝黒にして、石脉の凹凸極めて
多く、流水の脉の大なるもの始めてわかれて二となり、次に三とな
り、五となり、七となり、終に千綜万錯して白雪全壁を圧し、飛躍磐
舞して余沫壑に盈ち、凝て霰となり、散て烟となり、水と共に深淵の
底より激し来れる渓風、凛として袂を捲き、岸樹の間よりのぞき込む
日の光をうけて、眼下に一道の彩虹を現ずるなど、たとえなくおかし
く、霧降の名、洵に空しからざるを覚えぬ。

이 글을 단순히 「아름다운 문장」이라고 단정할 수 있을까.

미문(美文)이라고 일컬어지는 글은 형용사·부사와 비유를 수시로 사용한 수식어구가 많은 문장이다. 요즘의 관점으로 보면, 현학적이고 지나치게 장식이 많은 문체는 불쾌감을 줄 수도 있을 것이다.

또 이런 문장을 쓰려면 문장기교에 대한 능력 뿐 아니라 한자어·고전에 대한 높은 지식이 요구된다. 아직 일반인의 교육수준이 높지 못했던 메이지(明治) 중기에 이정도의 문장을 구사하고 이해할 수 있는 사람은 극소수의 지식계층에 불과했을 것이다. 한껏 기교를 부린 미문(美文)은 엘리트주의의 문장이다. 그러나 현대에 와서 글을 쓰는 행위는 누구

에게나 열려 있다. 이런 미문은 적어도 일상생활에서는 문장 작법에서
모범이라고는 할 수 없을 것이다.

위에 예문으로 든 「미문」은 요즘 일본인들조차 이해하기 어려워 그
아름다움을 맛보고 실감하기가 힘들다. 하물며 일본어가 서툰 외국인이
이런 문장을 특별히 「아름다운 일본어」로 인식하지는 않을 것이다.

더구나 말의 아름다움을 찾는 기교는 글말뿐 아니라 입말에도 있다.
예를 들면 장사하는 사람들의 표현에도 그 나름대로의 테크닉이 있고
거기에서 아름다움을 찾아낼 수 있다. 그러나 그 말을 특별히 「아름다
운 일본어」라고 말하지는 않는다. 또한 입말의 아름다움이 일본어에서
만 보이는 것도 물론 아니다.

ː 4 ː 음상징(音象徵)

발음 때문에 아름답게 여겨지는 단어가 있다. 「사요나라(さようなら)」
「오카상(おかあさん)」 같은 말은 「아(ア)」가 들어 있어서 아름답다고
한다. 일본어의 다섯 모음 중에서 아(ア)를 특별히 아름답게 여기는 것
은 왜일까? 이(イ)와 우(ウ) 같은 모음은 아름답지 않은 걸까?

보통 어떤 발음이 뭔가 상징적인 의미를 갖고 있다는 설은 언어학에
도 존재한다. 예를 들어 「고로고로(ゴロゴロ)」와 「가라카라(カラカラ)」
를 비교해 보면, 탁음과 「오(オ)」가 들어 있는 단어는 무거운 느낌을
준다. 반대로 청음과 「아(ア)」는 가벼운 느낌이 든다. 이처럼 음성과
이미지의 결합을 「음상징(音象徵)」이라고 한다.

그러나 일본어에서의 음상징은 거의 의성어·의태어에 한해 나타난

다. 그 이외의 품사에서는 그 반증을 쉽게 찾아볼 수 있다. 「바카(バカ)」 「아사하카(あさはか)」「사카사마(さかさま)」에 들어 있는 모음은 모두 「아(ア)」지만, 단어의 의미가 결코 아름답지는 않다.

「사요나라(さようなら)」「오카상(おかあさん)」이 아름답게 느껴지는 것은 「아(ア)」라는 모음 때문이 아니라, 그 단어로 인해 뭔가 아름다운 추억이 떠오르기 때문일 것이다.

또 의성어·의태어는 일상회화에서는 많이 쓰이지만, 공적인 스피치나 「격조」가 있어야 할 문학작품 등에서는 일반적으로 사용을 삼가고 있다. 의성어·의태어 자체가 왠지 품위가 떨어진다는 언어의식이 있기 때문이다.

: 5 : 언어학으로 보는 언어의 아름다움

언어학에서는 대체 말의 아름다움을 어떻게 보고 있을까. 과학을 지향하는 언어학은 「아름다움」이라는 감각적이고 주관적인 것을 그다지 연구 대상으로 삼지는 않는다.

그렇다고 언어의 아름다움에 대한 연구가 아주 없는 것은 아니다. 20세기 전반의 프라그 학파(역자 주 : 유럽 구조주의 언어학의 한 학파) 사람들은 언어의 기능으로서 전달, 사교 외에도 「미적 기능」 내지 「시적 기능」을 인정했다. 이 학파 출신인 야콥슨(R. Jakobson)은 다음과 같은 실례를 들어 설명했다(야콥슨 1973:193).

「왜 항상 존과 마조리라고 하고, 마조리와 존이라고는 하지 않는 거지?

쌍둥이 중에 존을 더 좋아하나?」「말도 안 돼. 그냥 그렇게 부르는 게 편한 것 뿐이야.」나란히 놓인 두 이름의 순서에서는 신분계급의 문제가 개입되지 않는 한, 화자는 그 이유를 직접 설명하지 못하면서도 짧은 이름을 먼저 말하는 것이 메시지로서 정돈된 형태라고 느끼는 것이다.

「どうしていつもジョーンとマージョリーって言って、マージョリーとジョーンって言わないの？ ふたごちゃんのうち、ジョーンのほうが好きなの？」「とんでもない。ただこのほうが口調がいいだけ。」等置された二つの名前の序列では、身分階層の問題が介入してこない限り、話し手は自らその理由を説明できないながらも、短い名前を先にするほうがメッセージとして整った形であると感ずるのである。

「저 끔찍한 해리(the horrible Harry)」라고 입버릇처럼 말하는 아가씨가 있었다. 「왜 horrible입니까?」「난 저 사람이 정말 싫은 걸요.」「하지만 싫다(dreadful)거나 무섭다(terrible)거나 역겹다(frightful), 오싹해진다(disgusting) 같은 말은 왜 안 쓰는 거죠?」「그런 거 몰라요. 하지만 horrible이 가장 잘 어울리잖아요.」그 아가씨는 자신도 모르는 사이에 유음법(paronomasia)[1]이라는 시적수법을 고수하고 있었던 것이다.

ある娘さんは、いつも「あのひどいハリーthe horrible Harry」と言っていた。「なぜ horrible なんですか。」「あたし、あの人きらいなんですもの。」「でもどうしていやなdreadfulとか、すごいterribleとか、虫酸が走るfrightfulとか、ぞっとするdisgustingなんて言うんじゃいけないんです？」「そんなことわからないわ。でもhorribleが一番ぴったりするのよ。」自分ではそれと知らずに、彼女は類音法paronomasiaという詩的手法に固執していたのである。

---

[1]: 유음법(paronomasia) : 발음이 비슷한 단어를 나열하는 기법. 여기서는 horrible과 Harry 두 단어가 모두 h・r 이라는 자음을 갖고 있다.

여기서 볼 수 있듯이 야콥슨이 말하는 언어의 아름다움의 본질은, 객관적으로 파악할 수 있는 단어의 길이와 발음의 유사성에 있다. 이러한 것들이 아름답게 느껴지는 이유는 「짧은 이름을 앞에 놓는 것이 메시지로서 정돈된 형태로 느껴진다」는 구체적인 경험적 법칙이며, 혹은 「유음법(類音法, paronomasia)이라는 시적(詩的)수법」이 그 근거다.

덧붙이자면, 야콥슨은 그것을 주관적으로 「아름답다」고 단정해버리는 것이 아니라 「정돈된 형태라고 느낀다」「시적 수법을 고수한다」는 식으로 가능하면 객관적으로 기술하려고 노력하고 있다.

위에 적은 인용문은 영어의 미(美)에 대해 기술한 것이다. 그러면 일본어의 아름다움에 대해서는 어떻게 말할 수 있을까.

일본어에서 「정돈된 형태라고 느끼는」 경험적 법칙에 대한 언어학적 연구는 필자가 알고 있는 한 없다. 아름다움을 「시적 방법」에서 찾는다면 와카(和歌)・하이쿠(俳句)의 기본구조인 5・7조, 7・5조 쯤 될까. 또 마사오카 시키(正岡子規)의 유명한 한 구절인 「가키구에바 가네가나루나리 호류지(柿食えば鐘が鳴るなり法隆寺)」에서는 「가(か)」음이 중복되어 아름답다는 하이쿠론(俳句論)도 있다는 얘기를 들었다. 이런 것들이 문학론이다.

그러나 모든 언어에는 시(詩)가 있고 이를 받쳐주는 기법이 존재한다. 일본어만이 특별히 아름다운 시를 발전시켰다는 것은 아니라는 얘기다.

: 6 : 문학으로 보는 일본어의 아름다움

언어학으로 일본어의 아름다움을 논하고자 한다면, 역시 문학에 의존해야 할지도 모른다.

한 예로, 요시모토 다카아키(吉本隆明)의 「언어의 아름다움이란 무엇인가」(1965)라는 논문이 있는데, 초판 이후 40년 이상 지난 요즘도 읽히고 있다. 이 논문은 다양한 문학작품을 소재로 논의를 전개하고 있는데, 솔직히 말해 이를 논평한다는 것은 필자의 역량을 넘어서는 일이다.

문학 분야에는 일본어의 아름다움을 논한 책이 다수 존재하겠지만, 그것은 언어학과는 다른 발상에서 이루어진 논의이기에 본 글이 의도하는 것과는 거리가 있다.

그러나 문학은 일본어에만 존재하는 것이 아니며, 다양한 언어로 된 문학은 제각각 아름답다고 할 수 있겠다. 문학의 존재를 둘러싸고 각별하게 일본어만이 아름답다고 주장할 수는 없다.

: 7 : 맺음말

언어학의 관점에서 보면, 일본어가 특별히 더 아름다운 것도 아니고 또한 일본어의 어떤 점이 아름다운지도 분명하지 않다. 일반적으로 「아름답다」고 일컬어지는 요소도 하나하나 구체적으로 살펴보면, 그것이 꼭 미의 구체적인 근거가 아님을 알 수 있다.

그럼에도 여전히 일본어를 「아름답다」고 하면서 사랑하고, 자랑하고 싶은 마음이 남아 있을 것이다.

생각하건대, 「아름다운 일본어」라고 표현하는 것은 「사랑스러운 내 아이」라고 말하는 것과 같은 이치가 아닐까. 누구에게나 「내 아이」는 「사랑스러운」 것이다. 「일본어」 역시 일본어를 모국어로 쓰는 사람에게는「아름다운」것이다.

　여기서 말하는「사랑스럽다」「아름답다」는「사랑한다」와 거의 같은 의미일 것이다. 일본어에 애착을 갖기 때문에 아름다운 것이다. 또한 「아름다운 일본어를 사랑한다」는 것은,「일본어가 좋으니까 좋다」는 말과 같은, 일종의 동어반복(同語反復)이 아닐까.

参考文獻

井上史雄・鑓水兼貫(編著)(2002)　『辞典 新しい日本語』東洋書林
梅田博之(1989)　「朝鮮語」亀井孝・河野六郎・千野榮一(編)『言語學大辭典』第6卷・
　　　術語編、三省堂
加藤正信(2007)　「昭和前期における地方の言語生活と標準語・共通語の問題」加藤正
　　　信・松本宙(編)(2007)　『国語論究13 昭和前期日本語の問題点』明治書院
崎山 理(1989)　「ジャワ語」亀井孝・河野六郎・千野栄一(編)『言語学大辭典』第6卷・
　　　術語編、三省堂
小学舘辞典編集部(編)(2006)　『美しい日本語の辞典』小学舘
永井愛(1998)　『ら抜きの殺意』而立書房
中山緑朗(1980)　「美文」国語学会・編『国語學大辭典』東京堂出版
ヤーコブソン、ローマン(川本茂雄監修)(1973)　『一般語学』みずず書房
吉本隆明(1965)　『言語にとって美とはなにか』勁草書房

大町桂月・塩井雨江・武島羽衣　『美文韻文花紅葉』(1977『明治文学全集41』筑摩書房)
清少納言　『枕草子』(萩谷朴・校注, 1977『新潮日本古典集成・枕草子(下)』新潮社)

Kay Won Lee(2007)　*Korean Onomatopoeia and Mimesis*, 韓國文化社

일본어의 모어의식과 언어의식

제 2 부

경어

일본어의 모어의식과 언어의식

영화 속의 경어 1
- 전후 1940년대 후반~1960년대 -

엔도 오리에
(遠藤織枝)

:: 들어가며

　전전(戰前) 일본의 가족은 아버지를 정점으로 하는 위계제도 하에서 장남이 토지와 재산을 상속받고 가계(家系)를 지켜나가는 절대적 부권 및 남존여비 사회였다. 그러한 조직을 유지하기 위해서는 아버지가 절대적 존재라는 것을 가족 구성원이 평소에도 서로 확인하지 않으면 안된다. 그런 점에서 가족 간의 언어도 아버지를 존중하고 절대시하는 것이어야만 했다.

　긴다이치(金田一, 1942: 299)도 「일본의 경어법은 일본의 가족주의적 생활과 떼려야 뗄 수 없는 관계에 있다」고 서술하고 있다. 여기서 가족 간의 질서를 체계화하고 유지하는 도구로서 경어가 크게 활약하게 된다. 아버지에 대한 절대경어가 확립되고 가족 간에도 아내는 남편에게, 자식은 부모에게 절대적으로 순종하는 구조를 경어가 지탱해왔다. 아버지든 남편이든 남성은 경어를 쓰지 않았고, 아내나 아이들은 경어를 써

야만 남편이나 아버지와 대화할 수 있었다. 긴다이치는 본서(本書) 제1
장에서 「일본어는 경어가 있으므로 다른 나라보다도 우수하다. 그 경어
를 지탱한 것은 여성어이다. 여성은 아름다운 일본어를 지키고 가꿀
의무가 있다.」고 했다. 그러나 패전 후 신헌법에서 가부장제가 폐지되
고 남녀평등이 보장되자 가족 간의 말투도 변화되기 시작했다. 여성도
경어를 쓰지 않고 아버지나 남편과 이야기할 수 있게 되었다.

 이런 변화를 체제가 바뀐 시기의 사람들은 어떻게 습득하고 전승해갔
는지, 그것은 현재 일본어의 경어와 어떻게 연관되는지, 현재의 일본어
를 이해한 후 가까운 과거 일본어의 실정을 이해하는 것이 필요하다.
이를 위한 조사로서 영화 속의 대화를 관찰하기로 했다. 영화는 작위적
으로 만들어진 것이지 사실은 아니다. 그러나 각본가·감독·연기자가
허구의 작품을 만들어내는데 있어, 어떤 종류의 진실을 그려내기 위해
만든 허구이다. 그 허구 속에 있는 진실을 살펴볼 수는 있다. 제작자들
이 진실이라고 택한 언어를 대상으로 살펴보는 것이다.

 패전 후의 가족 간·남녀 간의 경어를 살펴보기 위해, 주된 테마와
설정이 가족·남녀관계에 놓여 있는 아래 작품의 DVD를 시청하며 고
찰해나간다. 영화명·감독명·제작년도 순으로 기술한다.

  『멋진 일요일(素晴らしき日曜日)』 구로사와 아키라(黒沢明) 1947년
  『푸른 산맥(青い山脈)』 이마이 다다시(今井正) 1948년
  『만춘(晩春)』 오즈 야스지로(小津安二郎) 1949년
  『애처 이야기(愛妻物語)』 신도 가네토(新藤兼人) 1951년
  『오차즈케[1]의 맛(お茶漬けの味)』 오즈 야스지로(小津安二郎) 1952년

 1: 뜨거운 엽차를 부은 밥. (역자주)

『일본의 비극(日本の悲劇)』 기노시타 게이스케(木下惠介) 1953년
『여자들의 동산(女の園)』 기노시타 게이스케(木下惠介) 1954년
『뜬 구름(浮雲)』 나루세 미키오(成瀬己喜男) 1955년
『유모차(乳母車)』 다사카 도모타카(田坂具隆) 1956년
『큐폴라가 있는 거리(キューポラのある街)』 이마무라 쇼헤이(今村昌平)
　　　1962년

이들 영화에 등장하는 인물의 대화를 부부·부모자식 등 관계별로 관찰하면서 당시의 경어 사용 양상을 고찰하고자 한다. 또한 본고에서는, 경어에 대해「말씀하시다(おっしゃる)」「고요(ご用)(용무, 볼일의 존경어)」와 같은 어휘적인 것을「경어」,「묵으시다(お泊まりになる)」같은 동사의 존경형식을「존경어체」,「돌려드리다(お返しする)」같은 동사의 겸양어 형식을「겸양어체」,「소데스(そうです)」「이키마스(行きます)」처럼 문말에 정중어「데스·마스(です·ます)」를 동반하는 형식을「정중체」,「그래(そうなの)」,「간다(行くよ)」와 같은 보통체 형식을「비정중체」라 칭하고 분석하고자 한다. 문자화를 하면서 상승조의 문말에는 ↑를 붙였다. 또 해당 부분에는 밑줄을 그었다.

:1: 부부의 대화

1.1. 아내·유미에(弓江, 40대) ↔ 남편·고조(浩造, 50대)
… 「애처 이야기」

아내　　여보, 갑자기 그렇게 말씀하시면 누마자키(沼崎)씨도 난처하

시죠.

남편　당신은 잠자코 있어요.

아내　그렇게 말씀하시지만 결국은 용서해주실 생각이죠?

妻(弓江)　あなた、急にそんなことを<u>おっしゃって</u>は、沼崎さんだっ
　　　　て<u>お困りになります</u>わ。

夫(浩造)　お前は<u>黙ってなさい</u>。

妻(弓江)　そんなこと<u>おっしゃった</u>って、いずれは許して<u>おやりにな
　　　　る</u>つもり<u>でしょう</u>。

　아내는 경어「말씀하시다(おっしゃる)」「하시다(お〜になる)」같은
존경어체를 쓰고, 남편은「잠자코 있어요(黙ってなさい)」라고 말한다.
이는「입 다물어(黙れ)」「조용히 해(黙っていろ)」와 같은 직접명령은
아니다.「해요(なさい)」는 경어「하시다(なさる)」의 명령형으로 약간
정중한 표현이지만, 한편으로는 분명 상대방을 낮춰 부를 때 쓰는「오마
에(お前)」같은 2인칭을 사용하고 있다. 또한 유미에는 제삼자인 딸의
애인 누마자키에 대해 언급할 때「난처하시다(お困りになる)」라는 존
경어체를 쓰고 있다.

1.2. 아내 · 다에코(妙子, 30대)↔남편 · 모키치(茂吉, 40대)
…「오차즈케의 맛」

아내　여보, 오늘 세쓰코와 같이 있었지요? 왜 거짓말하세요? 왜?

남편　아니, 거짓말 아니야.

妻(妙子)　あなた、今日節子と一緒だったん<u>ですね↑</u>、なぜ嘘<u>おつき</u>

んなるの↑、なぜ↑
夫(茂吉)　別に嘘はつかない。

　아내는 남편에게 문말에서 정중체를 사용하며, 「거짓말하시다(嘘お
つきんなる)」라고 존경어체를 쓰는데 비해 남편은 비정중체로 답하고
있다. 아내는 그밖에도 「잘 아심(ごぞんじ)」 「늘 그렇게 드시고 계세
요?(いつもそうやって召上ってらっしゃるの?)」 「저, 싫다고 말씀드렸
죠(わたくし、いやだって申上げたでしょ)」 같은 경어를 사용해 남편
과 이야기한다. 이들 경어 중 「いつもそうやって<u>召上ってらっしゃる
の?</u>」의 밑줄 부분의 경어는 본동사 「먹다(食べる)」와 보조동사 「～고
있다(～ている)」는 모두 경어체로 되어 있지만, 문말은 정중체가 아니
다. 「곧 들어오실 거지?(すぐ<u>お這入りンなる?</u>)」도 문말은 비정중체로,
보다 정중한 「들어오십니까(<u>お這入りンなりますか</u>)」에 비하면 정중도
가 낮다. 다에코는 남편에게 「여보, 식사는?(あなた、お腹は?)」 「기다
리고 있었어, 나(待ってたのよ、あたし)」 등 경어를 쓰지 않는 경우도
있다. 다에코는 남편에 대해 동사부분에서는 경어체로 말하지만 문말을
비정중체로 함으로써 남편과의 거리를 좁히고 있다.

1.3.　아내・다마코(たま子, 40세) ↔ 남편・지로(次郎, 49세)
　　…「유모차」

아내　　저, 식사 하시겠어요?
남편　　아니, 먹고 왔어.

妻(たま子)　あの、<u>ご飯あがりますか?</u>

夫(次郎)　　いや、すましてきた。

　밤늦게 귀가한 남편에게「식사하시겠어요?(ご飯あがりますか)」라며 존경어를 사용하여 정중체로 묻는 아내에게 남편은「아니, 먹고 왔어 (いや、済まして来た)」라고 아무렇게나 말한다.

　다음은, 오랫동안 참아온 남편의 바람기를 견딜 수가 없어 마침내 아내가 집을 막 나가려는데 남편이 돌아온 장면이다.

남편　　어디 나가는 거야?
아내　　도쿄에 갑니다. 당분간 언니 집에서 신세지면서 곰곰이 생각해 보려고. 앞으로의 일을 말이에요. 당신, 오늘 구혼부쓰(九品仏)에 가셨죠?

夫(次郎)　出かけるのかい?
妻(たま子)東京へ<u>参ります</u>。しばらく、姉の家に厄介になって、よく 考えてみようと。今後のことを<u>です</u>わ。あなた、今日、九 品仏へ行って<u>らしたんでしょ</u>。

　남편은「~거야(~かい)」와 같은 반말을 쓴다. 그에 비해 아내는 겸 양어「갑니다(参ります)」를 쓰고, 남편의 행위에 대해서는「가셨죠? (行ってらしたんでしょ)」라며 존경어를 쓴다. 문말에서는「앞으로의 일을 말이에요(今後のことをですわ)」「가셨죠?(行ってらしたんでしょ)」 하고 정중체를 사용한다. 다마코는 남편 지로가 구혼부쓰(九品仏)에 사 는 애인집에 갔던 일을 말하며, 잠시 집을 나가 언니 집에서 생각해보겠 다는 것이다. 이처럼 냉랭한 부부 간의 대화이므로 다마코의 철저한 경어가 거리감을 더해주고 있다.

1.4. 아내・기리코(霧子, 40대) ↔ 남편・아카자와(赤澤, 40대)
　　　… 「**일본의 비극**」

아내　이노우에(井上)씨 있는데요. 무슨 용무라도 있어요?
남편　이 책 빌려주려고 온 거야, 당신은 무슨 일이지?
아내　곧장 집으로 돌아오실 거지요. 책을 건네드리면.

妻(霧子)　井上さんいますよ、何かご用だったんですか↑
夫(赤澤)　この本を貸してあげに来たんだよ、お前はなんだい。
妻(霧子)　すぐお帰りになるんでしょう、本をお渡しすれば。

　아내는 남편에 대해 「있는데요(いますよ)」 「있어요?(ですか)」라고 문말에 정중체를 사용하며, 「돌아오시다(お帰りになる)」라는 존경어체와 「건네드리다(お渡しす(る))」라는 겸양어체를 각각 쓰고 있다. 게다가 「고요(ご用)」 같은 명사의 존경어도 쓴다. 아내는 이노우에와 남편의 관계를 의심하고 있다. 남편은 「온 거야(来たんだよ)」 「당신은 무슨 일이지?(お前はなんだい)」하며 시종일관 보통체를 쓰고 있다.

1.5. 아내・구니코(邦子, 30대) ↔ 남편・도미오카(富岡, 30대)
　　　… 「**뜬 구름**」

남편　왜 울어?
아내　당신은 인도차이나에서 돌아오신 뒤로 꽤 변하셨어.
남편　나는 말이야, 사업 때문에 애간장이 타. 가격이 점점 올라 신슈(信州)[2]의 목재 예약도 못해.

2: 신슈(信州) : 옛 지명. 지금의 나가노(長野)현. (역자주)

아내	그래서 딴 데서 묵으시는 거예요?

夫(富岡)	何を泣いてるんだ。
妻(邦子)	あなたは、仏印から<u>お帰りになっ</u>てから、ずいぶん<u>お変わりになっ</u>たわ。
夫(富岡)	僕はね、仕事のことであくせくしてるんだから……どんどん値上がりで信州の材木の予約も出来やしないんだ。
妻(邦子)	それでよそへ<u>お泊りになる</u>んですか?

구니코는 「변하셨어(お変わりになったわ)」하며 문말에서는 비정중체 말투도 쓰지만, 동사부분은 「~하시다(お~になる)」형식의 존경어체를 써서 「돌아오시다(お帰りになる)」「묵으시다(お泊りになる)」라고 말한다. 문말에서도 기본적으로는 「묵으시는 거예요?(お泊りになるんですか)」와 같은 정중체가 쓰였다. 남편의 말끝은 시종일관 보통체이다. 아내는 남편이 옛날 애인과 다시 만날까봐 불안해하며 의심하고 있다.

1.6. 아내·마쓰요(まつ代, 60대) ↔ 남편·오카모토(岡本교장, 60대)
… 「푸른산맥」

아내	자, 저녁 (드세요). 너무 늦었어요.
남편	아니야, 어디 (먹어볼까).
아내	여보, 달이 예쁘네요.
남편	으응? 그렇군. 오늘이 열엿새인가.
아내	있잖아요, 여보. 오르간 또 쳐도 되죠? 담배는 준비해두었어요.

まつ代	はい、夕ご飯、どうも遅くなり<u>ました</u>。
岡本	いや、どれ。

まつ代	あなた、きれいな月が。
岡本	う? うん、今日は十六夜かな。
まつ代	ねえ、あなた、またオルガンひいてもいいでしょ? おたばこ巻いときました。

1-3, 1-4, 1-5처럼 냉랭한 부부관계는 아니다. 담담한 대화 속에서 아내는 남편에게 경어체를 쓰고 있다.

1.7. 아내·도미(トミ, 36세) ↔ 남편·다쓰고로(辰五郎, 46세)
… 「큐폴라가 있는 거리」

아내	여보, 수당 어떻게 됐어. 나왔지? 여보.
남편	시끄러워. 다카는 어디 갔어. 다카는.
아내	큰 소리 내지 말아요. 자고 있어요.
남편	깨워. 그 녀석은 소년원감이야.

トミ	父ちゃん、手当どうしたんだよ、出たんだろ、ね、父ちゃん。
辰五郎	うるせえな、タカはどこ行った、タカは。
トミ	大きな声出さないでよ、寝ちゃってるよ。
辰五郎	起こせ、あのやろう、感化院行きだ

직장에서 쫓겨나며 수당을 받았는데 그걸 술값으로 날려버린 남편을 아내가 힐난하는 장면이다. 이 부부는 둘 다 경어는 쓰지 않고 있다.

: 2 : 애인끼리의 대화

2.1. 유키코(ゆき子, 20대) ↔ 도미오카(富岡, 30대)
… 「뜬 구름」

도미오카 이 앞에 안남왕(安南王)의 무덤이 있습니다만. 구경이라도 하면 어떻겠어요?
유키코 뭘 한다고요?
도미오카 피곤하겠군요.

富岡 この先に安南王の墓があるん<u>です</u>がね。見物でもしたらどう<u>です</u>?
ゆき子 何を<u>です</u>の?
富岡 疲れた<u>でしょう</u>。

두 사람이 전쟁 중에 프랑스령 인도차이나에 주재할 당시, 알고 나서 얼마 안 됐을 때의 대화로 도미오카는 유키코에게 정중체인 「데스(です)」를 사용하고 있다. 유키코도 정중체를 쓰고 있다.
전쟁이 끝난 후 돌아와서 재회했을 때인 다음의 대화에서는

도미오카 어디가 안 좋아? 일자리는 내가 책임지고 찾아줄게.
유키코 이제부턴 당신도 힘들겠네요. 직장이 정해졌다면서요.

富岡 どっか悪いのか? 仕事のことは、僕が責任を持って探してやるよ、
ゆき子 これからあなたも大変ね。お勤め決まったん<u>です</u>って。

와 같이, 도미오카는 처음 만났을 때와는 달리 비정중체만으로 말하고,

유키코는 정중체로 말하고 있다.

다음 대화는 인도차이나에 있을 때 도미오카가 아내와 헤어지고 유키코와 결혼하겠다고 약속하고서도, 귀국해서 다시 만나자 전쟁 동안 참고 견딘 아내와 헤어질 수 없다고 하므로, 유키코가 남자의 거짓말을 따지는 장면이다.

> **유키코**   그렇다면 현관에서 만났을 때 부인 앞에서 분명하게 선언하지 그랬어. "날품팔이를 해서라도 둘이서 살자."고 하더니 돌아오니 버러지 취급하네. 제멋대로야. (운다).

> **ゆき子**   そんなら玄関で会った時、奥さんたちの前ではっきり宣言したらいいのよ。"日雇い人夫をしてでも 2 人で生きよう"だなんて、帰ってみれば、虫ケラのようにたたき捨てられるのねっ。勝手なもんだわ。(泣く)

여기서는 유키코가 경어를 전혀 쓰지 않는다.

도미오카가 직장을 잃고 찾아와 아내의 죽음을 알리는 다음 장면에서는 경어가 쓰인다.

> **유키코**   어머, 누구신가 했어요. 들어오세요. 추우니까 고타쓰 안으로 들어오시죠. 저런, 부인이 돌아가셨어?

> **ゆき子**   まあ、どなたかと思いましたわ。どうぞ。寒いから、こたつへお入りになって。まあ、奥様、お亡くなりになったの。

이젠 애인관계도 아니고 사이가 멀어졌으므로 여기서는 「누구신가

했어요(どなたかと思いましたわ)」라고 남남처럼 서먹서먹하게 말한
다. 옛 애인 부인의 사망소식을 들었을 때는 「돌아가셨어?(お亡くなり
になったの)」라며, 애인의 부인에 대해서는 존경어체를 쓰고 말끝은 비
정중체를 쓰고 있다.

2.2. 도모코(とも子, 25세) ↔ 지로(次郎, 49세)
… 「유모차」

도모코   아빠, 죄송해요. 거기 차조기 잎 두세 장 따주시겠어요?
지로   뭐지, 오늘 요리는?

とも子   お父さん、<u>すいません</u>。そこの紫蘇の葉、2、3枚とってい
<u>ただけません</u>?
次郎   なんだい、御馳走は?

구혼부쓰(九品仏)에 따로 살림을 차려 애인인 도모코와 갓 태어난 마
리코(まり子)를 살게 하고, 거기에 지로가 찾아온 장면이다. 도모코는
지로와의 사이에서 태어난 딸 마리코가 있으므로 지로를 「아빠(お父さ
ん)」라 부르고, 「죄송합니다(すいません)」 「따 주시겠어요?(〜とって
いただけません?)」 하며 겸양어와 정중어체로 이야기하고 있다. 지로
는 1-3에서 아내에게 「나가는 거야?(出かけるのかい)」라고 말한 것과
마찬가지로 비정중체인 「뭐지(何だい)」라고 말한다. 대우하는 걸로 봐
서는 애인인 도모코와 아내를 같이 취급하고 있다.
다음은 도모코가 지로와 헤어져 자립하고 싶다는 말을 꺼냈을 때의
대화이다.

도모코	당치도 않은 말씀하시면 안 돼요. 제가 헤어져 드리면 부인께서 돌아와 주실지도 모르니.
지로	기어코 헤어질 작정이야?
도모코	계속 이렇게 살면 부인과 따님이 불행해질 뿐만 아니라, 저 자신을 위해서도 헤어지는 게 낫다고 생각해요. 부인에게 죄스럽고 유미코 씨에게 미안하고, 매일 그런 생각을 하면서 지내니, 이렇게 괴로운 일도 없는걸요. 제가 기르겠어요. 그렇게 하게 해주세요. 그리고 저, 열심히 살아볼 생각입니다.

とも子	できもしないことを<u>おっしゃる</u>ものじゃあり<u>ません</u>わ。あたしが<u>お別れ</u>すれば、奥様戻って<u>くださる</u>かもしれませんけど。
次郎	どうしても、別れるつもりかい。
とも子	こうして生活を続けていけば、奥様やお嬢様が不幸になるだけではなく、あたし自身のためにも<u>お別れし</u>た方がいいと思うん<u>です</u>。奥様にわるい、ゆみ子さんにわるい、毎日そう思いながら暮すなんて、こんな苦しいことあり<u>ません</u>もの。あたしが育てますわ。そう<u>させて頂き</u>たいん<u>です</u>。そしてあたし、精一杯生きてみるつもりなん<u>です</u>。

　도모코는 존경어「말씀하시다(仰有る)」, 겸양어체「헤어져드리다(お別れする)」, 겸양어「그렇게 하게 해주세요(そうさせて)いただきたい」등을 사용하고,「생각합니다(思うんです)」「없는걸요(ありませんもの)」「생각입니다(つもりなんです)」등 문말에서는 모두 정중체를 쓰고 있다.

2.3. 애인끼리의 대화

2.3.1. 마사코(昌子, 20대) ↔ 유조(雄造, 20대) … 「멋진 일요일」

마사코	꽤 괜찮은 것 같아. 환하고
유조	문짝이 엄청 뻑뻑하네. 옛날 같으면 기껏해야 천 엔짜리 집이야.

昌子	ちょっと感じがいいわね。明るくって。
雄造	ひどい立て付けだな。昔だったら、1000円止まりの家だぜ。

마사코와 유조는 기본적으로는 경어를 쓰지 않고 대화하지만, 마사코는 「미안합니다. 늦어서(すみません、遅くなって)」「그만 둡시다. 그런 이야기……. 어쨌든 내게 맡겨요(止しましょう・そんな話……ね、とにかく私にまかしてよ)」처럼 때로는 정중체도 섞어서 이야기하고 있다.

2.3.2. 다카코(孝子, 20대) ↔ 게이타(敬太, 20대) … 「애처 이야기」

다카코	나가시려고요? 어머님은 우리들 편입니다. 나중에 아버지한테 잘 말해주신답니다.
게이타	소용없어. 아버님한테는 내 생활 능력이 가장 문제인 거야. 아버님은 영화를 이해 못하시고, 각본가라는 걸 변변찮은 걸로 생각하고 계셔.
다카코	아버지가 이해해주시도록 해봅시다, 둘이서 노력해서.

孝子	出て<u>お行きになる</u>の。お母さまはわたしたちの<u>味方です</u>、

あとで父によく話して<u>下さる</u>そうです。

敬太　無駄なことだ……お父さんにはぼくの生活能力が、なによりも問題なんだ。お父さんには映画が理解できないし、脚本家というものをろくでなしのように<u>思ってらっしゃる</u>。

孝子　ねえ、理解して頂くようにし<u>ましょう</u>、2人で努力して。

　하숙생인 인기 없는 각본가 누마자키(沼崎敬太)를 내쫓으려고 하는 다카코의 아버지. 애인인 다카코가 나가려는 누마자키를 못 나가게 하는 장면이다. 게이타는 다카코에게는 보통체로 이야기하지만 제삼자인 다카코의 아버지에 대해서는 「생각하고 계셔(思ってらっしゃる)」라며 경어를 쓰고 있다. 다카코는 게이타에게도 「나가시다(お行きになる)」라는 존경어체를 쓰며, 문말에서는 「우리 편입니다(味方です)」「주신답니다(くださるそうです)」「이해해주시도록 해봅시다(理解して頂くようにしましょう)」하며 정중체를 쓰고 있다. 또 다카코는 제삼자인 어머니의 행위도 「말해주시다(話してくださる)」라고 존경어를 쓰며, 어머니에 대한 자신의 행위도 「이해해 받다(理解して頂く)」라는 겸양어를 쓰고 있다.

2.3.3. 세쓰코(節子, 21세) ↔ 오카타(岡田, 26歲) 세쓰코는 오카타의 형의 친구의 조카딸 … 「오차즈케의 맛」

오카타　그렇지만 세쓰코 씨, 왜 맞선 보는 자리에서 도망쳐버렸습니까?

세쓰코　왜냐면 그런 것 싫거든요. 봉건적이에요.

오카타　하지만 상관없지 않습니까, 보기만 한다면 재미있지 않습니까.

岡田　でも節子さん、どうしてお見合い逃げちゃったん<u>です</u>か↑。
節子　だってやなんだもんそんなこと、封建的よ。
岡田　でもいいじゃない<u>です</u>か、見るだけなら、面白いじゃない
　　　<u>です</u>か。

　　오카타가 맞선 보는 자리에서 도망쳐 나온 세쓰코에게 그 경위를 묻
고 있는 장면이다. 오카타는 정중체이고 세쓰코는 비정중체이다. 세쓰
코는 오카타의 선배인 모키치의 조카딸인데, 오카타는 모키치가 자신의
보증인이 되어 주었<u>으므</u>로 모키치에게 저자세이다. 세쓰코에게도 같은
태도를 취하고 있다. 그러나 오카타가 세쓰코에게 호감을 갖게 되자,
그 마음을 나타내는 마지막 장면에서는 경어체가 없어진다.

오카타　…… 남자는 결국 믿음직해야지요.
세쓰코　그럼 당신은 믿음직한가요?
오카타　으음.
세쓰코　그럴까?
오카타　의심할 것 없어요. 확실해요. 당신은 아직 내가 엎드려 일광욕
　　　　하는 것 밖에 보지 못했어. 당신이 알고 있는 건 나의 일부분이
　　　　에요.
세쓰코　싫어! 그런 넉살.
오카타　싫다고 해도 소용없어. 그렇게 될 테니. 나중에 후회할 거야.
　　　　알겠어?

岡田　……男は結局頼もし<u>さ</u>ですよ。
節子　じゃあんた頼もしいの?
岡田　ウム。
節子　そうかしら?

岡田	疑うとこないですよ。絶対ですよ。あなたまだ僕の甲羅ほしてるとこしきゃ見てないんだ。あなたの知ってるのは僕の一部ですよ。
節子	きらい!、そんな図々しいの!
岡田	きらいだって駄目なんだ。そうなるんだ。あとで後悔するんだ。わかってンだ。

　처음에는 정중체로 이야기하지만 차츰 정중어와 비정중어가 섞이게 되고, 세쓰코를 생각하는 마음이 뜨거워짐에 따라 결국에는 비정중어만 으로 말투가 바뀌어간다.

2.3.4. 누마타(沼田, 학교 의사) ↔ 시마자키 유키코(島崎雪子, 여학교 교사) … 『푸른 산맥』

누마타	시마자키 씨, 당신은 도대체 나를 어떻게 생각하고 있습니까?
유키코	어떠냐 하면, 솔직하고 좋은 분이라 생각해요.
누마타	단지 그뿐입니까? 그밖에 저의…….
유키코	선생님, 솔직하다는 건 자기의 용건을 숨김없이 말씀하시는 거예요.
누마타	그렇습니다. 말씀대로입니다. 즉, 나는 당신과 결혼하고 싶습니다. 당신 생각은 어때요?
유키코	결혼요?
누마타	그렇습니다. 나와 결혼해주셨으면 합니다.
유키코	선생님께서 저를 잘 살펴보신 후에 그렇게 생각하셨다면 저는 받아들여도 되겠다 싶어요.

沼田	島崎さん、あなたはいったい僕のことをどう考えてますか?
雪子	どうって、率直な、いい方だと思っておりますわ。
沼田	ただそれだけですか。ほかに僕の。

雪子	先生、率直ということはご<u>自分</u>のご<u>用件</u>を、まっすぐに <u>おっしゃる</u>ことですわ。
沼田	そう<u>です</u>、そのとおり<u>です</u>。つまり、僕はあなたと結婚し たいと思い<u>ます</u>。あなたの考えはどう<u>でしょう</u>。
雪子	結婚?
沼田	そうです。僕と結婚して<u>いただきたいんです</u>。
雪子	あなたが、<u>わたくし</u>のことを十分に観察<u>なすった</u>上で、そ ういうお<u>考えになられた</u>ん<u>でした</u>ら、<u>わたくし</u>、<u>お受けし</u> てもいいと思い<u>ます</u>わ。

　정식으로 구혼하는 장면에서는 누마타도 정중어로 시종일관하고 있
다. 유키코는 「저(わたくし)」「받아들여(お受けして)」와 같은 겸양체,
「생각하시다(お考えになる)」「살펴보셨다(観察なすった)」 같은 존경
어체를 사용하고 있다.

: 3 : 부모와 자녀의 대화

3.1. 아버지와 딸

3.1.1. 딸·노리코(紀子, 27세) ↔ 아버지·슈키치(周吉, 56세) … 「만춘」

딸	됐어요. 아버지도 드셨죠?
아버지	그래, 나는 먹었다.
딸	하지만 제가 시집가버리면 아버지는 어떻게 해요? 와이셔츠며 옷깃이 더러워져도 예사로 입고, 아침에는 틀림없이 면도도 안

하실 거예요.

娘(紀子)   いいの、お父さんもおすみになって<u>でしょ</u>↑
父(周吉)   うん、おれは食った。
娘(紀子)   だけどあたしが行っちゃったら、お父さんどう<u>なさる</u>の
             ↑。ワイシャツだってカラー　だって、お父さん汚れたまん
             まで平気だし、朝だってきっと<u>お髭お剃りにならない</u>わよ。

아내를 잃은 아버지가 딸의 결혼을 권유하는 장면으로, 딸은 자기가
시집가버리면 돌봐줄 사람이 없어 아버지가 난처해질 거라고 한다. 딸
은 아버지가 식사했다는 것을 「마시다(おすみになる)」라고 말하며,
아침에도 「면도를 안 하시는(お髭お剃りにならない)」 것은 아닐까 걱
정한다. 아버지는 「나는 먹었다(おれは食った)」하고 되는대로 말한다.

3.1.2. 딸·유미코(ゆみこ, 19세) ↔ 아버지·지로(次郎, 49세)
…「유모차」

아버지   변명이라고 생각하니?
딸   아니. 나, 도모코 씨를 만나고 나니 아버지가 말씀하시는 거
             이해할 수 있을 깃 같아요. 하지민 이미니를 이렇게 하실 긴
             데. 헤어지고 말 거예요? 이대로.

父(次郎)   弁解だと思うかい?
娘(ゆみ子)   ううん。あたし、とも子さんに会ってから、お父さんの<u>仰
             言る</u>こと、わかるような気がするわ。でも、お母さんをど
             う<u>なさるの</u>? 別れてしまうん<u>です</u>か、このまま。

  아버지는 보통체이지만 딸은「말씀하시다(仰言る)」「하시다(なさる)」라며, 동사부분에 경어체를 쓰고, 문말에서는「(생각이)들어요(するわ)」「어떻게 하실 건데(どうなさるの)」같은 비정중체와「헤어지고 말 거예요?(別れてしまうんですか)」같은 정중체를 섞어 사용하고 있다. 딸이 사용하는 부정의 감탄사「아니(ううん)」는「아니에요(いいえ)」에 비해 정중도가 상당히 낮은 말로, 여기에는 딸이 아버지와의 거리를 좁히려고 하는 자세가 엿보인다.

3.1.3. 딸・다에코(妙子, 32세) ↔ 아버지・야마우치(山內直亮, 67세) …「오차즈케의 맛」

아버지	아, 보내 놨어. 늘 하던 대로.
딸	고맙습니다.
아버지	너무 낭비하는 건 아니지. 모키치 군도 힘들어.
딸	저 그렇게 낭비하지 않아요.

父(直亮)	あ、送っといたよ、いつもの。
娘(妙子)	どうも……
父(直亮)	あんまり無駄づかいしないんだね、茂吉君も大へんだ。
娘(妙子)	わたくし、そう無駄づかいして<u>ません</u>のよ。

  결혼해서 집을 떠난 다에코가 친정에 돌아와서 아버지와 이야기하고 있는 장면이다. 아버지가 비정중체로 말하는 것에 비해, 다에코는「저(ワタクシ)」라고 하며「하지 않아요(してませんのよ)」라고 정중체로 답하고 있다.

3.1.4. 아버지・도고(東吾, 41세) ↔ 딸・노부코(ノブコ, 15세)
… 「큐폴라가 있는 거리」

딸	어머, 아빠.
아버지	뭐야, 위에 있었어?
딸	준(ジュン)이 저를 도와주고 있어요.
아버지	책장 위에 도면 있지, 던져주렴.
딸	이거? 그럼 던질게요.

娘(ノブコ)	あら、パパ。
父(東吾)	なんだ、上にいたのか。
娘(ノブコ)	ジュンに助けてもらってんのよ。
父(東吾)	本棚の上に青図あるだろ、投げてくれ。
娘(ノブコ)	これ。いい、投げるわよ。

아버지를 「파파(パパ)」라고 부르는 부녀지간이므로, 딸도 아버지에게 경어체는 쓰지 않고 있다.

3.1.5. 아버지・다쓰고로(辰五郎, 46세) ↔ 딸・준(ジュン, 15세)
… 「큐폴라가 있는 거리」

아버지	이 녀석, 조총련계 애하고까지 어울려 다니는 거냐. 이 얼빠진 것
딸	조총련계 애하고 사귄다고 뭐가 나빠요, 아빠!
아버지	뭐라고!
딸	아빠처럼 아무 것도 모르면서 처음부터 꽉 막혀 아예 바꾸려 들지 않는 것, 그런 게 제일 나빠요, 아까도 제대로 이야기도 안 들어보고 다카유키 때렸잖아요, 그러면 비뚤어져요.

父(辰五郎) やろう、朝鮮とまでつき合ってやがんのか、このろくでなし。

娘(ジュン) 朝鮮の子とつきあって何が悪いのよ、父ちゃん!

父(辰五郎) 何だと!

娘(ジュン) 父ちゃんみたいに何にもわかってないくせに、頭から思い
こんで変えようとしないの、そういうの一番いけないの
よ、さっきだってロクロク話も聞かずにタカユキなぐっ
ちゃうんだもの、あれじゃひねくれちゃうわよ。

　　딸은 아버지를 「아빠(父ちゃん)」라고 부른다. 아버지는 딸이 조총련
계 친구와 사귄다는 걸 알고 대놓고 화를 내며 욕을 퍼붓는다. 그런
아버지의 고루한 편견에 딸이 항의하고 있다. 딸은 경어는 전혀 쓰지
않는다.

3.2. 어머니와 딸의 대화

3.2.1. 딸 · 다카코(孝子, 20대) ↔ 어머니 · 유미에(弓江, 40대)
　　　… 「애처 이야기」

딸 　　　결혼하게 해주세요. 부탁입니다. 예, 어머님.

어머니 　그런 말 해봐야 엄마 힘으로는 어쩔 수 없잖아.

딸 　　　할 수 있어요. 어머님이 우리들 편이 되어주시면 돼요.

娘(孝子) 　<u>結婚させて下さい</u>、お願い<u>です</u>、ねえ、お母さま。

母(弓江) 　そんなことをいったって、母さんの力ではどうにもならな
いじゃないか。

娘(孝子) 　なるわ、<u>お母さま</u>が私たちの味方になって<u>下されば</u>いいの
よ。

다카코는 「할 수 있어요(なるわ)」「돼요(いいのよ)」처럼 문말에서는
어머니에게 보통체로 말하는 게 기본인데도, 정식으로 결혼 승낙을 바
라므로 「부탁합니다(お願いします)」 같은 정중체를 쓰고 있다.

3.2.2. 딸·유미코(ゆみ子, 19세) ↔ 어머니·다마코(たま子, 40세) … 「유모차」

딸	어머니, 뒷조사하셨어요?
어머니	천만에. 세상에는 오지랖 넓은 사람이 많아서 쓸데없는 것까지 금방 알려주거든.
딸	그래서 엄마는 아무렇지도 않습니까?

娘(ゆみ子) お母さん、お調べになったの?
母(たま子) とんでもない。世間にはね、お節介な人が沢山あって、余計なことまでちゃんと教えてくれますからね。
娘(ゆみ子) それでお母さん平気なんですか?

유미코는 어머니에 대해 「조사하시다(お調べになる)」라는 존경어체,
「아무렇지도 않습니다(平気なんです)」라는 정중체를 사용하고, 어머니
도 「알려줍니다(教えてくれます)」라는 정중체를 사용하고 있다.

3.2.3. 어머니·도미(トミ, 36세) ↔ 딸·준(ジュン, 15세) … 「큐폴라가 있는 거리」

어머니	너, 친구 집에서 공부하는 것 그만둘 수 없니?
딸	하지만 우리 집은 빈방도 없고, 아버지 잔소리도 심하고.

어머니	그건 알지만 오늘 헤이(平) 씨가 와서 말이야, 저녁부터 일자리가 생겼대, 엄마한테. 부업하는 것보다 낫거든.
(……)	
어머니	고맙잖니, 준. 그런 좋은 선생님한테 걱정 끼치면 벌 받는다.
딸	엄마 같은 사람은 내 기분 알 리가 없어.
어머니	너야말로 부모 마음을 몰라. 전혀!
딸	뭐야, 엄마! 불쾌해. 술집에서 시시덕거리기나 하고. 엄마는 저질이야! 이런 건 엄마나 가져요.

母(トミ)	お前、友達んちで 勉強するのやめられないかい。
娘(ジュン)	だってうちじゃヨチ坊なくし、父ちゃんうるさいし。
母(トミ)	そりゃわかってるけどさ、きょう平さんが来てね、夕方から働く口があるってさ、母ちゃんに。内職よりゃいいんだよ。
[……]	
母(トミ)	ありがたいよ、ジュン。あんないい先生に心配かけちゃ、バチが当たるぞ。
娘(ジュン)	母ちゃんなんか、あたいの気持ちわかるはずないよ
母(トミ)	お前こそ、親の気持ちがわかってないんだよ、まるっきり!
娘(ジュン)	何さ、母ちゃん! いやらしいよ、飲み屋で喜んでさわいで。母ちゃんなんか最低よ!こんなもの、やるよ、母ちゃんにっ。

어머니는 딸을 「너(お前)」라 부르고, 딸은 어머니를 「엄마(母ちゃん)」라 부른다. 어머니는 「바치가 아타루조(バチが当たるぞ)」하며 종조사(ぞ)도 쓴다. 딸은 친구에게서 받은 립스틱을 내던지며 「곤나모노, 야루요(こんなもの、やるよ)」라고 한다. 딸이 어머니에게 「야루(やる)」라고 하는 것이다.

3.3. 어머니와 아들의 대화

3.3.1. 아들·세이치(清一, 20세) ↔ 어머니·하루코(春子, 40세)
 … 「**일본의 비극**」

아들	저~, 오늘, 만나주었으면 하는 사람이 있습니다. 나, 이사했습니다.
어머니	어디로? 좋은 데가 있었니?
아들	이 사람입니다.
어머니	이 사람이라니, 이 사람이 어떤 사람인데.

息子(清一)	あの、今日、会って欲しい人があるんです。僕、引越したんです。
母(春子)	何処へ↑、いいとこあったの↑
息子(清一)	この人です。
母親(春子)	この人って、この人どういう人だい。

이 모자는 아들이 정중체를 쓰고, 어머니는 시종일관 비정중체를 쓰고 있다.

3.3.2. 아들·다카유키(タカユキ, 12歳) ↔ 어머니·도미(トミ, 36歳)
 … 「**큐폴라가 있는 거리**」

어머니	그런 소리해봤자 나도 이런저런 사정이 있는 거야.
아들	나도 쪽 팔려. 학교 전체에서 체육복 없는 건 나뿐이야. 안 사주면 학교 안 갈 거야.
어머니	이 멍청아, 그렇게 갖고 싶으면 네 돈으로 사면 되지.

아들	내가 돈이 있을 리가 없잖아.
어머니	거짓말 마. 그럼 150엔은 어떻게 가지고 있었어?

母(トミ)	そんなこと言ったってこっちもいろいろ都合があるんだ。
息子(タカユキ)	こっちだって都合があらい。学校中でトレパンねえの俺だけなんだぞ。買ってくんなきゃ学校へいかねえから。
母(トミ)	馬鹿、そんなにほしけりゃ自分の金で買ったらいいだろう。
息子(タカユキ)	俺、金あるわけねえじゃんか。
母(トミ)	嘘つけ。じゃお前どうして150円持ってたんだ。

　어머니는「사면 되지(買ったらいい<u>だろう</u>)」「거짓말 마(<u>嘘つけ</u>)」처럼, 종전에는 남성들만 쓰던 명령형 같은 언어형식을 쓰고 있다.

:4: 시누이・올케의 대화

4.1. 시누이・다에코(妙子, 30대) ↔ 올케・지즈루(千鶴, 오빠의 아내, 40대) … **「오차즈케의 맛」**

다에코	됐어요, 나는……. 그런데 새언니, 세쓰가 이제 승낙한 거예요? 맞선.
지즈루	으응, 어젯밤에 겨우.
다에코	오라버니는 뭐라 말씀하셨어?
지즈루	응, 처음엔 이러쿵저러쿵 하더니 결국 화를 내고 말더군.
다에코	그렇군, 하지만 용케 승낙했네.

義妹(妙子)	いいわ、あたくし……。でも<u>お姉さま</u>、節ちゃんもう承

知してるん<u>です</u>の↑，お見合い。

義姉(千鶴) ええ、ゆうべ、やっとね。

義妹(妙子) <u>お兄さまおっしゃったの</u>↑

義姉(千鶴) ええ、初めのうち、なんだかんだ言ってたけど、とうとう
おこられちゃって。

義妹(妙子) そう、でもよく<u>承知しました</u>わね。

　다에코는 오빠의 아내인 지즈루에 대해 정중체와 비정중체를 섞어 사용하고 있다. 지즈루는 시누이에 대해 비정중체만으로 답하고 있다. 다에코는 제삼자인 오빠의 행위에는 「말씀하셨다(おっしゃった)」하며 경어를 쓰고 있다.

4.2. 시누이 · 하루코(春子) ↔ 올케 · 스에(すえ) … 『일본의 비극』

스에　　가게의 돈을 사사로이 썼을 때도 우리가 꽤나 고생해서 구멍을
메워주었으니까요.

하루코　아니, 그건 돌려드렸습니다.

스에　　돌려줬다고?. 의리를 안다면 우리한테 주었더라면 좋았을 텐데요.

すえ　　お店の金をつかいこんだ時だって、随分わたし達が苦労して
穴埋めしてあげたん<u>です</u>からね、

春子　　いいえ、あれは<u>お返しし</u>ました。

すえ　　返すもんか、義理を知ってるんならわたし達に呉れたって
いいようなもん<u>です</u>よ。

　스에는 시누이인 하루코에게 「구멍을 메워주었으니까요(穴埋めして あげたんですからね)」라며 정중체 문말을 사용하는가 하면, 「돌려줬다

고?(返すもんか)」처럼 함부로 말하기도 한다. 하루코는 「돌려드렸습니다 (お返ししました)」라며 겸양어체와 정중체로 공손하게 대답하고 있다.

: 5 : 젊은 남녀의 대화

5.1. 유미코(ゆみ子, 19세) ↔ 무네오(宗雄, 23세) 무네오는 유 미코 아버지의 애인의 남동생 … 「유모차」

무네오 누나와 이야기하는 동안에 아버님이 고의로 속인 건 아니라는 걸 알았습니다. 즉 서로가 좋아졌던 것이겠지요.

유미코 하지만 그걸로 끝날 일인가요.

무네오 누나는 친척들로부터도 절교를 당했고, 친구들과도 연락을 끊 었어요. 세상의 상식과 등을 돌린 누나는 오로지 혼자서 세상 과 싸우고 있습니다. 당신이나 어머님도 누나를 미워하고 계시 겠지요.

宗雄 姉と話してるうちに、お父さんが意識的に騙したんじゃな いってことが判ったん<u>です</u>よ。つまりお互いが好きになっ たん<u>でしょう</u>ね。

ゆみ子 でも、それで済まされることなん<u>でしょうか</u>

宗雄 姉は親戚からも絶交されているし、友人とも交際して<u>ません</u> よ。世間の常識に背いた姉は、たった一人で世間と戦ってい <u>ます</u>。あなたやお母さんにしても姉を<u>憎んでらっしゃる</u>。

처음 만난 두 사람의 대화이다. 두 사람 모두 정중체로 거리를 두고 이야기하고 있다. 친해지고부터는 무네오도 유미코도 비정중체와 정중체가 섞인 말투를 쓰게 된다.

무네오 편지 읽었어요. 당신이 그렇게 마리코에게 푹 빠져있으리라고
는 생각 못했어. 그때 그렇게 말해주었더라면 그토록 소리를
치지는 않았을 텐데.

유미코 하지만 나한텐 아무 말도 못하게 했는걸요. 당신도 마리코에게
빠져 있다는 걸 알았으니까요. 둘이서 한편이 되어 해봐요.

무네오 괜찮겠습니까? 이런 졸때기 아저씨라도.

宗雄 手紙読みましたよ。君があんなにまり子に夢中だとは思わな
かったな。あん時そう言ってくれたら、あんなに怒鳴るこ
となかったのに。

ゆみ子 だって、あたしには何も言わせないんですもの。あなたも
まりちゃんに夢中だって判ったからよ。二人で味方になっ
てやりましょうね。

宗雄 いいんですか? こんなチンピラの叔父さんでも。

5.2. 사가라(相良, 10대 남자) ↔ 다카오카(滝岡, 10대 여자)
   … 「여자들의 동산」

사가라 있잖아, 너 쓰루가(敦賀) 사람 아니니?

다카오카 그쪽도 쓰루가입니까?

相良 もしもし、君は敦賀[3:]の人じゃない?

滝岡 あなたも敦賀ですか?

[3:] 후쿠이현 남부 쓰루가만에 면한 항만도시. (역자주)

처음 보는 10대 남녀인데 사가라는 비정중체로, 다카오카는 정중체로
묻고 있다.

5.3. 신코(新子, 여학생) ↔ 로쿠스케(六助, 재수생) ··· 『푸른 산맥』

신코	나, 널 처음 봤을 때의 모습 분명히 기억하고 있어.
로쿠스케	아아, 그 일요일 아침 일 말이야?
신코	실례합니다, 하며 들어가니까 어서 오세요라나 뭐라나 하던데. 실망했어.
로쿠스케	그렇지만 설마 네가 계란을 팔러 왔다고는 생각 못했는걸.
신코	하지만 네가 몽땅 사줬지. 기뻤어.

新子	わたし、あなたに初めて会ったときのあなたの顔、はっきり覚えてるわ。
六助	ああ、あの日曜日の朝のことかい。
新子	ごめんくださいといってはいったら、いらっしゃいなんて言う<u>んです</u>もの。がっかりしちゃった……
六助	だって、まさか、君が卵を売りに来たんだとは思わないもの。
新子	でも、あなた、みんな買ってくれたわね。嬉しかったわ。

신코는 「말하던걸요(言う<u>んです</u>もの)」라고 정중체도 섞어 쓰고 있
지만 전체적으로 보면 비정중체이다.

5.4. 유키코(島崎雪子) ↔ 누마타(沼田) 만난 지 얼마 되지 않았
을 무렵 ··· 『푸른 산맥』

유키코	그만 두세요. 그럼 당신은 자기 마을의 봉건적인 것을 그대로

인정하고 계시는 것 아닙니까.

누마타　그렇게 보입니까?

유키코　그렇게 보여요. ……학생들에게 분명히 해주기 바랍니다. 당신은 이 고루한 마을에서 정말이지 어떤 생각으로 지내시고 계시는지요.

雪子　よしてください。それじゃまるであなたは、ご自分の街の封建的なものを、そのまま肯定してらっしゃるんじゃございませんか。

沼田　そんな風に見えますか?

雪子　見えますわ。……生徒自身にしっかりしてほしいとわたくしは思うんです。あなたはこの古い街の中でほんとにどんなお考えお暮らしになっていらっしゃるの。

　교사인 유키코는 「인정하고 계시는 것 아닙니까(肯定してらっしゃるんじゃございません)」와 같은 수준 높은 존경어체와 정중어체를 쓰고 있다. 누마타도 문말은 정중체이다.

: 6 : 젊은 여성끼리의 대회

6.1. 학생끼리 … 「여자들의 동산」

6.1.1. 다치바나(橘)·무라노(村野) ↔ 동급생 여러 명에게

다치바나　아~아, 난 왜 이런 학교에 와버렸을까.

무라노	이제 와서 그런 말해도 소용없으니 우리들 힘으로 잘 해나가면 돼.

橘	あーあ。私、どうしてこんな学校へ来ちゃったのかしら
村野	今さら、そんなこといっても仕方がないから、私達の力でよくして行けばいいのよ。

학생들끼리 비정중체만을 쓴 대화이다.

6.1.2. 다키오카 도미코(滝岡富子) ↔ 이데이시 요시에(出石芳江, 세살 위) … 「여자들의 동산」

다키오카	문을 꼭 닫고 있으면 우울하지 않니? 일요일쯤은 어딘가 나가시면 좋을 텐데.
다키오카	요시에 씨, 모두 걱정하고 계시지 않습니까. 당신도 조금은 이 방의 분위기란 걸 생각해주셨으면 해요.
이즈시	도미코 씨, 뭐라 말씀 좀 해보세요. 당신 내게 화내고 있는 거지요? 그렇죠, 도미코 씨.

滝岡	締め切って、陰気くさいじゃないの。日曜日位、どっかい<u>らっしゃればいいのに</u>。
滝岡	<u>芳江様</u>、皆さんが<u>心配してらっしゃる</u>じゃ<u>ありませんか</u>。あなただって少しぐらいこの部屋の雰囲気ってことを<u>考えて下さった</u>っていいと思うわ。
出石	<u>富子様</u>、なんとか<u>仰有って</u>。ね、あなた私に怒っているん<u>でしょう</u>？　ねえ、<u>富子様</u>。

같은 대학의 학생이지만 학생에 따라 비정중체만으로 말하는 학생과 주로 정중체를 쓰는 학생이 등장한다. 다키오카는 연상인 이즈시에게

「요시에 씨(芳江樣)」「나가시면(いらしゃれば)」이라는 존경어, 「생각
해주시대考えて下さっ(た)」라는 존경어체로 말한다. 이즈시는 연하인
다키오카에게도 「도미코 씨(富子樣)」「말씀해보세요(仰有って)」라고
존경어를 사용하며, 문말에서도 정중체를 쓰고 있다.

6.1.3. 신코(新子) ↔ 아사코(浅子) 둘 다 여학생 … **「푸른 산맥」**

아사코	데라자와 씨!
신코	나한테 용건 있어?
아사코	으응, 할 얘기가 있어.
신코	그래, 그럼 해봐.

浅子	寺沢さん!
新子	わたしに、ご用なの。
浅子	ええ、お話ししたいことがあるの。
新子	そう、じゃァ聞くわ。

같은 여학교의 한 반 친구이다. 신코는 문말에서는 전부 비정중체를
쓰지만, 명사에서는 「고요(ご用)」 같은 존경어를, 동사에서는 「말씀드
리고(싶다)[お話しし(たい)]」라는 겸양어체를 쓰고 있다.

6.2. 성인 여성끼리. 30대 여성
아야(アヤ, 31세)・다카코(高子, 31세)・다에코(妙子, 32세) 3명
… **「오차즈케의 맛」**

다에코	지금 어디 있어? 남편은…….

다카코	다시 파리로 돌아왔어. 얼마 전까지 리용에 가 있었지만
다에코	우리 남편도 어디 좀 안 가나……먼 데.
다카코	먼 데라니, 어디?
다에코	어디든 괜찮아, 내 눈에 안 띄는 곳으로.
아야	또 시작이다! 다에코의 히스테리……변덕쟁이라니까.

妙子	今どこにいるの? 旦那様……
高子	またパリ-に帰ってきたの。こないだまでリヨンに行ってたんだけど。
妙子	うちの旦那様も、どっか行っちゃわないかなァ……遠いとこ。
高子	遠いって、どこ?
妙子	どこだっていいわよ、あたしの見えないとこ。
アヤ	始まった、始まった! 妙子のヒス……きまぐれねえ。

30대의 친한 친구 사이로, 여기서는 전혀 경어가 사용되지 않는다.

:7: 교사와 학생의 대화

7.1. 고죠(五条, 교사 겸 사감) ↔ 이데이시(出石, 학생)
… 「여자들의 동산」

고죠	뭘 하시는 겁니까? 지금.
이즈시	부탁입니다. 부탁이니 식당을 빌려주시든지 응접실을 빌려주실 수 없겠습니까? 저 시간이 모자라서.
고죠	그 정도로 공부해도 따라가지 못할 것 같으면 졸업은 도저히

못해요. 아니, 그만두시라는 건 아닙니다. 선생이 기숙사 학생에게 그렇게 심한 말은 할 수 없어요. 하지만 그런 일은 안됩니다. 학생은 이제 와서, 아직도 이 학교의 규칙을 모르시는 겁니까? 노트도 가져오시지 않고, 학생은 도쿄에 관한 것만 생각하고 계시는 거죠?

이즈시 선생님, 저, 어떻게 된 것 같습니다. 잠깐 실례하겠습니다.

五条 何をなさってるんですか、今時分。

出石 お願いです。お願いですから、食堂を貸して下さるか、応接室を貸して下さいませんか。私、時間が足りなくて。

五条 それだけの御勉強でついて行けないようですと、とても御卒業はできませんよ。いいえ、おやめなさいっていってるんじゃありませんの。先生、そんなひどいことは寮生には申せませんわ、でもね。そんなことはできませんよ。あなたは今頃になって、まだこの学校の規則を御存知ないんですか。ノートもおとりにならないで、あなたは東京の方のことばかりお考えになっていらっしゃるんでしょう。

出石 先生、私(わたくし)、どうかしてるんです。ちょっと失礼させていただきます。

예절교육이 엄격한 여자대학의 사감선생과 학생의 대화이다. 사감선생도 항상 경어를 쓰고 있다.

7.2. 유키코(雪子, 여학교 교사) ↔ 신코(新子, 여학교 학생)
   ⋯「푸른 산맥」

유키코 데라사와(寺沢)는 분명히 4학년 말에 전학 오신 거죠?
신코 예.

유키코	전에 다니던 학교에서 무슨 일이 있었다고 들었는데 무슨 일이 있었어? 대답하기 싫으면 안 해도 돼.
신코	같은 기차로 통학하고 있는 중학생한테서 편지를 받았습니다. 그래서 저도 답장을 썼습니다.
유키코	어떤 마음으로?
신코	뭐랄까……, 시험해보고 싶었습니다.

雪子	寺沢さんは確か4年生の終りに転校して<u>らし</u>たんだったわね?
新子	はい、
雪子	前の学校で何かあったように聞いてるけど、何だったの? いやだったら答えなくてもいいのよ。
新子	同じ汽車通学をしている中学生から手紙をもらい<u>まし</u>た。そして<u>あたくし</u>も返事を書き<u>まし</u>た。
雪子	どんな気持で?
新子	何か……ためしてみたかったん<u>です</u>。

　교사인 유키코는 학생에게 「전학 오셨다(転校してらした)」와 같은 존경어도 쓰지만 대체로 비정중체이다. 학생은 교사에게 「저(あたくし)」라고 하며, 문말에서는 시종일관 정중체를 쓰고 있다.

:8: 교사끼리의 대화

8.1. 유키코(雪子) ↔ 연상의 여자동료교사·오노(小野), 남자교사·야시로(八代) … **「푸른 산맥」**

　유키코　　저는 억지로 무마하지 않는 편이 좋다고 생각합니다.

야시로	흠, 자신만만하시네요.
오노	하지만 학생들이 저렇게 흥분해서 떠들고 있어요. 조금은 책임을 느끼셔야 해요.
유키코	책임은 느끼고 있습니다. 하지만 당신이 말씀하시는 책임과는 의미가 다를지도 모릅니다.
오노	어머, 어떻게 다르신가요?

雪子	<u>わたくし</u>は無理にもみ消さないほうがいいと思い<u>ます</u>。
八代	ふん、自信満々<u>です</u>な。
小野	でも生徒たちがあんなに興奮して騒いでるんですよ。少しは責任を感じ<u>ていただか</u>なくちゃ。
雪子	責任は感じ<u>ております</u>。しかし、<u>あなたのおっしゃる責任</u>とは意味が違う<u>かもしれません</u>。
小野	まあどう違うんで<u>ございましょう</u>?

　젊은 유키코에 대해 연상의 여교사는「고자이마쇼?(ございましょう)」「간지테 이타다카나쿠차(感じていただかなくちゃ)」같은 최고의 정중어와 겸양어를 쓰고 있다. 신임교사인 유키코가 선배교사를「당신(あなた)」이라고 부르는 것은 정색하고 반론하는 장면에 어울리는 호칭으로 고른 말일 것이다. 또 연상의 남자교사가 유키코에게「자신만만하시네요(自信満々ですな)」라고 정중체를 쓰고 있는 것은 빈정거림과 야유를 나타내는 것으로 경의는 느낄 수 없다.

　이상 여덟 가지로, 서로 관계있는 인물들의 대화를 살펴봤다.『큐폴라가 있는 거리』이외에는 어느 장면에서나 아버지·남편은 경어를 쓰지 않고, 딸·아내는 경어를 쓰는 것이 기본으로 되어 있다.
　전후 1947년에 신헌법이 실시되어 가부장제도는 폐지되었지만, 언어

생활에서는 가부장제 그 자체가 남아있던 시대라고 할 수 있다.

부모와 자녀 관계에서는 딸이 아버지에게 3-1-1, 3-1-2처럼 비정중체를 쓰는 경우도 나타난다. 딸이 어머니를 대할 때는 3-2-2의 유미코처럼 비정중체를 쓰는 예도 있지만, 3-2-1에서 다카코는 어머니에게 경어를 기조로 한 말투를 쓰고 있다.

젊은 남녀사이에서는 두 사람이 주로 비정중체로 주고받는 예 (2-3-1), 둘 다 정중체 (2-3-4), 남성이 정중체이고 여성이 비정중체 (2-3-3), 여성이 정중체이고 남성은 비정중체 (2-3-2), 둘 다 정중체와 비정중체를 섞어서 쓰고 있는 (5-1) 등 여러 가지 조합을 볼 수 있다.

이와 같이 여성이 남성에게 비정중체를 사용하는 예가 나타나는 것이 전후(戰後)의 특징인 것이다.

또한 경어는 아니지만 여성이 「야루(やる)」「～테야루(～てやる)」를 사용하는 예를 볼 수 있다. 수수(授受)동사가 변화하는 과정의 증언으로 흥미롭다.

参照 DVD一覧

作品名	監督	制作年	販賣元	發賣時期
『素晴らしき日曜日』	黒澤明	1947年	東寶	2003年 2月
『青い山脈』	今井正	1948年	サイドエー	2007年 8月
『晩春』	小津安二郎	1949年	サイドエー	2007年 8月
『愛妻物語』	新藤兼人	1951年	角川エンタテイメント	2006年11月
『お茶漬けの味』	小津安二郎	1952年	サイドエー	2007年 8月
『日本の悲劇』	木下惠介	1953年	SHV松竹ホームビデオ	2006年 6月
『女の園』	木下惠介	1954年	SHV松竹ホームビデオ	2006年 6月
『浮雲』	成瀬己喜男	1955年	東宝	2005年 7月
『乳母車』	田坂具隆	1956年	日活	2006年 7月
『キューポラのある街』	今村昌平	1962年	日活	2002年11月

제2장

영화 속의 경어 2
- 1980년대 ~ 2000년대 -

도바리 기미요
(戸張 きみよ)

오늘날, 가정이나 친한 사람끼리의 대화에서 경어는 어떻게 되어 있
는가. 거의 사용되지 않는다는 것은 필자 주위의 일상생활에서도 쉽게
상상할 수 있다. 그 구체적인 양상을 다음 영화작품의 대화를 통해 관찰
한다. 이들 영화는 일상생활 장면이 나와 있고, 현실세계에 보다 가까운
가족·친구와 같은 등장인물로 구성되어 있는 작품으로 골랐다. 영화
명·감독명·제작년도 순으로 기술한다.

『가족게임(家族ゲーム)』 모리타 요시미쓰(森田芳光) 1983년
『남자는 괴로워 - 안녕하세요. 도라지로 씨(男はつらいよ　拝啓 車寅次郎
　　　　様)』 야마다 요지(山田洋次) 1994년
『우리 할아버지(わたしのグランパ)』 히가시 요이치(東陽一) 2003년
『세상의 중심에서 사랑을 외치다(世界の中心で、愛をさけぶ)』 유키사
　　　　다 이사오(行定勲) 2004년
『현청의 별(県庁の星)』 니시타니 히로시(西谷弘) 2006년

『다마모에!(魂萌え!)』사카모토 준지(阪本順治) 2007년

　본고에서는「영화 속의 경어 1」과 마찬가지로「말씀하시다(おっしゃ
る)」,「고요(ご用)(용무, 볼일의 존경어)」등 어휘적인 것을「경어」,「묵
으시다(お泊まりになる)」와 같은 동사의 존경형식을「존경어체」,「돌
려드리다(お返しする)」같은 동사의 겸양어 형식을「겸양어체」,「소데
스(そうです)」,「이키마스(行きます)」처럼 문말에 정중어「~데스・마
스(です・ます)」를 동반하는 형식을「정중체」,「그래(そうなの)」,「간
다(行くよ)」등 보통체 형태를「비정중체」라 칭하고 고찰하고자 한다.

：2： 부부의 대화

1.1. 남편・고스케(孝助, 30대) ↔ 아내・지카코(千賀子, 30대)
… 「가족 게임」

남편 　　오랜만이네, 둘이서 여기 오는 거.

아내 　　그러네요.

남편 　　가정교사 얘기겠지.

아내 　　시게유키(茂之)가 얼마나 말을 안 듣는지 모르겠지요. 당신은
　　　　　보지 않으니까.

남편 　　한 번 보고 싶군.

아내 　　집에 조금만 더 일찍 오면 좋겠어요.

남편 　　또 시작이군. 어쩔 수 없잖아. 놀고 있는 게 아니니까, 내가
　　　　　일을 하지 않으면 신이치(慎一)도 대학에 갈 수 없고, 시게유
　　　　　키도 고등학교에 못 가고, 가정교사도 둘 수 없지.

아내	하지만 늘 나 혼자서.

夫(孝助)	久し振りだな、2人でここに来るの。
妻(千賀子)	そう<u>ですね</u>。
夫(孝助)	家庭教師のことだろ。
妻(千賀子)	茂之がどのくらい言うことをきかないのかわからない<u>ん</u> <u>ですけと</u>、あんなに。あなた<u>見てない</u>から。
夫(孝助)	一度見たいもんだな。
妻(千賀子)	もう少し早く<u>帰って</u>くればいい<u>んですよ</u>。
夫(孝助)	また、しょうがないだろ。遊んでるんじゃないんだから、 俺が仕事しなきゃ、慎一だって大学いけないし、茂之だっ て高校行けないし、家庭教師だって。
妻(千賀子)	でも、わたし一人がいつも。

이 부부는 둘이서만 이야기할 필요가 있을 때는 주차장의 차안에서 이야기를 한다. 이번에도 할 이야기가 있는 것 같은 아내의 모습을 보고 남편이 차안으로 불러내어 이야기하는 장면이다. 아내인 지카코는 남편에게 데스네(ですね), 데스케도(ですけと), 데스요(ですよ) 하며 정중체를 사용하고 있다. 지카코라는 여성은 서글서글한 성격으로 설정되어 있으며, 다른 장면에서도 남편에게는 정중체를 쓰고, 자녀를 꾸짖는 장면에서도 「장난치면 안 돼요(ふざけるんじゃありません)」하고 정중체를 쓰고 있다. 또 「내일부터 가정교사 선생님이 오실 테니까(明日から家庭教師の先生がいらっしゃるんだから)」하며 화제에 나오는 제삼자에게도 존경어체를 쓰고 있다. 그러나 남편에게는 「보지 않으니까(見てないから)」와 같은 비정중체를 쓰는 일도 있다.

1.2. 남편·게이치(惠一, 40대) ↔ 아내·지에코(千惠子, 40대)
··· 「우리 할아버지」

아내	하지만 뒤숭숭해 못 살겠어. 다마코(珠子)도 무슨 일을 당할지 몰라요.
남편	너무 과장하는 것 아니야.
아내	당신은 머릿속에 회사일밖에 없으니 그렇게 말하는 거예요.
남편	아니, 회사만이 내 인생은 아니야.
아내	그럴까요.
남편	말에 가시가 있군. 어떻게 하고 싶다는 거야. 결국.
아내	당신이 뭐라고 말 좀 해봐요.
남편	그러니까, 무슨 말을 하라고.

妻(千惠子) だって、物騒でしょうがないじゃない、珠子だって何されるかわからないのよ。
夫(惠一)　そんな大げさな。
妻(千惠子) あなたは会社のことしか頭にないからそういうのよ。
夫(惠一)　別に、会社だけがおれの人生じゃないよ。
妻(千惠子) そうかしらね。
夫(惠一)　……トゲのある言い方するね。どうしたいって言うんだよ、結局。
妻(千惠子) あなたから何とか言ってよ。
夫(惠一)　だから、なんて。

　남편 게이치의 아버지가 교도소에서 출소하여 돌아왔다. 시아버지와 폭력단과의 싸움에 딸이 말려들지는 않을까 아내 지에코가 걱정하고 있다. 평소부터 솔직하게 서로 이야기를 해오지 않은 부부이다. 특히 지에코는 게이치에 대한 불만이 쌓여 있음을 알 수 있는 대화이다. 남편도 아내도 비정중체로 말하고 있다.

1.3. 남편 · 히로시(博, 40대) ↔ 아내 · 사쿠라(さくら, 40대)
… 「남자는 괴로워-안녕하세요. 도라지로 씨」

아내	요즘 미쓰오(滿男), 좀 될 대로 되라는 식 아니야?
남편	여전히 회사를 그만 둔다는 둥 하고 있어?
아내	말만 꺼냈다하면 불평불만이에요. 왜 젊은이답게 매사에 좀 더 적극적으로 부딪쳐보지 않는 건지.
남편	연애라도 하면 조금은 변하지 않을까. 비록 그게 실연일지라도.

妻(さくら)	近頃の満男、少し投げやりじゃない↑
夫(博)	相変わらず会社辞めるなんて言ってるのか↑
妻(さくら)	二言目には不平不満よ。なぜ若者らしく物事にもっと積極的にぶつかっていかないんだろう。
夫(博)	恋でもしたら少しは変わるんじゃないか。例えそれが失恋であっても。

부부가 장남인 미쓰오에 대해 염려하며 이야기하고 있다. 서로 비정 중제이다. 그리고 아내인 사쿠라는 「니제(なぜ)」에 호응하는 의문형 부분을, 남성적 의문형식(中島 1999: 63)이라 할 수 있는 「(이카나인)다로(いかないん)だろう」를 쓰고 있다.

1.4. 아내 · 지즈루(千鶴, 50대) ↔ 남편 · 신(晋)(50代)

… 「남자는 괴로워-안녕하세요. 도라지로 씨」

아내	생각했던 것과는 전혀 달라. 피부가 희고 점잖고 성실해 보이는 사람이었어.
남편	그 미쓰오라는 청년이 말이야?
아내	그래요.
남편	허어, 녀석의 후배 중에 그런 착실한 사람이 있었어?
아내	나는 또 어떤 괴상한 녀석이 오는 건 아닐까 했어요.
남편	올봄에 왔던 녀석의 친구 말이지. 형편없었어. 그놈들은.

妻(千鶴)	思っていたのとは全然違うわ。色が白くて、おとなしい真面目そうな子
夫(晋)	その満男という青年がか↑
妻(千鶴)	ほうや。
夫(晋)	へえー、あいつの後輩にそんなまともなのがおるんか。
妻(千鶴)	わたし、またどんなひどい人が来やすんかと思うてたわ。
夫(晋)	今年の春来たあいつの友達か。ひどかったなあ。あの連中は。

지즈루와 신은 시가현 나가하마시(滋賀県 長浜市)에 거주하는 부부로 설정되어 있다. 여러 가지로 문제를 일으키는 자신들의 장남을 남편은 녀석(あいつ)이라 부르고 있다. 지즈루가 말하는 「호야(ほうや)」라는 건 「그렇다(そうだ)」라는 긍정을 나타내는 비정중체 방언이다. 이 부부도 서로 비정중체로 이야기하고 있다.

:2: 부모와 자녀의 대화

2.1. 아버지와 딸

2.1.1. 아버지 · 시노자키(篠崎, 50대) ↔ 딸 · 다카코(貴子, 20대) … 「현청의 별」

딸　　아이 참, 아빠. 오늘은 골치 아픈 이야기 않겠다고 했죠. 노무
　　　　씨도 일하느라 피곤할 텐데.

아버지　아, 미안, 미안. 일 얘기는 여기까지만 하자.

娘(貴子)　もーパパ、難しい話は今日はしないって言った<u>でし</u>ょ。ノ
　　　　ムくんだって仕事で疲れているんだから。

父(篠崎)　おお悪かった悪かった、仕事の話はここまでにしよう。

　　대형 건설회사의 사장인 아버지와, 전형적인 따님으로 설정되어 있는
딸의 대화이다. 딸은 20대이지만 아버지를 「파파」라 부르고, 문말은 정
중체로 되어 있다. 자녀의 응석을 잘 받아주는 아버지는 딸이 하자는
대로 하고 있다.

2.1.2. 아버지 · 신(晋, 50대) ↔ 딸 · 나오(菜穂, 20대) … 「남자는 괴로워–안녕하세요. 도라지로 씨」

딸　　아버지 들어봐요. 너무해요, 오빠.

아버지　또 무슨 일 있었니.

(……)

딸　　도대체 나를 뭘로 생각하고 있어. 뭐가 나를 위해서야. 그런 건

쓸데없는 참견이야, 난 미쓰오 씨가 그런 말을 했다고는 도저히
생각할 수 없지만, 만약 정말이라면 그런 무신경한 남자, 정말
싫어. 아버지한테도 말해두겠지만 내가 어떤 사람을 사랑하고,
어떤 사람과 결혼하고, 어떤 인생을 살아가든지 그건 내가 결정
할 거야. 오빠와 아버지 입장에서 결정하는 건 참을 수 없어.

아버지 나호, 알았다, 알았어.

딸 두 번 다시 내 연애문제에 참견 같은 것 하지 말아줘.

娘(菜穂) お父さん聞いてえな。ひどいのよ、お兄さん。

父(晋) また何かやったのか。

[……]

娘(菜穂) 一体わたしを何だと思ってるの。何がわたしのためよ。そ
んなこと大きなお世話や、わたし、満男さんがそんなこと
言うたとはとうてい思えんけど、もし、本当やったら、そ
んな無神経な男、わたし、大嫌い。お父さんたちにも言う
ておくけどね、わたしがどんな人を愛してどんな人と結婚
してどんな人生を進むか、それはわたしが決めるんや。
兄さんやお父さんたちの都合で決められたらかなわんや。

父(晋) 菜穂、もうわかった。

娘(菜穂) 二度とわたしの恋愛問題に口出しなんかせんといて。

1.4와 마찬가지로 나가하마시(長浜市)에 거주하는 아버지와 딸의 대
화이다. 자신의 후배인 미쓰오와 결혼하라는 오빠에게 나호가 분노를
터뜨리고 있다. 나호의 「들어봐(聞いてえな)」 「참견이야(お世話や)」
「결정할 거야(決めるんや)」 「참을 수 없어(かなわんや)」 「하지 말아줘
(せんといて)」는 모두 비정중체 방언이다. 나호는 마지막에 아버지와
오빠를 보고 「구치다시난카센토이테(口出しなんかせんといて)」라고
하는데 표준어로 고치면 「구치다시난카시나이데오이테(口出しなんか

しないでおいて)」이며, 이것은 의뢰형식이기는 하지만 표현 의도는 금
지와 명령이다. 전쟁 전이었다면 딸은 절대로 말대꾸를 할 수 없었지만,
아버지와 큰오빠에게 정중어를 쓰지 않고 당당하게 자기 의견을 말하며
아버지도 그 내용을 인정하고 있다.

2.2. 어머니와 딸

2.2.1. 딸·다마코(珠子, 13세·중1) ↔ 어머니·지에코(千恵子, 40대) … 「우리 할아버지」

딸	고다켄이라니, 할아버지 말이야?
어머니	그래. 고다이 겐조(五代謙三)니까 고다켄이지. 고다켄 씨, 고다켄 씨 하는 걸 보니, 어쩐지 모두 호감을 갖고 있는 것 같아.
딸	어떤 사건이었어, 할아버지가 사람을 죽였다는 게.
어머니	잘 몰라. 아버지께 물어보렴.
딸	물어봤어. 그랬더니 할아버지에게 물어보래. 어떻게 물어 봐.
어머니	오늘도 저녁밥 필요 없대. 사양이라도 하는 걸까. 뭘 먹고 있는 건지, 매일 밤.

娘(珠子)	ゴダケンって、おじいさんのこと↑
母(千恵子)	そうそう。五代謙三だからゴダケン。ゴダケンさん、ゴダケンさんって、なんか、みんなに好かれているみたい。
娘(珠子)	ねえ、どんな事件だったの、おじいさんが人を殺したって。
母(千恵子)	よく知らないのよ、お父さんに聞いてみて。
娘(珠子)	聞いたよ。そしたらおじいさんに聞けって。聞けるわけないじゃん。
母(千恵子)	今夜も晩ご飯いらないって。遠慮でもしてるのかしらね。

何食べてるんだろ、毎晩。

　다마코의 할아버지를 화제로 하여 모녀가 이야기하고 있다. 다마코는 화제에 오른 할아버지와 아버지에 대해 경어는 쓰지 않고 있다. 어머니인 지에코는 시아버지의 행동을「뭘 먹는 건지(何食べてるんだろ)」라고 비정중체로 말하고 있지만, 얼굴을 마주보고 말하는 다른 장면에서는「잡수세요(召し上がってください)」「일을 하신다니, 무슨 일을?(働いていらしたって、どんなお仕事を↑)」같은 존경어체를 쓰고 있다.

2.2.2. 어머니·도시코(敏子, 50대) ↔ 딸·미호(美保, 20대) …「다마모에!」

어머니	어떻게 하지.
딸	정신 차려요, 어머니. 절대로 받아주면 안돼요. 오빠는 얌체야. 미국에서 멋대로 유카리(由佳里) 씨와 결혼하고선 집에는 연락도 안한 지 8년이나 되잖아요.
어머니	알고 있어. 그래도 살기가 힘들다 하니.
딸	헌옷 도매상 같은 거, 처음부터 잘 안 됐어요. 어머니가 돈을 뜯겼을 뿐이에요.
어머니	뜯기다니, 그런 심한 말을.
딸	아버지 연금만 축난다고요. 어머니.
어머니	그럴까. 그렇겠지.
딸	태평이야.

母(敏子)	どうしようか。
娘(美保)	しっかりしてよ、お母さん。絶対にうんと言っちゃ駄目よ。お兄ちゃん、ずるいよ。勝手に向こうで由佳里さんと

結婚して、うちに連絡もしてこないで、8年もよ。

母(敏子)　わかってる。でも、苦しいって言われたら。

娘(美保)　古着の卸業なんて、そもそも上手くいってなかったのよ。
お母さん、たかられるだけよ。

母(敏子)　たかられるなんて、そんな言い方。

娘(美保)　お父さんの分の年金、減るんだよ。お母さん。

母(敏子)　そうか。そうよね。

娘(美保)　呑気だな。

　남편이 갑자기 사망하자 미국에 간 채 8년 간 소식이 끊겼던 장남이
귀국했다. 그리고 어머니인 도시코에게 유산 분배에 관한 말을 꺼냈으
므로, 딸인 미호가 걱정이 되어 어머니에게 의견을 말하고 있다. 두 사
람 모두 비정중체로 이야기하고 있고, 딸은「즈루이요(ずるいよ)」「～
다요(～だよ)」「～다나(～だな)」와 같은, 종전에는 남성들만 쓰던 문
말 종조사를 사용하고 있다.

2.3. 어머니와 아들

2.3.1. 아들 · 신이치(慎一, 고1) ↔ 어머니 · 지카코(千賀子, 30대)
… 「가족 게임」

아들　　이거, 영화로 나왔겠지요?

어머니　그럼. 아버지와 보러 갔었는걸.

아들　　누가 나왔어?

어머니　음~, 오드리 햅번.

아들　　어떤 사람이야? 뚱뚱해? 말랐어?

어머니　아주 깡마른 사람.

息子(慎一) これさ、<u>映画になったんでしょう</u>↑
母(千賀子) そうよ。お父さんと観に行ったもの。
息子(慎一) 誰が出たの↑
母(千賀子) えーと、オードリ・ヘップバーン。
息子(慎一) どんな人↑太った人↑痩せた人↑
母(千賀子) すごく痩せた人。

　신이치는 장남이며 명문 고등학교에 다니는 수재이다. 성적이 나쁘고 부모의 속을 태우는 차남과는 달리 어머니와 편하게 대화를 나눌 수가 있다. 여기서는 어머니에게 「영화로 나왔겠지요?(映画になったんでしょう↑)」라며 정중체를 사용하고 있다.

2.3.2. 아들·미쓰오(満男, 20대) ↔ 어머니·사쿠라(さくら, 40대) … 「남자는 괴로워-안녕하세요, 도라지로 씨」

아들	그런 말을 했단 말이야.
어머니	외삼촌만 나쁜 게 아니야, 하지만 그렇게라도 말하지 않으면 정말로 가고 말걸, 너희 회사로.
아들	외삼촌 화났어?
어머니	그래, 그런 화난 얼굴 오랜만에 봤어. 두 번 다시 시바마타(柴又) 같은데 돌아오나 봐라, 하고는 뛰쳐나가버렸어. 벌써 지금쯤은 기차를 타고 어디 경치 좋은 곳을 달리고 있지 않을까? 비와코(琵琶湖) 쪽에서 큰 축제가 있다고 했으니까.
아들	그래, 가버렸구나. 그럼 할 수 없지. 지금? 시부야(渋谷)에 있어. 될 수 있는 대로 빨리 들어갈게. 끊어.

息子(満男) そんなこと言っちゃったのか。

母(さくら) おいちゃんだけが悪いんじゃないよ、だってそうでも言わ
ないと本当に行ってしまうもの、満男の会社に。

息子(満男) おじさん怒ったの↑

母(さくら) そう、久しぶりにあんな怒った顔見たわ。もう二度と柴又
なんかに帰ってくるか、そう言って飛び出して行っちゃっ
た。もう今ごろは汽車に乗ってどっか景色のいい所走って
るんじゃない↑、琵琶湖の方で大きなお祭りがあるって
言ってたから。

息子(満男) そうか、行っちゃたのか。じゃ、仕方ないよ。今↑、渋
谷。うん、なるべく早く帰るから。じゃあ。

　도라지로(寅次郎, 사쿠라의 오빠이며 미쓰오의 외삼촌)의 행동을 걱
정하는 어머니와 아들이 전화로 하는 대화이다. 어머니도 아들도 화제
의 인물이나 서로에 대해 비정중체를 사용하고 있다. 또한 어머니가
말한「그런 화난 모습 오랜만에 봤어(久しぶりにあんな怒った顔見た
わ)」의 종조사「와(わ)」는 통상적인 어조이며, 여성들만 쓰는 상승조의
「와(わ)」는 아니다.

: 3 : 조부모와 손녀의 대화

3.1. 할아버지와 손녀
할아버지 · 겐조(謙三, 60代) ↔ 손녀 · 다마코(珠子, 10代)
… 「우리 할아버지」

할아버지 나쁜 놈들이 말이야, 무기 밀수로 번 돈을 갖고 튀었거든.

손녀	훔친 셈이네.
할아버지	훔친 게 아니야. 회사가 망한 보복을 한 거지.
손녀	들통 나면 살해당하지 않을까.
할아버지	얼굴은 들키지 않았어.

祖父(謙三)	悪いやつらがね、武器の密輸で儲けた金をかっぱらったんだよ。
孫娘(珠子)	盗んだわけね。
祖父(謙三)	盗んだんじゃないよ。会社がつぶれた仕返しだ。
孫娘(珠子)	ばれたら殺されるじゃない。
祖父(謙三)	顔は見られてない。

할아버지와 중학교 1학년인 손녀의 대화인데, 손녀는 전혀 정중어를 쓰고 있지 않다. 또 할아버지도 손녀의 의문에 다정하게 대답하고 있어 친구사이와 같은 친밀감이 있다.

3.2. 할머니와 손녀
할머니 · 미사오(操, 60代) ↔ 손녀 · 다마코(珠子, 10代)
… 「우리 할아버지」

손녀	할머니는 그런 사람, 어떻게 생각해?
할머니	넌덜머리가 나.
손녀	같이 못 살아?
할머니	힘들어. 그런 사람과 같이 사는 건.
손녀	그럼, 내일 또 나고야(名古屋)에 가버릴 거야?
할머니	그럴 작정이야. 이 집에는 내가 있을 곳이 없는걸.

孫娘(珠子)	グランマはそういう人のこと、どう思ってるの↑
祖母(操)	あきれてる。
孫娘(珠子)	一緒に暮らせないの↑
祖母(操)	むずかしいね。ああいう人とやっていくのは。
孫娘(珠子)	じゃ、明日、また名古屋に行っちゃうの↑
祖母(操)	そのつもりだよ。この家にゃあたしの場所がないもの。

　할머니와 손녀가 할아버지를 화제로 삼고 있다. 손녀는 할머니를, 그랜드마더를 줄인 그랜마라고 부르고 있다. 손녀는 할아버지를 「그런 사람(そういう人)」라고 말하며, 할머니는 남편을 「그런 사람(ああいう人)」이라는 매정한 말투를 쓰고 있다. 두 사람 모두 비정중체로 이야기 한다.

:4: 젊은 남녀의 대화

4.1. 약혼자끼리 다카코(貴子, 24) ↔ 노무라(野村, 35)
　　…「현청의 별」

다카코	있지, 노무(ノム) 씨 이런 거 어때?
노무라	응?
다카코	무슨 일이야? 아까부터 얼굴이 어두운데.
노무라	그런 거 아니야.
다카코	혹시 슈퍼에서 왕따라도 당했어?
노무라	그럴 리 없잖아.
다카코	정말? 무리하는 거 아니지?
노무라	아니야.

貴子	ねえ、ノムくん、こんなのどう↑
野村	ん↑
貴子	どうしたの↑さっきから暗いよ。
野村	そんなことないよ。
貴子	もしかしてスーパーでイジメにでも遭ってる↑
野村	そんなわけない<u>だろ</u>。
貴子	ほんと↑、無理してない↑
野村	してない。

결혼식을 앞두고 웨딩드레스를 고르러 온 노무라와 다카코의 대화이다. 다카코는 즐거워하고 있지만, 노무라는 일이 걱정이 되어 침울한 얼굴을 하고 있다. 그런 약혼자의 태도를 다카코는 놀리면서도 걱정하고 있다. 서로 비정중체를 쓰고 있다.

엔도[遠藤 (2000: 19)]에는 두 사람의 관계에 거리를 두고 싶다고 여길 때는 남성도 「데시타(でした)」「데쇼(でしょ)」와 같은 정중 조동사를 사용한다고 나와 있는데, 노무라가 말하고 있는 「다로(だろ)」의 용법은 연인과의 거리를 좁히고 있다.

4.2. 연인끼리의 대화
아키(アキ・広瀬亜紀, 고등학생) ↔ 사쿠(サク・松本朔太郎, 고등학생) … 「세상의 중심에서 사랑을 외치다」

아키	평소 살던 데서 아주 멀리 온 기분이 들어.
사쿠	그래.
아키	가보지 않은 데가 아직도 정말 많은데.
사쿠	나는 태어나서 지금까지 이 도시를 벗어난 적이 없어.

아키	뭐?
사쿠	바보 취급하지 마.
아키	미안, 미안, 실은 나도 그래. 지금까지 가 본 중에서 여기가 제일 먼 곳인지도 몰라. 그래서 오늘 부모님한테 거짓말해서 약간 죄책감이 들어.

アキ	いつもの生活からずっと離れた場所に来た気がするね。
サク	うん。
アキ	まだまだいっぱい行ってないところあるんだね。
サク	僕は生まれてから今日まで、この町を出たことがない。
アキ	えっ↑
サク	ばかにすんなよ。
アキ	ごめん、ごめん。実はあたしも。今まででここが一番遠いところかもしれない。だから、今日は親に嘘ついてちょっと罪悪感。

둘 다 고등학생이지만 서로에게 호감을 갖고 있는 것을 확인하고 여름방학의 어느 날 조그만 섬에 와 있다. 두 사람은 비정중체로 이야기하며, 아키의 사과도 「미안해요(ごめんなさい)」가 아니고 「미안, 미안(ごめん、ごめん)」이므로, 상하의식이 없이 매우 친한 관계라는 것을 알 수 있다.

4.3. 같은 직장에서 일하는 동료.
    하마오카(浜岡, 20대 남성) ↔ 니노미야(二宮, 20대 여성)
      … 「현청의 별」

하마오카	농담 아니라니까. 왜 나 있는 데야.
니노미야	여기라면 분명 손님들이 못 보겠죠.

하마오카	여기는 어제오늘 온 녀석이 할 수 있는 일은 없어. 기술직이야. 정말 싫다니까 그런 녀석.
니노미야	나한테 그러지 마. 점장님이 멋대로 정한 거니까.

浜岡	冗談じゃねーよ。なんで俺んとこなんだよ。
二宮	ここならお客さまから確実に<u>見えないでしょ</u>。
浜岡	ここは昨日や今日来た奴にできる仕事はないの。技術職なんだよ。絶対やだからな、あんな奴。
二宮	わたしに当たらないでよ。店長が勝手に決めたんだから。

같은 슈퍼마켓에서 몇 년이나 함께 일해 온 동료로 서로 비정중체로 이야기하고 있지만, 하마오카는 화가 나 있어서 거친 표현을 쓰고 있다. 니노미야는 「손님(お客さま)」이라고 경어를 사용한 후에는 「보이지 않겠죠(見えないでしょ)」하며 정중체를 쓰고 있다.

:5: 여성끼리의 대화

5.1. 에이코(栄子) ↔ 가즈요(和世). 고교 때부터 친구. 둘 다 59세.
  … 「다마모에!」

에이코	그게 거짓말 아니야. 거짓말 아니라니까.
가즈요	거짓말이라도 상관없어 이제.
에이코	정말로 눈이 마주쳤을 때 윙크해 줬어 그 사람이. 이렇게.
가즈요	그건 그 사람 눈에 티가 들어간 거야. 그렇지 않으면 네가 노안이라서 잘못 본 거야.
에이코	네 말 듣고 싶지 않아. 정말로 시력이 얼마야.

栄子	それが、嘘じゃないの。嘘じゃないんだってば。
和世	嘘でもいいわよ、もう。
栄子	本当に目が合った時、ウインクしてくれたのよ、彼が。こんな感じでさ。
和世	それって、彼、目にゴミ入ったのよ。そうでなきゃ、あなたが老眼で見間違ったのよ。
栄子	和ちゃんに言われたかないわよ。マジで視力いくつよ。

에이코는 세계적인 테너가수의 후원회에 가입했는데, 그 가수의 콘서트에 갔을 때의 이야기이다. 두 사람은 40년 이상 사귀어 온 친구로 비정중체로 이야기하며 자매처럼 거리낌 없이 말하고 있다. 가즈요의 「괜찮아(いいわよ)」와 에이코의 「윙크해줬어(ウインクしてくれたのよ)」「듣고 싶지 않아(言われたかないわよ)」에는 이전에 여성들만 쓰던 종조사가 사용되었다.

5.2. 고인이 된 남편 세키구치 다카시(関口隆)의 애인·아키코 (昭子, 60대) ↔ 아내·도시코(敏子, 50대) … **「다마모에!」**

애인	사모님이 두 번이나 여기 쳐들이오시다니 예상 밖이네요. 들어오세요.
아내	세키구치 명의로 된 건 전부 상속대상이랍니다. 그건 법률로 정해져 있으니 회원증 증서 돌려주세요.
애인	돌려주지 않으면 나는 도둑놈이 되는 거겠죠? 남편을 훔치고, 회원권도 훔쳤다고 세상 사람들이 말할 거라 생각하니 정말 분해. 부인께선 어떤지 모르겠지요, 내 기분이. 부인은 태평하게 살았을 테니까. 나는 다카시 씨 심장이 안 좋다는 걸

알고 걱정했습니다. 당신 같이 아둔한 마누라와 살고 있으니까 걱정이 되어 견딜 수가 없었어요. 도대체 다카시 씨가 당신을 뭐라고 불렀는지 알아?

아내 뭐라고 했습니까? 그 다카시 씨는.

애인 가구 같은 사람이라고 했어요. 신혼 때 사서 구식이 돼버렸지만 바꾸기도 귀찮아 그냥 거기에 두고 사용하는 가구라고.

아내 그럼 바꿨더라면 좋았을 텐데. 하지만 귀찮았겠지요. 당신처럼 새 건지 헌 건지 모르는 가구로 바꾼다는 게.

愛人(昭子) <u>奥様</u>が、2度もここに乗り込んで<u>来られる</u>とは、<u>予想外で</u><u>した</u>わ。どうぞ。

妻(敏子) 関口名義のものは全部、相続の対象なん<u>だそうです</u>。それは法律で決まっているん<u>ですから</u>、会員証の証書、<u>返して</u><u>いただきます</u>。

愛人(昭子) 返さなかったら、あたしは泥棒ってことになるん<u>でしょう</u>↑、亭主を盗んで、会員権も盗んでって世間様から言われるんだと思うと、ほんとに<u>悔しい</u>。<u>奥さん</u>になんかわからない<u>でしょう</u>ね、あたしの気持は。奥さんは、のほほんと暮していたん<u>でしょう</u>から。隆さんの心臓が悪いのだって、あたしは知って気にして<u>ました</u>。<u>あんた</u>みたいな鈍い女房と住んでいるから、心配でしょうがなかったのよ。だいたい、あんたのこと隆さん何で呼んでたか知ってる↑

妻(敏子) 何て言ってたん<u>ですか</u>、その隆さんは。

愛人(昭子) 家具みたいなもんだって言ってたわ。新婚当時に買った、時代遅れだけど取り替えるのも面倒くさいから、そこに置いて使ってる家具だって。

妻(敏子) じゃあ、<u>取り替えればいいのに</u>。でも、面倒だったん<u>で</u><u>しょう</u>。あなたのように新しいんだか古いんだかわからない家具に取り替えるのが。

남편이 갑자기 사망한 뒤 아내인 도시코는 남편에게 십년 전부터 사권 애인이 있었다는 걸 알게 된다. 유산상속 건으로 애인 집을 찾아간 아내와 애인의 대화이다. 처음에 애인인 아키코는 「사모님(奥樣)」「오시다(来られる)」라고 존경어체를 쓰며 문말에서도 「였습니다(でしたわ)」「걱정했습니다(気にしてました)」같은 정중체로 말한다. 아내인 도시코도 「돌려주셨으면 합니다(返していただきます)」라는 겸양어와 「그렇습니다(そうです)」「이니까요(ですから)」하며 정중체로 답하고 있다. 그러나 아키코는 이야기하는 동안 점점 감정이 격해져 「분하다(悔しい)」라고 잘라 말하며, 처음에는 「사모님(奥樣)」이라 했던 도시코를 「부인(奥さん)」, 마침내는 「당신(あんた)」이라고 부른다. 거기에 비해 도시코는 약간 냉정을 되찾아, 「바꿨더라면 좋았을 텐데(取り替えればいいのに)」라고 비정중체로 말한다.

이처럼 감정이 고조되면 경어를 쓸 여유가 없어지고, 또 보다 솔직하게 자신의 심정을 토로하기 위해 비정중체를 택하게 된다.

: 6 : 시간의 경과에 따라 변화하는 남녀의 대화

6.1. 노무라 사토시(野村聡, 35) ↔ 니노미야 아키(二宮あき, 25) … 「현청의 별」

노무라   아니, 저, 니노미야 씨, 나는 어디까지나 민간의 기술을 배우기 위해 왔습니다. 한가한 곳에서는 아무 것도 배울 수 없으니까. 아무쪼록 사양하지 마시고 더 바쁜 매장으로 보내주세요.

니노미야	사양 같은 것 안 합니다. 갑자기 바쁜 매장을 맡길 수는 없으니까요. 그럼 무슨 일이 있으면 단축 2번으로 전화해주세요.
노무라	그러면 접객 매뉴얼을 빌려주실 수 있겠습니까?
니노미야	예?
노무라	이틀이면 외울 수 있을 테니까요.
니노미야	매뉴얼 같은 건 없습니다만.

野村	いや、あの、二宮さん、わたしはあくまで民間のスキルを学ぶために来た<u>ん</u>です。暇では何も学べ<u>ない</u>ですから。どうぞご<u>遠慮</u>なさらないで、もっと忙しい売り場で。
二宮	ご遠慮なんかして<u>ません</u>。いきなり忙しい売り場を任せるわけにはいき<u>ません</u>から。 じゃ、なんかあったら短縮2番に電話して<u>ください</u>。
野村	では接客マニュアルを<u>お借りできますか</u>。
二宮	は↑
野村	2日で頭にいれますので。
二宮	マニュアルなんてない<u>です</u>けど。

　민간 인사교류 연수 때문에 슈퍼마켓에 배속된 노무라와 그 교육을 담당하게 된 니노미야가 처음 만났을 때의 대화이다. 노무라는 현청(縣廳)의 엘리트답게 「사양하지 마시고(ご遠慮なさらないで)」「빌려주실 수 있겠습니까?(お借りできますか)」하며 경어를 매끄럽게 쓰고 있다. 니노미야도 정중체로 대응하고 있다.

6.2.

니노미야	현청으로 돌아가면 일은 있어요?

노무라　있지요. 많이. 해야 할 일이.

니노미야　그래. 그렇다면 다행이지만. 있잖아, 솔직히 말하자면 처음에는 현청 사람들 성가시다고 생각했어. 왜냐면 전혀 도움이 안 됐거든. 하지만 지금은 이 가게에 와줘서 다행이라 생각해. 언제나 한 박자 늦네요.

노무라　그때 니노미야 씨가 말해주었지요.

니노미야　예?

노무라　내가 필요하다고.

니노미야　아아.

노무라　하지만 사실은 내가 니노미야 씨를 필요로 했던 거라고 생각합니다.

二宮　県庁に戻ってから、仕事あるの↑

野村　ありますよ。たくさん、やるべきことがね。

二宮　そう。なら、いいけど。あのさ、本当のこと言うとさ、最初は県庁さんのこと面倒だなって思ってて。だって、全然使えないんだもん。だけど、今では、この店に来てくれて良かったって思ってる。いつも気づくの遅いんだよね。

野村　あの時、二宮さん言ってくれましたよね。

二宮　え↑

野村　僕が必要だって。

二宮　ああ。

野村　でも、本当は僕が二宮さんを必要としてたんだと思います。

연수가 끝나가는 어느 날, 슈퍼의 매상을 올리기 위해 서로 협력해온 두 사람은 자기 마음을 솔직하게 이야기할 수 있을 정도로 친해졌다. 노무라는 「말해주었지요(言ってくれましたよね)」「필요로 했던 거라고 생각합니다(必要としてたんだと思います)」처럼 기본적으로는 정중

체를 쓰지만 일부에서는 비정중체를 사용하며, 니노미야는 전부 비정중
체로 말하고 있다.

6.3.

니노미야   어때, 개혁은 잘 되고 있어?
노무라   아니, 어려울 걸.
니노미야   뭐?
노무라   그렇게 간단하게는 통과하지 못할 거야.
(……)
노무라   그럼.
니노미야   응.
노무라   있잖아. 다음에 나랑 데이트할 생각 없어?
니노미야   데이트?
노무라   그래, 마케팅 ……말고.

二宮   どう、改革の方はうまくいってる↑
野村   いや、難しいだろうな。
二宮   え↑
野村   そう簡単には通らないはずだ。
[……]
野村   じゃあ。
二宮   うん。
野村   あのさ。今度、デート付き合ってみる気ない↑
二宮   デート↑
野村   そう、マーケティング、……なしの。

연수가 끝나 현청(縣廳)으로 되돌아온 노무라와 다시 만난 니노미야

의 대화이다. 두 사람은 완전히 오랜 친구처럼 되어, 둘 다 비정중체로 대화하고 있다. 니노미야는 「응(うん)」하며, 완전히 반말로 대답하고 있다.

이상, 현대영화에 있어서 등장인물의 관계별로 대화를 관찰해왔다.

그 결과 오늘날 가족관계에서는 부모, 조부모가 손위라는 의식은 있지만 가정 내에서 경어를 쓰는 기회는 극히 적어지고 있다는 걸 확인할 수 있었다. 즉 사카모토(坂本)(2001: 15, 16)가 서술하듯이 「경어라고 하면 상하관계, 말의 사용을 구속하는 것, 봉건적인 것으로 파악하는 경향이 있으나, 현대의 경어는 그런 의식으로부터는 상당히 멀어졌다.」 그리고 「이제, 경어를 사용할지말지를 결정하는 것은 무엇보다도 친한지 아닌지에 달려 있다고 할 수 있다.」는 것이다.

이 관점에서 생각하면 영화 1. 「부부의 대화」 2. 「부모와 자녀의 대화」 2.2. 「어머니와 딸」 2.3. 「어머니와 아들」 등 가족 간의 대화에 경어가 거의 쓰이지 않는 것은, 가족 간에는 상하관계보다도 친밀감을 우선시하는 말을 사용하기 때문이다.

더욱이 사카모토(阪本)(2001: 37)에 의하면 「경어는 현대 사회에 있어서 이전처럼 관계성에 규정된 언어표현과는 다른 의미로, 즉 사람늘이 상호작용의 과정에서 서로 관계를 형성해갈 때 관계설정을 위한 표현옵션의 하나로서 중요한 역할을 가지게 되었다」는 것이다. 이것은 영화 6. 「시간의 경과에 따라 변화하는 남녀의 대화」에서 볼 수 있듯이, 상대방과 심정적인 거리가 멀어지면 정중어를 쓰고, 친밀감이 증가할수록 비정중어를 사용하고 있는 점을 봐도 명백하다.

参考文献

遠藤織枝(2000) 『人気ドラマの話しことばにみる性差 － TVドラマ「ビューティフル
　　　ライフ」の文字化資料から－』『ことば21号』現代日本語研究会
中島悦子(1999) 「疑問表現の今」『女性のことば・職場編』ひつじ書房
坂本恵(2001) 「敬語」と「敬語表現」『日本語学 2001.4』明治書院
阪本俊生(2001) 「現代の社会関係と敬語の可能性」『言語 2001.11』大修館書店
増井金典編著(2000) 『滋賀県方言語彙・用例辞典』サンライズ出版

参照 DVD一覧

作品名	監督	製作年	販売元	発売時期
『家族ゲーム』	森田芳光	1983年	ジュネオンエンタテインメント	2008年 1月
『男はつらいよ「拝啓 車寅次郎様」』	山田洋次	1994年	SHV松竹ホームビデオ	2008年11月
『わたしのグランパ』	東陽一	2003年	東映ビデオ	2003年 9月
『世界の中心で、愛をさけぶ』	行定勲	2004年	東寶	2004年12月
『県庁の星』	西谷弘	2006年	東寶	2006年10月
『魂萌え!』	阪本順治	2007年	ハピネット	2007年 7月

제3장

경어에 관한 일본 대학생의 의식조사

사에구사 유코
(三枝優子)

: 1 : 들어가며

　문화청(文化庁, 역자 주 : 일본 문부과학성 산하기관)은 헤이세이7년
(1995년, 이하 서기로 표기한다)부터 매년 「일본어에 관한 여론조사」를
시행하고 있다. 이 조사에서는, 조사 항목의 증감은 있지만 전(全) 회에
서 경어에 관한 사항을 조사하고 있는 것으로 보아 경어에 대한 비중이
높음을 짐작할 수 있다. 이 조사가 국민에게 발표되는 것이고 국가가
시행하는 조사임을 감안하면, 국가가 국민들의 경어에 큰 관심을 가지
고 있는 것으로 보아도 좋을 것이다. 이 조사에 의하면, 국민의 약 80%
는 일본어가 혼란스러워지고 있다고 느끼고 있으며(1995년 73.6%, 1999
년 85.8%, 2000년 88.9%, 2007년 79.5%), 이 혼란을 느끼는 이유로서
최근의 조사에서 가장 많이 선택된 것이 「경어 사용법」(2007년 67.1%)
이다. 또한, 일본인의 일본어력(日本語力)에 관한 과제로 가장 많이 거
론된 것도 「경어의 지식」(2007년 42.1%)이었다.

　이처럼 일본어의 혼란을 느끼는 이유로, 또 해결해 나가야만 하는 과제로 거론되고 있는 경어지만, 현실적으로 사람들은 어떠한 경어 생활을 하고 있는 것일까. 앞에서 말한 2007년의 조사에서는, 혼란을 느끼는 이유로「경어 사용법」을 선택한 비율이 20대가 가장 높다(77.0%)는 결과가 나왔지만, 요즘 젊은이는 경어에 대해서 어떤 의식을 갖고 있는 것일까.

　이러한 경어에 관한 의식을 알아보기 위해, 20대 초반의 학생에게 경어를 테마로 좌담회 형식의 대담을 부탁해, 그 내용으로부터 경어에 관한 의식과 생각을 정리해보았다. 대담에 참가한 학생은 표1과 같다.

표1　참가자 일람

참가자 기호	성별	학년 · 연령	소속학과	그룹
A01f	여	3학년 · 21	문학부 일본어일본문학과	A
A02f	여	3학년 · 22	문학부 일본어일본문학과	
A03m	남	3학년 · 21	문학부 일본어일본문학과	
B04m	남	3학년 · 21	문학부 영미어영미문학과	B
B05m	남	3학년 · 21	문학부 영미어영미문학과	
B06f	여	3학년 · 21	문학부 영미어영미문학과	
C07f	여	4학년 · 22	문학부 중국어중국문학과	C
C08f	여	4학년 · 24	문학부 중국어중국문학과	
C09f	여	4학년 · 22	문학부 중국어중국문학과	
D10m	남	1학년 · 22	대학원 언어문화연구과	D
D11m	남	1학년 · 23	대학원 언어문화연구과	

: 2 : 조사개요

좌담 참가자

참가자는 대학, 대학원에 소속된 21세부터 24세의 여성 6명, 남성 5명의 학생이다. 표 안의 그룹이란 조사1에서의 그룹이다.

조사1

미리 준비한 8개 항목의 질문에 대해서 각 그룹별 좌담 형식으로 각자의 생각을 이야기하도록 지시를 했다. 생각한 점을 솔직하게 말할 수 있도록 초면이 아닌 친구사이로 그룹을 구성했고, 조사자는 동석하지 않았고, 시간제한 없이 시행했다. 대화는 녹음기와 비디오카메라로 기록했다. 조사 시기는 2008년 11월부터 12월에 걸쳐서였다. 한 그룹의 대화 시간은 45분에서 55분 정도였다. 8개 항목의 질문은 다음과 같다.

질문항목

1. 여러분은 경어를 언제 어떤 사람에게 사용하고 있습니까? 그리고 왜 그 상황에서 경어를 사용하는지 이유를 알려주십시오. 가능한 한 많은 장면의 예를 들어주십시오.
2. 여러분은 가족과 이야기를 할 때 경어를 사용합니까? 사용하는 사람은 언제, 누구에게, 왜 사용하는지 알려주십시오.
3. 여러분의 가정에서 가족 간의 대화에 경어가 사용될 때가 있습니까? 예를 들면 어머니가 할머니께 이야기할 때 같은 경우입니다. 누가 누구와 어떤 대화를 할 때 사용하는지 알려주십시오.
4. 지금 여러분이 사용하는 경어는 어디에서 익혔다고 생각합니까? 이

해하기도 하고 배우기도 한 장면, 또 실제로 사용했고 숙달된 장면 등을 생각나는데 까지 알려주십시오.

5. 당신이 사용한 경어에 대해서 가정이나 아르바이트 근무처 같은 데서 어떤 지적을 받은 적이 있습니까? 거기에 대해서 어떻게 생각했습니까?

6. 경어를 사용하는 것에 대해 어떻게 생각합니까?

7. 앞으로 여러분이 경어를 사용할 기회나 상황은 어떻게 변화할 거라고 생각합니까? 그런 변화(무변화)에 대해 어떻게 생각합니까? 그 이유도 알려주십시오.

8. 일본어에서, 경어는 앞으로 어떻게 되어야 한다고 생각합니까?

조사2

조사1의 발화 내용을 파악한 후에 부족한 부분, 보충이 필요한 부분에 대해 개인을 대상으로 추가 인터뷰를 시행했다. 조사 시기는 2008년 12월부터 2009년 1월까지이다.

: 3 : 조사결과

학생의 대화에서 관찰, 고찰할 수 있는 경어에 대한 생각이나 의식에 관해 다음 세 가지를 중심으로 정리한다. 첫 번째는 경어의 사용 장면에 관해서이다. 학생들이 누구에게, 어디에서, 무엇 때문에 경어를 실제로 사용하는가를 질문항목 1, 2, 3의 답변을 중심으로 살펴본다. 두 번째는 경어 습득에 관해서이다. 경어를 어디에서 습득했다고 인식하고 있는가를 질문항목 4, 5의 답변을 중심으로 살펴본다. 마지막으로 경어의 바람직한 모습에 대해 어떻게 생각하는가를 질문사항 6, 7, 8의 답변을 중심으로 살펴본다. 또한 본고에서는 녹음한 대화문의 제시는 발화의 내용을 전달하는 것을 목표로 하기 때문에, '음, 저, 에…' 등 말에 뜸을 들이거나 같은 말을 반복하는 정보는 무시하고 문자화했다. 제시한 대화에는 그 대화 번호와 그룹 번호를 기재했다. 예를 들면 [002A]란 제시하는 두 번째 대화이고 그룹 A에서 이야기된 것임을 나타낸다. 또한 ( ) 안은 전후의 대화 내용이나 상황을 보충하기 위해 필자가 첨가한 것이다.

3.1. 경어의 사용 실태에 관하여

3.1.1. 「손위」와 「초면」인 사람에 대한 경어

학생들이 질문1에서 경어를 사용하는 대상자로 들었던 사람은 「선생님」, 「윗사람」, 「손윗사람」, 「선배」, 「손님」, 「이웃사람」, 「아르바이트 근무처 사람」, 「자원봉사처 사람」이었다. 장면으로는 「초면」, 「동아리 활동」, 「취업 활동」, 「이의 제기」 등을 들고 있다.

이 중에서 「선생님」, 「선배」는 네 그룹 모두에게서 거론되었다. 「윗사람」은 세 그룹에서 거론되었고, 「윗사람」이라는 말을 쓰지 않았던 한 그룹은 「손윗사람」이라는 단어를 사용하고 있었다. 좌담에 참가한 학생들에게 「윗사람」은 「손윗사람」일 경우가 대부분이기 때문에, 이 두 단어는 거의 같은 대상을 가리킨다고 보아도 좋을 것이다. 이런 점에서, 대학생이 경어를 사용하는 상대로 강하게 인식하고 있는 사람은 「선생님」, 「선배」, 「윗사람」, 「손윗사람」이라고 할 수 있다.

「동아리 활동」은 모든 그룹에서 거론되고, 그 내용은 현재뿐 아니라 중학교, 고등학교 시절 「동아리 활동」에서의 경어 사용실태에 관해서도 언급되는 등 내용도 다방면에 걸쳐 있었다. 「초면」도 세 그룹에서 이야 기되고, 남은 한 그룹도 초면이라고 생각되는 장면에서의 대화에 관해 이야기를 하고 있었다. 「취업 활동」을 든 그룹은 하나뿐이지만, 다른 그룹에서도 사회인이 되었을 때의 경어 사용에 관하여 이야기 하는 등 취직과 경어의 상관관계는 의식하고 있었다. 이런 「동아리 활동」, 「초면」, 「취업 활동」, 「취직 후」의 장면도 많은 학생이 경어를 사용한다고 인식 하고 있는 장면이라고 볼 수 있을 것이다.

사용하는 경어에 관해서는, 「선생님」이나 「취업 활동」과 관련된 사 람들에게는 존경어나 겸양어를 포함한 경어를 사용한다고 말하고 있다. 그러나 「동아리 활동」에서 「윗사람」인 「선배」에게 경어를 사용한다고 하는 의식은 모든 학생에게 있지만, 구체적으로 어떤 경어를 사용하는 가는 소속된 그룹에 따라 달랐다. 중학교 시절에 선배에게 대해서도 「말씀하셨다(おっしゃった)」 같은 존경어도 사용했다는 학생도 있는가 하면 그렇게까지는 아니었다고 하는 학생도 있고, 고등학교 때 운동부 는 경어에 대해 엄격했다고 하는 학생과, 고등학교 때는 중학교 때보다 경어를 사용하지 않았다는 학생도 있었다. 개인차라기보다도 소속된 그룹의 환경의 차이가 큰 것 같다. 그 예로서, 같은 대학에 있는 「서클」 과 「운동부」에서의 경우에 대해 이야기하는 부분을 제시한다.

[001B] 서클의 경우
B04m (대학에서는) 선배는, 뭐, 정중어 수준이지. 나니시마스카↑ (何しますか↑)같이.
체육 계통의 서클이었다면 「나니스룬스카↑ (何するんすか↑)」 처럼 말하고.
B05m 맞아, 존경어나 겸양어까지 의식해서 쓰는 건 아니야.

B04m 선배에게 이런 말을 쓰면 오히려 웃음거리가 되거든.

B05m 개그 한다고 생각하겠지.

[001B] サークルの場合

B04m (大学では)先輩とかは、ま、丁寧語レベルだよね。何します
か↑
みたいな。体育会系だったら、「何するんすか↑」みたいな。

B05m そうそう、尊敬語や謙譲語まで意識して使ってるのはないよ
ね。

B04m 先輩にこんなことを使ったら逆に笑い種になるよね。

B05m ギャグだと思われる。

[002D] 운동부의 경우

D10m (대학에서 소속되었던 동아리가) 가라테 부(空手部)였잖아.「
난토캇스카(なんとかっすか)」이런 말, 절대 못 써.

D11m 진짜 그렇게 엄했어?

[002D] 運動部の場合

D10m (大学で所属していた部活動が) 空手部じゃん。「なんとかっ
すか」あれ、だめなんだよ。

D11m マジで、そんなに厳しかったの↑

　B04m은 테니스 서클에, B05m은 농구 서클에 소속되어 있다. 추가
인터뷰에서 확인한 바, 테니스 서클 안에서는 선배와의 대화에서 정중
어 정도가 사용되었고, 「(っ)すか」라는 경어도 자주 사용되었다고 한다.
1학년이 가장 경어를 자주 사용했고, 3학년쯤 되면 친한 선배에게는
경어를 사용하지 않고 이야기하는 일도 있다고 한다. 이 그룹에서는
학년보다도 친소관계를 기준으로 경어를 사용하는 것을 알 수 있다.

한편, 그룹D의 D10m은 가라테 부에 소속되어 있고, 그곳에서는 「(っ)
すか」 같은 말투는 쓸 수 없다는 말을 하고 있다. 선배와 후배는 말뿐만
아니라 인사할 때 절하는 방법 등 다방면에서 구별된다는 이야기였다.
이 동아리에서는 학년을 기준으로 한 경어의 사용을 볼 수 있다. D11m
은 D10m의 발화에 대하여 「그렇게 엄했어?」라며 놀라는 것으로 보아
D11m도 선배에게 「(っ)す」 형태는 용인될 것이라고 생각하고 있었음을
알 수 있다. 선배에게 「(っ)す」 형태의 경어표현을 하는 것은 꽤 폭넓게
사용되는 것 같았고, 이 「(っ)す」 형태에 대해서는 다른 그룹에서도 언급
하고 있었다. 학생들이 이 「(っ)す」에 어떤 이미지를 갖고 있는지 다음
대화로 추측할 수 있다.

[003A]

A01f   (경어를 사용할지 말지는) 그러나 그 사람의 분위기에 달려있어.

A02f   나는 나이가 엇비슷하면, 처음부터 경어라고 할 수준의 말은
안 써. 「~데스요네(~ですよね)」같은. 아주 살짝만 쓰지. 「난
토캇스(なんとかっす)」라든가.

[003A]

A01f   (敬語を使うかどうかは) でもその人の雰囲気による。

A02f   わたしはタメ[1]だとさ、最初から敬語というほどのものは
使わない。
「~ですよね」みたいな。本当にちょこっと。あと 「なんと
かっす」とか。

1: 나이가 어린 사람이 연장자와 대등한 말투로 이야기한다는 말에서 의미가 확
대되어 「같은 나이」의 의미로 사용되고 있다.

[004C]

C07f (고교 시절에는 경어를)썼는데 아주 친숙했어. 「〜っすよね」 같은 걸 자주 썼지. 「っす」를 넣으면 되는 것 같았거든. 「이마 나니얏텐스카(今何やってんすか)」같이.

C08f 맞아 맞아 맞아.

C07f 존경어 자체가 변했지. 「っす」 넣으면 됐어. 「마짓스카(マジっすか)」 「나니얏텐스카(何やってんすか)」라는 식으로.

[004C]

C07f (高校時代は敬語を)使ってたけど馴れ馴れしかった。「〜っすよね」とかよく使ってた。「っす」入れておけばいいみたいな。「今何やってんすか」みたいな。

C08f そうそうそうそう。

C07f 敬語自体が変ってくるんだよね。「っす」入れておけばいい。「マジっすか」「何やってんすか」とか。

[005C]

C08f 「마짓스카(マジっすか)」는 경어야?

C07f 가짜 정중어?　짝퉁?

C08f 젊은 사람들이 쓰는 말이잖아.

[005C]

C08f 「マジっすか」は敬語なのか[2:]↑

C07f かりの丁寧語↑　ニセ↑

C08f 若者ことばなんじゃん。

2: 여성 C08f가 상승조로 이야기한 종조사.

[006C]

C07f 「～っすよ」는?

C08f 그건 경어가 아니지.

C07f 교과서에 실릴 거라고 봐. 그런 날이 올 거야. <웃음>

C08f 50년 쯤 후에나 있음직한 일이지.

[006C]

C07f 「～っすよ」は↑

C08f それは敬語じゃないでしょう。

C07f 教科書載ると思うんだ。来ると思うんだ。<笑い>

C08f 50年後ぐらいにありそうだよね。

[007D]

D10m (아르바이트에서)손님들한테는 경어 쓰지?

D11m 하지만 학생이라는 점을 최대한으로 살려 「마짓스카(マジっすか)」같은 정도로 하지.

D10m 술집이니까.

[007D]

D10m (アルバイトで)お客さんに対しては敬語使ってるんでしょう。

D11m でも、学生というのをフルに生かして、「マジっすか」みたいな感じにしちゃうから。

D10m 飲み屋だからね。

[003A]의 A02f는 초면인 동갑내기에게는 「경어라고 할 정도의 말은 사용하지 않는다」며 「なんとかっす」같은 말을 쓴다고 하고 있다. 그녀는 「(っ)す」는 경어라고 할 정도는 아니지만, 초면인 동갑내기에게 사용할만한 말투라고 생각하고 있다. [004C]는 여성 3인의 그룹인데,

「(っ)す」는 아주 친숙한 느낌이 드는 표현이라고 파악하고 있고, 중학교 때까지 사용하던 어려운 경어와 달리 「「(っ)す」를 넣으면 된다」며 그 간편함을 언급하고 있다. [005C] [006C]의 대화에서는 「(っ)す」가 정식 경어는 아니고, 「가짜 정중어」 「젊은 사람들의 말」은 아닐까 하는 말을 하고, [007D]에서도 D11m은 아르바이트 근무처에서도 「학생」이므로 「마짓스카(マジっすか)」같은 표현도 쓸 수 있다고 하며, 여기서도 「젊은 사람들의 말」 「정식은 아닌 경어」라고 하는, 경어와 비슷한 표현이라는 인식을 가지고 있음을 엿볼 수 있다. D10m의 「술집이니까」라는 말에서도 「(っ)すか」가 딱딱한 표현이 아니고 가벼운 이미지라고 생각하고 있음이 느껴진다. [006C]에서는 웃음을 섞어가면서도 50년 후에는 교과서에 실리는 게 아닐까, 즉 정식 경어로 정착하는 것은 아닐까 하는 말도 하고 있다. 교과서에 정말로 실린다고 생각하는지 어떤지는 논외로 쳐도, 그만큼 학생들로서는 자주 사용하는 표현일 것이다.

「(っ)す」에 대해, 오자키(尾崎, 2000)는 「(っ)す」는 20대를 중심으로 하는 젊은 층 남성 사이에서 자주 사용된다고 기술하고 있다. 오자키(2002)는 또, 다른 담화자료 분석의 결과로 이 말을 사용하는 사람은 남성이고 20대를 중심으로 하는 젊은 층이라고 하고 있다. 그러나 이번의 조사에서는 A02f, C08f, C07f 모두 여성이지만 그녀들은 「(っ)す」를 사용한다고 하고 있고, 조사 2의 추가 인터뷰에서도 이번 여성 참가자 여섯 명 중 다섯 명이 가끔, 또는 어쩌다 「(っ)す」를 사용한다며 반성하고 있다. 다만 사용하는 경우에 대해서 A02f는, 운동 계열의 서클·동아리 활동을 하는 사람은 선배에게도 「(っ)す」를 쓴다는 이야기는 듣지만, 자신은 선배에게는 사용하지 않고 같은 학년에게는 사용한다고 답변을 하고, C09f도 친구들에게 농담처럼 사용하는 정도라고 답변하고 있다.

사용실태에는 개인차가 있음을 알 수 있다.

오자키의 연구는 대상자나 조사 방법에 차이가 있기 때문에 일률적으로는 말할 수 없지만, 현재는 「(っ)す」는 남성들만이 쓰는 표현이라고는 할 수 없게 된 것 같다.

다음으로, 학생이 경어를 사용하는 대상으로 의식하고 있는 「초면」인 상대와, 경어를 사용하지 않아도 된다고 의식하고 있는 「손아래」 「동갑」 「초면은 아닌 사람(친한 사람)」의 조합인 「초면이고 손아래 또는 동갑인 사람」 「나이는 위지만 같은 학년인 사람」인 경우의 경어에 대해 정리한다.

[008A](일부 003A와 중복)

A01f   (경어를 사용하는 사람을 정리해보면)손윗사람이지, 우선. 초면인 사람이든가.

A02f   뭐? 나이가 엇비슷한데도?

A03m   응, 나이가 비슷해도 난 그래.

A01f   그렇지만 그 사람 분위기에 달려 있어.

A02f   난 나이가 엇비슷하면 말이지, 처음부터 경어 수준의 말은 쓰지 않아. 「~데스요네(~ですよね)」같은. 아주 살짝만 쓰지. 「난토캇스(なんとかっす)」라든가.

[008A](一部003Aと重複)

A01f   (敬語を使う人をまとめると)目上の人だね、とりあえず。初対面の人とか。

A02f   え、タメでもってこと↑

A03m   うん、タメでも、うち、そう3:。

A01f でもその人の雰囲気による。

A02f わたしはタメだとさ、最初から敬語というほどのものは使わない。「～ですよね」みたいな。本当にちょこっと。あと「なんとかっす」とか。

[009B]

B05m 난 잘 모르는 사람이면 처음부터 경어로 해 버려.

B04m 나도 아르바이트 하는 데에 새로운 사람이 들어왔는데, 그 사람 일단 (업무상) 후배이긴 해도 나이가 비슷하더라고. 그래도 초면이라고 경어 쓰거든.

B06f 그럴 수 있어. 손아래라도 경어 사용할 때 있지.

[009B]

B05m おれなんかは最初その人のことわからないと敬語で入っちゃうね。

B04m おれもバイトで新しい人が入ってきて、その人一応(仕事上)後輩だけど、タメとかあるじゃん。それでも初対面だと敬語使うもん。

B06f わかる。年下でも敬語使うときあるもん。

[010C]

C09f 그리고 (경어를 사용하는 장면은) 교실 같은 데도 있어.

C08f 어떤 거? 다과회?

C09f 응, 첫 다과회 때 그랬는데.

C07f 뭐? 완전 반말이었는데.

C08f 동급생은 기본(적으로)반말. 「저기, 어디에서 왔어? 군마(群馬)?」라는 느낌이었고, 선배에게는 「어머 선배, 어디에서 오셨

3: 「うち」는 「나」의 의미. 「うち、そう」는 「나도 그렇다」의 의미.

어요?」「학교 수업 힘드세요?」라고 했지.

[010C]

C09f あと、(敬語を使う場面は)クラスとかってのもあるよね。

C08f なに、ジュースコンパ↑

C09f うん、最初のジュースコンパのときとかそうだったけど。

C07f え、超タメ語だったんだけど。

C08f 同級生は基本(的に)タメ語。「え、どこから来たの。群馬↑」って感じで、先輩には 「あ、先輩、どこからいらしたんですか」「学校の授業大変ですか」とかね。

[011D]

D11m 친구 이외는 경어가 아니면 조금 그래. 초면이거나 하면 실례지. 그런데 대학에 들어가면 말이지, 우선 재수한 사람은 일단 나이가 많잖아. D10m군도 나보다 나이가 많을 테고. 그러면 말이야, 그렇다면 경어를 사용할까 말까 할 것 같아.

D10m 망설였겠네, 실제로.

D11m 실례라는 생각이 있으니까. 내 머리 속에는 손윗사람에게는 경어를 써야한다는 생각이 있어서.

D10m 지금은 전혀 그런 생각 없지?

D11m 없다고나 할까. 그건 그거고 D10m군이 어떠냐고 물어본 거니까.

[011D]

D11m 友だち以外、敬語じゃないとちょっと。初対面とか失礼じゃん。でさ、大学入ってさ、最初浪人した人とかって一応年上じゃん。D10mくんもおれより年上のわけだし。そうしたらさ、そしたら敬語使うか否かみたいな。

D10m 迷ってたでしょう、実際。

D11m 失礼っていうのはあるから。おれの中では年上の人には敬

語っていうのがあるから。
D10m　今全然ないでしょう、そんなん。
D11m　ないっていうか、それはそれでD10mくんがどんなかって聞
　　　　いているからだけど。

[012D]
(D10m의 동아리 후배에게 D10m보다도 꽤 나이가 많은 후배가 있다는
이야기를 듣고)
D11m　어떻게 말 해?
D10m　평소에 상대방은 경어로, 나는 반말로.
D11m　아, 역시 학년으로 가는구나. 들어온 게 우선이라는 느낌.
D10m　같은 학년끼리는 나이가 달라도 반말로 해.

[012D]
(D10mの部活動の後輩にD10mよりもかなり年上の後輩がいるという
話を聞いて)
D11m　どう話すの。
D10m　普通に、むこうは敬語で、こっちはタメ口で。
D11m　あ、やっぱり学年でいくんだ。入ったほうが先みたいな感じ。
D10m　同じ学年の中は歳が違ってもタメ語。

　이상의 대화에서는, 어떤 말을 사용하려고 생각하는가 하는 의식을
말하는 것과 실제 경험을 말하는 것의 차이는 있지만, 「초면인 동갑,
또는 손아래」에 대해 A03m, C09f는 초면이면 경어를 쓴다 또는 썼다,
A01f, D11m은 상대의 분위기에 따라 가려 쓴다, A02f, C08f, C07f는 경어
라고 할 정도의 말은 쓰지 않는다, 반말로 이야기한다고 하고 있다. 장
면에 기인하는 요소도 있어서 일률적으로는 말할 수 없으나, 「초면인

동갑내기, 또는 손아래」에 대한 경어 사용은 학생에 따라 생각이 다르다고 해도 좋을 것이다.

또한 [012D]에서, D11m이 나이가 많은 후배에 대해 어떤 말을 쓰는가 하고 질문하는 것에서도 D11m은 「나이 많은 후배」에 대한 말을 상상할 수 없거나 혹은 자신의 상상에 자신이 없어하는 듯한 느낌이 든다. [012D]와 유사한 이야기는 그룹 B에서도 이야기되고 있고, 학년이 같으면 나이가 같았던 고등학교 때와 달리 같은 학년이라도 나이가 다르거나 또는 나이가 많은 하급생 등의 존재에 어떻게 대응해 나가는가 하는 것은 관심 있는 테마인 것 같다.

질문 사항 1에서는 경어를 사용하는 목적에 대해서도 질문을 했지만, 명확한 답변은 들을 수 없었다. 다만, 이야기가 진전됨에 따라 후반에는 다음과 같은 경어사용의 목적을 이야기하고 있다.

[013B]
B04m (어느 텔레비전 실험 프로그램에서 업무상 관계가 있는 세 사람이 경어를 사용하지 않고 커뮤니케이션을 하려고 했는데)경어를 없애니 오히려 커뮤니케이션이 잘 안 되는 것 같았어.
B06f 맞아, 대화를 원활하게 하고 커뮤니케이션이 잘 되게 하기 위해서는 있는 게 좋을지도 몰라.

[013B]
B04m (あるテレビ実験番組で仕事上関係のある3人が敬語を使用しないでコミュニケーションをとろうとしたが)敬語をなくすとむしろコミュニケーションは弾まなくなるらしい。
B06f うん、円滑に会話を、うまくコミュニケーションをとるためには、あったほうがいいのかもしれないね。

[014D]

D11m 경어를 사용하는 메리트도 있지.

D10m 경어를 사용해서 적대심을 없애는 것 같은.

D11m 경어를 씀에 따라, 스스로 「당신보다 아래입니다.」라는 점도 어필할 수 있지.

D10m 「복종합니다.」 같은 의미지.

[014D]

D11m 敬語を使うメリットもあるんだね。

D10m 敬語を使って、敵対心をなくすみたいな。

D11m 敬語を使うことによって、自ら 「下です」ていうのもアピールできるよね。

D10m 「服従してます」みたいな。

[015A]

A02f 그리고 경어가 방패막이가 될 때도 있지 않아? 인간관계에서 말이야, 아까 초면일 때도 그랬지만, 어떻게 하면 좋을지 모를 때는 우선 경어로 말해두라고 하잖아. 정중하게. 그러니까 경어가 없으면 오히려 곤란한 점은 있어.

[015A]

A02f あと、敬語が逃げになるときもない↑ 人間関係でさ、さっきの初対面もあるけど、どうしたらいいかわからないときはとりあえず敬語で言っておけってあるじゃん。丁寧にいって。だから逆に敬語がないと困るってのはある。

이와 같은 사실에서, 경어 사용은 원활한 커뮤니케이션의 수단이기도 하고 상대방에게 복종하는 자세를 표시하는 방법이기도 하다고 생각하

고 있음을 알 수 있다. 이데(井出, 2006)의 해석으로 미루어보면 D11m
이 말한 「적대심을 없앤다」고 하는 것은 사회 상식대로 행동하는 것으
로, 상대방을 안심시키는 Positive Politeness이기도 하고, 경어를 사용해
「복종」의 자세를 취하며 상대방의 영역을 침범하지 않음을 나타내는
Negative Politeness이기도 하다. A02f의 「우선 경어로 말해둔다」는 것
도 결국 통례에 따라 정중함을 표현하는 것으로 상대방에게 위화감이나
불쾌감을 주지 않기 위해 경어를 사용하는 것이라고 할 수 있을 것이다.

3.1.2. 가족에 대한 경어

다음으로, 질문사항 2를 중심으로 가족 간의 경어 사용에 관해 정리
한다.

[016A]
A02f (가족에게 경어는)보통, 사용하지 않잖아?
A01f 그럼.
A03m 쓰는 게 오히려 기분 나쁜 것 같아.

[016A]
A02f (家族に対して敬語は)ふつう、使わないんじゃない↑
A01f そうだよね。
A03m 使うほうが、むしろなんか気持ち悪いような。

[017B]
B05m 「여러분은 가족과…」(질문을 중간까지 읽고)안 쓰지.
B04m 나도 안 써.

B06f   나도 안 쓰는데.

[017B]
B05m   「皆さんは家族と…」(質問文を途中まで読んで)使わねぇな。
B04m   おれも使わないな。
B06f   わたしも使わないな。

  이처럼 가족 간에는 경어를 사용하지 않는다고 하는 학생이 대부분이었다. 동거하는 가족끼리도 경어를 쓰는 일이 거의 없어, 가정에서는 경어는 통상 사용되지 않는 것 같다. 그러나 예전 기억으로 A02f는 어머니가 아버지에게 정중어로 이야기했던 적이 있다고 하고, C08f는 현재도 같이 사는 할머니와의 대화에서는 일상적으로 경어를 사용한다고 하고 있다.

[018A]
A02f   그리고 지금은 그렇지 않지만, 아니면 기억에 없을 뿐인지 모르지만 엄마는 선을 보고 결혼을 해서 그런지 아버지를 「아키라 상(アキラさん)」이라고 불렀으니까, 역시 좀 정중어를 쓸 때가 있었어. 「아키라 상, 그건 어떻게 되었어요?(アキラさん、あれはどうなったんですか)」라는 식으로.
A01f   뭐? 어머니가 아버지한테?
A03m   세상에.
A01f   아내가 남편한테? 와, 그런 말 안 해. 우리는 그런 말 안 하던데.

[018A]
A02f   あと、今はそうでもないけど、記憶にないだけかもしれなけど、お母さんはお見合い結婚のせいじゃないと思うけ

ど、お父さんのことを「アキラさん」と呼んでたから、やっ
ぱり、ちょっと丁寧語のときはあるよ。「アキラさん、あれ
はどうなったんですか」とか。

A01f え、お母さんが、お父さんに対して↑

A03m へー

A01f 妻が夫に対して↑ へー、言わない、うちは言わないな。

A02f의 가정에서 어머니가 아버지에게 정중어를 사용하는 것을 알았
을 때, A01f와 A03m은 놀라고 있다. A02f에게 들은 바로는, 예전에 조부
모와 함께 살았을 때 어머니가 아버지에게 정중어로 이야기한 적이 있
다는 것이다. 할머니가 그와 같은 언어 사용에 엄격한 사람이었기 때문
일지 모른다고 A02f는 추측한다. 조부모가 안 계신 현재는, 그런 말투는
쓰지 않을 거라고 답변했다.

[019C]

C08f 할머니한테는 경어 써.

C07f 진짜?

(……)

C08f 처음엔 같이 살지 않았고, 고등학교 때부터 함께 살기 시작했
기 때문에, 뭐 좀 서먹서먹하기도 했어. 그래서 늘 「이렇게 하
는 게 좋을까요?(こうしたほうがいいですか)」라는 식으로….

C08f 익숙해지곤 반말도 썼지만.

C07f 손자인데?

C08f 기본(적으로)은 경어를 쓰는 추세였어.

C07f 아, 그래도 부잣집 같은 그런 느낌이 드네.

C09f 경어의 이미지가 있어.

C08f 우리는 부자 아니거든. 할머니가 엄격하셨을 뿐이야.

[019C]

C08f おばあちゃんには敬語だよ。

C07f 本当に↑

(⋯⋯)

C08f 初め一緒に住んでなくて、高校から一緒に住み始めたから、まあ、若干他人行儀的なところがある。だから常に「こうしたほうがいいですか」とか…。

C08f 慣れてきたらタメ語もあったけど。

C07f 孫だよね↑

C08f 基本(的に)は敬語の流れだね。

C07f ああ、でもお金持ちの家とか、そんな感じ。

C09f 敬語のイメージある。

C08f うちはお金持ちじゃないからね。これはおばあちゃんが厳しいだけであって。

C08f의 할머니는 70세를 넘어서까지 접객업을 하시며 료칸(旅館)의 여주인으로서 종업원을 이끌고 료칸을 꾸려 나가셨지만, C09f가 고교생일 때 은퇴하고 같이 살기 시작하셨다고 한다. 평소에 경어 책을 가까이 두고 언어 사용법을 책에서 찾아보시는 등, 언어 사용에 관심이 많았던 분이라고 한다.

[018A]의 대화와 마찬가지로, C08f가 할머니와 경어를 사용해 이야기하는 것을 알았던 C07f는 「손자인데?」라며 놀라고 있다. 또한 C07f와 C09f도 경어를 사용하는 것은 「부자」라는 품위를 나타낸다는 이유를 대지만, C08f는 부정하며 경어 사용은 할머니 때문이라고 하고 있다.

가족 간의 경어 사용은 많은 학생들에게 있어 흔한 일이 아니기 때문에, 가족에 대한 경어 사용에는 뭔가 특별한 이유가 있는 게 아닌지를 생각해보려고 한다. 다음 예는 B04m이 자신의 형이 가족에게 경어를 사용한다는 이야기를 했을 때의 대화이다.

[020B]

B04m 그런데 우리 형이, 최근 가족에게 경어를 사용하게 되었어.

B06f 어째서 그랬을까?

   (……)

B04m 형도 살이 빠질 정도로 일하고 있는데 말이지, 거기서 어떻게 든 경어가 몸에 배게 해 주니까 평소 이야기할 때도 그렇게 되는 건지, 아니면.

B05m 그걸 거야. 직업상, 평소에 경어가 몸에 배게 해서 업무에서 허점이 드러나지 않게 한다는 의식도 있는 걸 거야.

B04m 그런가? 슬슬 결혼할 것 같으니까, 뭐랄까 그 전에 아버지 기분을.

B06f 비위를 맞추거나 하는 거 말이야.

B05m 오히려 부자연스러운 느낌인데.

[020B]

B04m でもうちの兄ちゃんが、最近家族に敬語を使うようになって きてんだよ。

B06f どういうあれなんだろうね。

   (……)

B04m 兄ちゃんもやせるほど働いているからさ、それでなんか敬 語しみこませてやってる から普通に話すときもそうなるの かな、それとも。

B05m そうだよ。仕事柄、こういうときから敬語しみこませて、 仕事でぼろが出ないよう にっていう意識もあるのかな。

B04m それか、そろそろ結婚しそうだから、なんか、その前にみ

　　　　　たいな?
　　　　　親父の機嫌を。
B06f　機嫌をとる、みたいな。
B05m　逆に不自然な気がするな。

　B04m은 독립한 사회인인 형이 최근 들어 경어를 사용하는 이유를 곰곰이 생각해봤고, 다른 학생도 이유를 생각해보았으나 모두가 납득할 만한 이유는 발견되지 않았다. 부모자식 간에 경어를 쓰는 것은 뭔가 특별한 이유가 있어야 성립한다는 인식을 가지고 있음을 알 수 있다. 바꿔 말하면, 가족 간에도 상황에 따라서는 경어를 쓸 수도 있다는 의식을 가지고 있다는 것이다. 처음에는 가족에게는 경어를 사용하지 않는다고 즉답을 했던 학생들도, 자기관찰을 하는 사이에 가족 간에도 경어를 쓸 수 있다는 사실을 알게 되었다. 다음 대화가 가족 간에도 경어를 쓴다고 이야기된 부분이다.

[021A]
A01f　아, 그런데 평소 생활에서는 안 써. 경어.
A02f　그래도, 이것 봐, 어떤 상황일 때냐는 (질문이) 있으니까, 이런 깃(앞시 화제가 된 결혼 신청)도 괜찮지.
A03m　공손하게 보고를 할 때.
A01f　큰 부탁이 있을 때라든지.
A01f　완전 굽실거려야 할 때라든가.
A02f　아, 그런데 나는 그거야. 미안하다고 생각했을 때라든가.
A01f　저기, 그럴 때도. 아주 몹시, 상대방에게 굽실거려야만 할 때라든가.
A02f　미안합니다만(すいませんけど), 같은 말을 할지도 몰라. 하겠지.

[021A]

A01f　ああ、でもふだんの生活じゃ使わないよね。敬語。

A02f　でも、ほら、どんな場面のときにって(質問文が)あるから、こういうの(前に話題にした結婚申し込みのこと)もいいんでしょう。

A03m　かしこまって報告があるとき。

A01f　すごいお願い事があるときとか。

A01f　超したでに出ないといけないときとか。

A02f　ああ、でも、わたしあれだわ。申し訳ないと思ったときとか。

A01f　ほら、そういうときも。超、相手にしたでにでなきゃいけないときとか。

A02f　すいませんけど、とか言うかもしれない。言うわ [4]。

[022C]

C08f　뭘 좀 사주었으면 싶을 때라든가. 「실은……」

C07f　「실은 이게 갖고 싶은데, 좀 비싸네요.」라든가.

C09f　그런 건 있어.

C08f　「돈을 좀 주셨으면 하는데요.」라든가.

[022C]

C08f　何か買ってもらいたいときとか。「実は……」

C07f　「実はこれがほしいんですけど、ちょっと高いんですよね」とか。

C09f　そういうのはある。

C08f　「ちょっとお金をいただきたいんですけど」とか。

4: 하향조의 종조사.

[023B]

B04m 가족한테는(경어는)안 쓰지.

B06f 야단맞을 때 정도나.

[023B]

B04m 家族には(敬語は)使わないな。

B06f 怒られたときぐらいかな。

[024C]

C07f 그리고 화났을 때도 쓸지도 몰라.「피곤하거든요!(疲れてるん
ですけど!)」라고 하면서. 데스 마스(ですます) 조(調)는 경어
야? 정중어일까, 경어일까?「나 좀 그냥 내버려 두세요.(ほっと
いてください)」라고 할 것 같지 않아?

[024C]

C07f あと怒っているときとかもあるかも。「疲れてるんですけど!」
とか言いながら。ですます調は敬語↑ 丁寧語か、敬語か。
「ほっといてください」とか言いそうじゃん。

[025D]

D10m 학비 같은 걸 부쳐 주었을 때는 사용하는데, 나는.「고맙습니
다.(ありがとうございました)」라고.

D11m 진짜? 예의 바르네.

D10m 꼭 그렇진 않지만, 부끄럽잖아. 그런 진지한 장면에서는.

[025D]

D10m 学費とか振り込んでもらったときは使うんだけど、おれ
は。「ありがとうございました」とかって。

D11m 本当に↑ まじめ。

D10m まじめじゃないけど、恥ずかしいじゃん。そういうまじめ
な場面では。

꾸중을 들었을 때나 미안하다고 생각했을 때는 경어를 사용함으로써
거리감을 나타내고 반론이 없다는 것이나 반성하고 있다는 것을 전달하
는 전략의 하나로, 화를 내고 있을 때도 거리감을 나타내고 상대방에게
접근하지 말도록 견제를 하는 전략의 하나로 경어를 이용하고 있는 것
이다. 이것은 상대방의 영역을 침범하지 않는 Negative Politeness로 이
해할 수 있다. 또한 금전이나 물건을 요구할 때는 정중함을 나타내고
상대방을 높이는 것으로 상대방의 행위를 유도해내려 하고 있다. 원래
가족에게 경어를 사용하는 것은 흔한 일이 아니기 때문에, 경어를 사용
한 표현은 비일상적이고 농담과 같은 작용을 하게 된다. Politeness 이론
으로 말하자면 Positive Politeness라는 것이 된다. 감사의 마음을 표현할
때도 통상적이지 않은 말을 사용해 정중함을 나타냄과 동시에 비일상적
인 행위로 멋쩍음을 감추려하고 있다.

가정 안에서의 경어 사용은 일반적이지는 않았고, 경어를 사용하는
경우는 어떤 목적을 가진 전략의 하나로서 사용하고 있었다.

3.2. 경어의 습득 장면에 관하여

3.2.1. 학교 등에서의 경어 습득

다음으로, 경어의 습득 장면에 대하여 살펴본다. 경어 습득의 장면에
관해서는 다음과 같은 대화가 오가고 있다.

[026B]

B04m (경어 습득은)중학교에서 선후배 관계가 되고나서부터.

B06f 맞아, 거기서 처음 쓰기 시작했어.

B04m 동아리였지.

B06f 응, 동아리.

B05m 동아리, 그게 크지.

[026B]

B04m (敬語の習得は)中学校で先輩後輩の関係になってから、

B06f そう、そこで初めて生まれるよね。

B04m 部活だね。

B06f うん、部活、

B05m 部活、でかいわ。

[027C]

C07f 우리가 중학교 1학년 때 선생님이 「비록 한 살 많더라도 너희들보다 1년 먼저 태어나 그만큼 고생하고 있으니까 경어는 써라」라고 하셔서.

C08f 그건 나도 들은 적 있어. 똑같은 말 들었어.

C07f 초등학교에서는 달랐을지 모르지만 중학교에서는 구별해라, 뭐 그런.

C08f 나도 들었어. 중학교는 선배가 엄했지.

C07f 무서웠어. 경어를 쓰지 않으면 「뭐야 이 자식은!」이라고 해서.

C08f 「잘난 척 하지 마.」라며 눈총을 받았어,

C07f 불려나가거나 했기 때문에, 선배에게는 경어를 썼어.

C09f 중학교, 무서웠어.

[027C]

C07f うちらの中学校1年生のときの先生が「たとえ1個でもお前た

ちよりも 1年先に生まれてその分苦労してきているんだから
敬語は使え」って。

C08f それはわたしも言われたことがある。おんなじこと言われ
た。

C07f 小学校では違ったかもしれないけど、中学校では区別しろ、
みたいな。

C08f わたしも言われた。中学校は先輩が厳しかった。

C07f 怖いんだよ。敬語を使わないと「何あいつ!」って、

C08f 「調子のってんじゃねーよ」って目つけられちゃって、

C07f 呼び出されたりしちゃったりするから、先輩は敬語だよ。

C09f 中学、怖かったもん。

[028D]

D10m 어디서 배웠냐고? 중학교에서 배우고, 고등학교에서 배우고,
대학교에서 배웠다는 느낌이라고나 할까. 전부 동아리야. 내
경우는. 그리고 중학교 때, 고교 입시의 면접 연습 같은 거 안
했어?

D11m 했어, 했어.

[028D]

D10m どこで身につけた。中学校で習って、高校で習って、大学
で習ってって、感じかな。全部部活だね。おれの場合。あ
と、中学のとき、高校入試の面接の練習とかしなかった↑

D11m あった、あった。

[029D]

D11m 동아리랑 아르바이트랑,

D10m 그리고 학교.

D11m 학교에서 배우는 경우가 많지, 아마.

D10m　꼭 써야만 하는 상대가 있으니까. 선생님이.

[029D]
D11m　部活とバイトと、
D10m　あと学校。
D11m　学校がでかいと、たぶん。
D10m　絶対的に使う相手がいるしね。先生が。

이처럼 최초의 의도적인 학습은 「중학교 동아리」를 중심으로 시작되고, 상하관계가 확실한 집단생활에서 「선배가 무서워서 사용해야만 한다」「선생님도 사용하라고 한다」고 하는 외적인 요인에 의해서 습득해나가는 모습을 엿볼 수 있다. [029D]에서는 「학교에서 배우는 경우가 많다」라고 하고 있지만, 교과 교육에 의한 것은 아니고 반드시 경어를 써야만 하는 선생님이 계시기 때문이라고 하고 있다. 그 외로 거론한 것은 고등학교나 대학 입시를 위한 면접 연습, 아르바이트 근무처, 취업 활동 등이다.

아르바이트 경험은 학생들과 친밀하고, 어느 정도 경어와 관계가 있는 경험을 해 온 장소이기 때문에 다양한 경험담이 이야기 되었다.

[030A]
A01f　나도 맨 처음 아르바이트 했던 곳이 빵집이었는데, 거기에(「센 엔카라 오아즈카리시마스(千円からお預かりします)」같은 표 현이) 적혀 있었고, 두 번째인 케이크 집에서(똑같이 「가라(か ら)」를) 썼을 때도 별로 뭐 이상하다고는 생각하지 않았어. 다 른 사람도 「센엔카라데 요로시이데스카(千円からでよろしい ですか)」라고 해서.

> **A02f** 아, 그리고 보니 나도 단기 아르바이트 엄청 했는데, 매뉴얼에 적혀 있었어.
>
> **A01f** 맞아. 적혀는 있었지만, 얼마 전에 ○○(대형 백화점 이름) 연수에 갔더니, 이런 경어는 안 됩니다, 라고 하더군.

[030A]

> **A01f** うちもいちばん最初のバイト先がパン屋だったけど、それに(「千円からお預かりします」のような表現が)書いてあって、2番めのケーキ屋で(同じように「から」を)使ったときも別に。他の人も「千円からでよろしいですか」って。
>
> **A02f** ああ、そういえば、うちも短期のアルバイトいっぱいしてたからな、マニュアルに書いてあったわ[5]。
>
> **A01f** そう。書いてあったんだけど、この間○○(大手デパート名)の研修にいったら、この敬語はだめですよ、みたいな。

아르바이트에서의 매뉴얼이나 연수에 관해서는 [030A] 뿐만 아니라 그룹 C에서도 이야기되었고, 학생들이 경어 습득을 하는 하나의 장이 되어있다. 그러나 텔레비전에서 잘못 쓰는 경어와 이른바 아르바이트 경어를 문제 삼기도 하고, 매뉴얼 경어에 대해서도 다 맞는다고는 생각하지 않는다는 이야기도 나왔다. 특히 [030A]에서도 화제가 된 「千円からお預かりします」의 「〜から」에 대해서는 그룹 B, C에서도 언급되었으며, 잘못된 경어라는 인식이 높다. 이러한 표현이 잘못되었다고 하는 인식은 매스미디어의 정보에 의한 점이 큰 것 같다.

---

[5]: 하향조의 종조사.

[031A]

A02f 「이렇게 말하면 엉터리 일본어?」라고 해서 붐이 있었으니까, 텔레비전에서 붐이. 그래서 신경을 쓰게 됐어. 대학에 들어오고 나서야.

A03m 그런 일이 있고나서부터. 확실히 신경을 쓰게 되었어.

A02f 붐이야, 붐이 있었기 때문이야.

[031A]

A02f 「こう言うとだめな日本語↑」とかって、ブームがあったから、テレビのブームが。それで気をつけるようになった。大学に入ってからだね。

A03m そういうのがあってから。確かに気にするように、

A02f ブームだよ、ブームがあったからね。

이상과 같이 경어 습득은 주로 학교에서의 집단생활에 의한 실천을 통해 이루어지고, 그 외에 아르바이트 연수나 경험, 또는 텔레비전 등의 정보를 통해 습득하는 것으로 보인다.

또한 학교 교육인 교과 교육 안에서의 경어 교육에 관해서는 아래 대화에서 볼 수 있듯 기억이 확실하지 않은 학생이 많고, 내용에 대한 평기도 낮다.

[032C]

C07f 중학교에서 좀 더 확실하게 하면 좋았을 텐데. 중학교 선생님은 대충 훑어주기만 해.

C08f 소설과 설명문 사이의 한 페이지쯤 아니었어? 경어라는 게.

C07f 수박 겉핥기 같은 느낌이었어.

C08f 설명도 어려웠지.

[032C]

C07f   中学校もっとしっかりやればいいのに。中学校の先生、サ
　　　　　ラッとしかやらないの。

C08f   小説と説明文の間の1ページとかじゃない↑ 敬語って。

C07f   ぺらって感じだよね。

C08f   説明も難しいんだよね。

[033A]

A01f   나중엔 역시 중학교에서 일본어시간에 확실하게 공부하게 되
　　　　　었잖아.

A01f   그랬지.

A03m   중학교였던가. 초등학교에서도,

A01f   초등학교에서도 했지만, 베리에이션이 확대되었잖아, 중학교
　　　　　에서. 일본어 시간에.

A03m   아, 맞다. 시험에서 분류하라고 했던 것 같아.

A01f   고어를 현대어로 번역할 때 자주 썼어.

[033A]

A01f   あとはやっぱり中学校からしっかり国語の時間に勉強するよ
　　　　　うになったんじゃん。

A01f   あったよね。

A03m   中学だったっけ。小学校でも、

A01f   小学校でもあったけど、バリエーションが広がったじゃ
　　　　　ん、中学校で。国語で。

A03m   ああ、確かに。テストで分類しなさいがあった気がする。

A01f   古語の現代語訳のときによく使った。

[034B]

B06f   (경어를 수업시간에 공부한 건)중학교 일본어 시간이지?

B04m 일본어 문법 같은 거 할 때.

B05m 중학교였던가, 그게?

B04m 무슨 미연 연용 종지 연체인가, 그런 거부터 들어갔었지 않아?

B05m 그랬어. 나는 이제 고전 용어와 뒤죽박죽이 돼서 현대어는 언제 배웠는지 모르겠더라.

[034B]

B06f (敬語を授業で勉強したのは)中学の国語じゃん↑

B04m 国語の文法とかのとき。

B05m 中学校だっけ、あれって。

B04m なんか未然連用終止連体とか、そういうのから入ってるんじゃね↑

B05m あったね。おれもう、古典のそれとまじってさ、現代語のほうがいつ習ったかわかんなくなったよ。

[035D]

D10m 그래도 일본어 수업에서 배웠었지.

D11m 경어는 배웠지만, 사용법 같은 거 배웠던가?

D10m 실제 사용하기까지는 나가지 않았지만.

[035D]

D10m でも国語の授業で習ったんだよね。

D11m 敬語は習ったけど、使い方とか習ったっけ。

D10m 使うまではいかなかったけど。

　그룹 A에서는 경어를 실제로 사용해 문장을 만들거나 한 것은 고전을 현대어로 번역했을 때였고, 그룹 B에서도 B05m은 고전과 뒤섞여 알 수 없었다고 하고 있다. 고문을 현대어로 번역할 때, 경어의 번역 방법은 내용 이해의 하나의 포인트로 지적되는 일이 많고, 시험에도 자주 나오는 부분이다. 이 때문에 경어는 학생들에게 고전의 학습내용과 쉽게 결부되는 것 같다. [035D]의 대화에서도 교과 교육 시간의 경어 학습은 학생에게 실천적인 것은 아니었다고 평가하고 있다.

3.2.2. 가정에서의 경어 습득

다음으로, 가정에서의 경어 교육에 관하여 살펴본다.

학생들의 대화를 분석한 결과, 가정에서는 경어 교육은 받지 않았다고 인식하고 있는 학생이 대부분이었다. 질문 사항 6에서, 가정에서 경어에 관해 어떤 이야기를 들은 적이 있다고 한 사람은 앞서 말한 할머니와의 대화를 경어로 하고 있는 한 명뿐으로, 다른 학생은 화제로 삼아 이야기한 적은 있지만 잘못된 경어나 경어의 사용에 대해 이야기한 기억은 없다고 하고 있다.

[036A]
A02f 여기 틀렸다는 말을 들은 적도 없고. 가정에서도 별로, 부모님에게….
A03m 부모님한테 말이지.
A01f 없어, 그런 적은.
A02f 경어에 관해서는 없어, 상스러운 말 쓰지 말라고는 들었어도. 경어를 좀 더 사용하라는 말을 들은 적은 없어. 가정에서는 없어.

[036A]
A02f ここ間違ってるよとか言われたこともないし。家庭でも別に、親に…。

A03m 親にねえ。

A01f ないよね、そういうのは。

A02f 敬語についてはないな、汚いことばを使うなとは言われるけど。敬語をもっと使え、とか言われたことはない。家庭ではない。

[037C]

C08f 하지만 할머니는 아직도 경어 책을 가지고 다니시니까.

C07f 정말?

C08f 「C08f, 요즘 말과는 좀 다르단다.」라는(말을 들은 적이)있어.

C07f 진짜로?

C08f 식탁 옆에 「경어 사용법」이라는 책이 있어.

C09f 할머니, 대단하시네.

C08f 「여든인 나도 잘 못 쓰는 걸」하시면서, 「C08f, 틀렸어.」라고 하셔.

[037C]

C08f でも、いまだにおばあちゃんは敬語の本を持って歩いているからね。

C07f うっそ。

C08f 「C08f、いまのはちょっと違う」って(言われることが)あるよ。

C07f マジで↑

C08f 食卓の脇に「敬語の使い方」っていう本がある。

C09f おばあちゃん、すごいな。

C08f 「80歳のわたしでも使えないんだから」って、「C08f、違うよ」って。

이상과 같이 경어의 습득과 사용 모두 주로 동아리 활동이나 아르바이트에서 이루어졌으며, 학교의 교과 교육은 실천적이지는 않고, 가정에서의 교육은 거의 없다고 생각하고 있음을 알았다.

3.3. 앞으로의 경어 사용에 관해서

앞으로의 경어에 관해서는, 사회에 나가면 사용하는 기회가 늘고 사회생활을 하다보면, 특히 비즈니스 상황에서는 필요하다고 하는 의식이 강하다.

> [038C]
> **C07f** (경어는)일본에서 살아가기 위해서는 필요해.
> **C08f** 돈을 벌려면 말이야.

> [038C]
> **C07f** (敬語は)日本で生きていくには必要だよね。
> **C08f** お金をもらうためにはね。

> [039B]
> **B04m** 어떻게 경어를 사용하는가 하는 것도, 실제 입사 시험 같은 데 나온다고 생각하니까.
> **B04m** 해야만 하는 건가.
> **B06f** 예의지.
> **B04m** 일본의 미덕이라고.
> **B04m · B05m · B06f** 〈웃음〉

> [039B]
> **B04m** どう敬語を使うのかみたいのも、実際入社試験とかにあると

思うから。
B04m やんなきゃいけないんじゃないかな。
B06f 礼儀だよね。
B04m 日本の美徳と。
B04m・B05m・B06f 〈笑い〉

경어는 취업하기 위해, 또 사회인으로서 돈을 벌기 위해 필요하고 경어가 「예의」의 하나이기도 하지만 그것이 「일본의 미덕」이라고 할 정도는 아니라고 생각하고 있음은 [039B]에서 「미덕」이라는 말이 나온 직후 웃음이 나온 것에서도 알 수 있다.

많은 학생이 지금까지 자신이 사용하고 있는 경어에 대하여 주의 받은 적이 없고 아르바이트 같은 데서 잘못된 경어를 썼음을 알고 있으면서도, 비즈니스 장면에서의 경어에 대해 몹시 불안해하고 있다. 아르바이트에서의 경어와 사회인으로서 사용하는 경어를 구별하여 생각하는 점이 흥미롭다. 비즈니스에서 사용되는 경어의 실태를 잘 알지 못하는 불안과 함께 경어를 잘 사용하지 못해 낮은 평가를 받을 것이라는 불안을 가지고 있음을 다음 대화에서 볼 수 있다.

[040D]
D10m 사회에 나오면 어떤 경어를 사용하는지 모르지 않아?
D11m 몰라. 나도 경어는 나름 있는 게 좋다고 생각은 하지만 말이야. 좀 더 제대로 된 경어 일람표 같은 게 있었으면.
D10m 있지 않을까, 어딘가에? 비즈니스 경어 같은 거.

[040D]
D10m 社会に出たら、どんな敬語を使うのかわからなくない↑

D11m わかんない。おれも敬語はそれなりにはあったほうがいい
と思うんだけどさ。もう少しさ、ちゃんとというか、敬語
一覧表みたいなさ、

D10m あるんじゃないの、どこかに。ビジネス敬語みたいなの。

[041B]

(경어는 점점 사라져 갈 것이라고 하는 B04m의 의견에 대하여)

B06f 그런데 우리들이 아직 사회에 나가지 않았기 때문 아닐까? 사
회에 나가면 흔할 것 같은데.

B05m 그런 말들이?

B04m 분명 그럴 거야. 젊은이들이 쓰는 말 같은 걸 거기서 쓰면 안
되지. 어른들 사회에서.

[041B]

(敬語はだんだん消えてきているだろうと言うB04mの意見に対して)

B06f でもうちらはまだ社会に出てないからじゃない↑　社会に出
たらごろごろしてそう。

B05m そういうことばが。

B04m たしかに。若者ことばなんて、持ち込めないしね。大人の
社会に。

[042D]

D10m 사회에 나간 후 어떨지 불안한데. 대학 위에 사회인이 있으면
좋지만, 단번에 싹 바뀌면 정신없잖아. 다시 제로부터.

D11m 틀림없이 단번에 바뀔 거라고 봐. 초등학교에서 중학교로 들어
가면 갑자기 경어 체제가 되잖아. 그런 느낌으로, 대학에서도
싹 바뀔 것 같은 생각이 들어. 경어를 할 줄 모르는 녀석은
안 돼, 뭐 그럴 것 같아.

[042D]

D10m 社会に出てからどうなのか不安なんだけど。大学の上に社会
人があればいいけど、一気に一転されたらてんてこ舞い
じゃない。またゼロから。

D11m 絶対に一転すると思う。小学校から中学校に入ると急に敬語
システムになるじゃん。ああいう感じで、大学からもまた
一気に変わる気がする。敬語ができないやつはだめ、みた
いな。

[043A]

A02f 경어를 못하면,

A01f 사용할 수 없으면 창피한 거지.

A03m 그것만으로도, 저 녀석 못 쓰겠네,

A02f 쓸모없다는 소리 들을 것 같아.

A01f 능력마저도 그걸로 판단될 것 같아.

[043A]

A02f 敬語ができないと、

A01f 使えないと恥だよね。

A03m それだけで、あいつ使えない、

A02f だめっていわれそう。

A01f 能力さえもそれで判断されそうな。

그룹 C에서도 [043A]와 유사한 이야기가 나오고, 모든 학생이 경어는
능력과 인물을 평가하는 하나의 관점이 된다고 생각하고 있다. 사회에
나가면 경어는 업무를 처리하는 스킬의 하나이지, 지금까지의 선후배
사이의 친밀도 지표는 아니다. 경어 능력이 업무의 능력, 자신의 평가와
연결된다고 생각해 불안을 느끼고 있다. 한편, 그러한 경어에 의한 인물

평가는 학생도 하고 있다.

[044A]

A01f 요즘 젊은 사람들, 나도 아직 어리지만, 고등학생이나 중학생이 제대로 말하지 않으면 저거 경어 아닐까하고 생각해버려.

A02f 그렇게 생각하겠지. 어른이라면, 모두. 나이가 지긋하면.

[044A]

A01f 今の若い人、自分もまだ若いけど、高校生とか、中学生がちゃんとしゃべってないと、そこ敬語じゃんと思っちゃう。

A02f それは思うんじゃん、大人なら、みんな。いい年になれば。

[045A]

A02f 우리들도 만일 경어를 전혀 못하는 새로운 인물이 들어왔다면 그렇게 판단했을 것 같아.

A03m 그랬을 거야. 말투가 중요하잖아, 처음에는.

[045A]

A02f 自分たちも、もし、敬語が全然使えない新人が入ってきたらそう判断しちゃいそう。

A03m そうだよ。話し方だもん、最初は。

[046C]

C07f 경어를 못하는 사람의 말은 들을 생각을 안 해.

C08f 생각을 안 하는구나. 지금까지 뭘 한 거야라고는 생각하겠지.

C07f 이 녀석 머리가 약간 나쁘구나하고 생각하거나, (……), 마음 속으로 생각해버려.

C08f 편견일지 모르는데, 그렇게 생각해버려.

[046C]

C07f　敬語ができない人の話を聞こうと思わないよね。

C08f　思わないね。何してきたんだろう、今までってのはあるよ
ね。

C07f　若干、こいつ頭悪いなと思ったり、(……)、心で思っちゃ
うよね。

C08f　偏見かもしれないけど、思っちゃうよね。

이러한 배경을 갖고 있기 때문에, 자신들이 경어로 평가되는 것 자체
에 불만을 느끼기보다, 자신의 경어 실력에 불안을 느끼는 게 심하다.
　그러나 그러한 경어에 의한 인물평가에 대해 불만을 토로하는 사람도
있다.

[047D]

D10m　경어를 사용할 기회도 늘어나니까…….

D11m　어떻게 생각할까 하는 거, 피곤해.

D10m　귀찮아. 그런 사소한 언어 실수 정도는 인정해달라고 하고 싶
은 심정이야.

[047D]

D10m　敬語を使う機会も増えるから……。

D11m　どう思うかって、だるい、

D10m　面倒くさい。そんな小さなことばの間違いぐらい許して
よって感じだよね。

[048D]

D10m　(아르바이트 장면에서) 전화를 걸어서 문을 열어달라고 해야만
할 때가 있어. 그때 뭐라고 해야 좋을지 모르겠던 걸.「와 줄

수 없어요?(来てくれませんか)」보다 더 특별한 말이 있을 것 같은데, 생각이 나질 않아서. 어린애 같은 말을 했어.

D11m   하지만 만약 손아래(사람)한테 「와 줄 수 있으세요?(来てもらってもいいですかね)」라는 말을 들으면 별로 싫지는 않지? 그래도 말하는 사람에 따라 다르려나? 「와 주실 수 있으세요?(来ていただいていいですか)」 「와 주실 수 있으신지요?(来ていただいてよろしいでしょうか)」……번거롭기 짝이 없네.

D10m   전혀 모르겠어. 진짜 문제야.

D11m   전화하기 전에 5분 정도 생각하지 않으면 안 될지도 몰라.

D10m   맞아 맞아, 걸기 전에 스스로 무슨 말을 할까 생각하지 않으면 걸 수 없겠는 걸. 단어를 선택해서. 그렇게 되면, 이제 자기만의 단어로 이야기하는 게 좋은 건가 하게 되지.

D11m   그런 생각하는 5분 동안 쓰레기라도 줍는 게 일본에 훨씬 도움이 되겠다.

D10m   쓰레기 줍기?(웃음). 어렵게 생각하는 거라면 경어가 없는 게 좋을 것 같아.

[048D]

D10m   (バイトの場面で)電話をかけてドアを開けてもらわないといけないときがあるの。そのときなんて言っていいかわからないもんね。「来てくれませんか」もっと別にことばがあると思うんだけど、思う浮かばなくて。子どもっぽいことばになって。

D11m   でももし下(の人)から 「来てもらってもいいですかね」と言われても別にいやな気はしないじゃん↑ でも、その人によるのかな。「来ていただいていいですか」 「来ていただいてよろしいでしょうか」……面倒くさいね。

D10m   全然わからないしね。実際問題。

D11m   電話をかける前に5分ぐらい考えないといけないかも。

D10m　そうそう、かける前に自分で何を言うか考えないとかけら
　　　れないもん。ことば選んで。そうなると、もう自分のこと
　　　ばで言っちゃったほうがいいのかなって。

D11m　その考えている5分の間にごみ拾いとかしたほうが、よっぽ
　　　ど日本のためになるよね。

D10m　ごみ拾い(笑う)。難しく考えるんだったら敬語はないほうが
　　　いいと思う。

[049A]

A02f　경어에 너무 부담을 느껴서 말을 못하는 사람도 있으니까, 그
　　　것도 어떨까 싶어. 그러니까 꼭 있어야 될 것이지만, 모두가
　　　경어에 대해 좀 더 너그러워도 된다고 봐. 경어를 못 하는 사람
　　　= 쓸모없는 녀석이라고 할 것까지는 없잖아? 경어에 대해서.
　　　어쩌면 (경어를 못 해도)일을 엄청 잘 할 수 있는 사람일지도
　　　모르고.

A01fA03m　아하.

A02f　경어를 좀 사용할 줄 모른다는 것만으로.

A03m　어렵지 않아? 어떻게 해야 할지(라는 질문 사항은)?

A01f　그럴 수밖에. 확실히, 방금 말한 것처럼 좀 더 너그럽게, 너그럽
　　　게라는 것도 이상하지만, 그런 점도 생각하는데.

A02f　이렇게 다 큰 뒤에 경어, 경어 할 거면 좀 더 어렸을 때부터
　　　영어, 영어 할 게 아니라 일본어, 경어를 시키는 게 좋을 거
　　　같아.

[049A]

A02f　敬語に縛られすぎてしゃべれないというのもあるから、そ
　　　れもどうかと思う。だから絶対にあるべきなんだけど、
　　　もっとみんなが敬語に関して寛容でもいいと思う。敬語が
　　　できない、イコール、使えないやつとかまでじゃなくても

いいじゃない↑ 敬語に対して。もしかしたら、(敬語ができ
なくても)すっごい仕事ができるやつかもしれないし。

A01fA03m ああ。

A02f 敬語がちょっと使えないっていうだけで。

A03m 難しくない↑ どうあるべきかって(という質問事項は)。

A01f 必然。確かに、今言ったみたいにもう少し寛容、寛容って
のも変だけど、そういうのも思うけど。

A02f こんな大きくなってから敬語敬語と言うなら、もっと小さい
ころから英語英語じゃなくて日本語、敬語をやらせればいい
と思う。

A02f는, [045A]에서는 자신도 말로 사람을 판단하는 것 같다고 하면서
도, [049A]에서는 경어에 대한 평가는 좀 더 너그러워도 좋을 것 같다고
하고 있다. 그러나 A01f의 발언부터 [049A]의 대화는 다시 경어를 익히
는 쪽으로 중심이 이동한다. A01f는 대화중에 아래와 같이 이야기하며
경어 사용을 적극적으로 평가하고 있는 학생이다.

[050A]

A01f 뭐랄까, 나는 중고등학교에서 경어를 확실하게 배웠던 상황이
라, 대학입시 면접이라든가 아르바이트는 별로 고생을 안 했고
인상도 좋았어. 제대로 된 언어를 사용할 줄 아는군, 그렇게
느끼는 것 같았어. 그래서 배울 땐 힘들었지만 경어를 배워두
길 잘했다고 생각했어.

[050A]

A01f なんか、うちは中高でしっかり敬語を習ってた分、大学入試
の面接とかバイトは苦労が少なかったし、印象がいい。

ちゃんとしたことば遣いができるね、みたいな。
だから厳しかったけど、敬語を習っておいてよかったと
思った。

　학생에 따라, 경어의 인물 평가 측면을 받아들이는 학생과, 받아들이
지 않을 수 없다고 생각하면서도 저항을 느끼는 학생이 있다. A02f나
D10m, D11m은 경어에 의한 인물 평가에 비판적인 면도 갖고 있기 때문
에, 경어가 없었다면 하고 가정하는 이야기에도 호의적인 자세를 나태
내고 있다.

[051A]

A03m　(경어가 없으면)큰일날거야. 모두 거리낌 없겠지. 천황(天皇)
　　　　도 거리낌 없이 대할 거야.

A02f　하지만 경어가 없어지면, 거리낌 없다는 개념도 없어지잖아.

A03m　아, 그런가?

A02f　그건 그 나름대로 편할지도 모르지.

[051A]

A03m　(敬語がなければ)大変でしょ。みんなフランクでしょ。天皇
　　　　もフランクだよ。

A02f　でも敬語がなくなったら、フランクって概念もなくなる
　　　　じゃん。

A03m　ああ、そうか。

A02f　それはそれで楽かもね。

[052D]

D11m　만약 처음부터 없다고 하면, 그 편이 낫지 않아? 경어를 쓸 줄

모르는 사람은 쓸모없는 녀석이라는 것 같은 말도 없을 테니.

D10m 그러네.

[052D]

D11m もしかしたら、最初からないとしたら、そのほうがよくない↑ 敬語を使えないのはだめなやつみたいなのもないから。

D10m そうだね。

[053D]

D10m (경어가 없으면) 입학하고 바로 「어이, D10m(경칭 없이 이름만으로)」이라고(후배가 인사를 할 거야).

D11m 맞아 맞아. 하지만 나는 그래도 괜찮다싶고, 경어가 없는 편이 오히려 빨리 친해지는 느낌이 들어. 처음부터 없는 편이.

[053D]

D10m (敬語がなければ)入学してすぐ「よう、D10m(名前呼び捨て)」って(後輩から挨拶される)

D11m そうそう。でもおれはそれでもいいと思ってるし、逆に敬語がないほうが、はやく打ち解けられる気がする。最初からないほうが。

[054D]

D10m 어디선가 경어를 확 리셋(reset)하면. 일본에서.

D11m 무리일 텐데.

D10m 절대적으로 무리라고 봐. 경어사용금지법 같은 건.

D11m 이 날은 경어를 사용하지 않아도 된다고 하는 요일을 정해 주고, 수요일은 경어 안 쓰는 날처럼 해서, 그런 날로 익숙해져가게 서서히.

[054D]

D10m どこかでスパッとリセットしたら、敬語。日本で。

D11m 無理だろうけどね。

D10m 絶対無理だと思う。敬語使用禁止法みたいな。

D11m この日は敬語を使わなくてもいいという曜日を決めてもらって、水曜はNON敬語デーみたいにして、その日で慣れていって徐々に。

그룹 D에서는 다른 그룹보다도 경어의 필요성 유무에 관하여 시간을 할애해서 이야기를 나누었다. 그러나 그 결과 [054D]에서 D11m이 이야기하듯 경어가 없는 세상은 「무리」이지만, 요일에 따라 서서히 줄여갈 수는 없는가하는 구체적인 안도 제시되고 있다. 무리라고 해서 단념해 버릴 수 없는 심정이 표명되어 있다.

앞날을 생각했을 때, 교육의 충실을 바라는 의견이 많이 나왔다. 그 배경에는 경어를 잘 사용하지 못하는 원인은 학교교육에도 있다고 하는 생각이 보인다.

[055A]

A02f (경어 교육을) 좀 더 어렸을 때부터 하면 좋겠어. 초등학교 때부터 라든지.

A01f 하지만 (자신들이 익혀 온 경어는) 고전이 가장 많잖아.

A02f 실제로 사용할 수 있느냐 하면, 그런 수업 하지 않잖아.

A01f 지식으로 알고 있거나, 나중에 듣거나, 텔레비전에서 보기는 하지만.

A02f 좀 더 배우고 익혀야 할 것 같아. 원어민조차도 이렇게 모르니 말이야.

[055A]

A02f (敬語教育を)もっと小さいころからやればいいんだよ。小学校のときとかから。

A01f だって、(自分たちの身につけてきた敬語は)古典というのが一番大きいじゃん。

A02f 実践で使えるかというと、そんな授業してないじゃん。

A01f 知識で知っているとか、あと聞いたり、テレビで見たりとかはあるけど。

A02f もっと学習として。ネイティブさえこんなにわかんないんだからさ。

[056A]

A02f 경어 책 같은 교과서가 있으면 좋겠어. 경어만 있는 책 같은 거. 말하는 법의 예가 잔뜩 적혀 있고. 영어 수업처럼. 읽어 가며, 롤 플레이 한다든가 하는.

A01f 아, 경어 롤 플레이. 아마, 재미있는 수업 같은 건 없을 걸. 자연스럽게 입에서 나올 정도의.

A02f 모두 생각해서 말하는 수준이니까.

A01f 실천적인 수업이 없는 거네. 좋잖아, 롤 플레이.

[056A]

A02f 敬語本みたいな教科書みたいのがあればいいじゃん。敬語だけの本みたいな。言い方の例とかバーッと書いてあって。英語っぽい授業で。読んでいって、ロールプレイするとかって。

A01f ああ、敬語のロールプレイ。確かに、面白い授業とかってないよね。自然と口から出るぐらいの、

A02f みんな考えていうレベルだから。

A01f 実践の授業がないんだよね。いいじゃん、ロールプレイ。

[057D]

D10m 사용법이라든가, 실천적인, 이런 장면에서는 이렇게 하라고 하는 것도 실으면 좋겠어.

D11m 수업에서 1시간, 경어 수업을 받게 해. 그 정도 해주지 않으면, 사회에 나가서 갑자기 사용할 수 없고 이해도 못해. 그래도…… 이 (지금의 교육 내용)정도가 좋은 건가.

[057D]

D10m 使い方とか、実践的な、こういう場面でというのも載っけてほしいよね。

D11m 授業で1時間さ、敬語という授業をとってもらって。それぐらいやってもらわないとさ、社会に出て急に使えないし、わからないよね。でも……これ(今の教育内容)ぐらいがいいのかな。

또한, 그런 경어 교육은 학교뿐 아니라 가정에서도 행해져야한다는 의견도 내놓았다.

[058C]

C07f 거기(중학교 동아리)에서 (경어 사용을)안 하게 되면, 경어가 없어져. 나중엔 가성에서 가르질 거야.

C08f 하지만 요즘 경어를 못 쓰는 부모가 많잖아.

[058C]

C07f そこ(中学校の部活)で、(敬語の使用が)なくなったら、敬語がなくなる。あとは家庭で教える。

C08f でもいま親ができない親が多いじゃん。

[059A]

A01f 학교도 그렇지만 가정에서도 확실히 해야만 해.

A02f 자, 지금부터는 어렸을 때부터 일본어를 확실히 해서, 지금의
아이들이 부모가 될 무렵에는, 부모도 사용할 수 있고 아이들
도 사용할 수 있다고 하는 선순환이 되게 해야지.

A01f 평소에 가정에서 사용하라는 건 아니지만, 가정에서 제대로 가
르칠 것. 부모가 사용할 수 없다면.

A03m 아이도 절대로 못 쓰지.

[059A]

A01f 学校もそうだけど、家庭内でもしっかりやっていかない
と。

A02f じゃあ今からは小さいときから日本語をしっかりやって、
今の子が親になるころは、親も使えるし子どもも使えるっ
ていういい循環。

A01f ふだんから、家庭内で使えというものじゃないけど、家庭
内でちゃんと教えること。親が使えてないと。

A03m 子どもも絶対使えないよね。

다만 대화 내용을 보면 [059A]에서는 경어를 올바르게 사용하기 위해
서는 가정교육도 중요하다고 하면서도, A01f는「가정에서 사용하라는
것은 아니다」라고도 하고 있다. 그리고 가정에서의 충실한 교육은「요
즘 아이들이 어른이 될 무렵」에 완성된다는 이야기이고, 자신들이 현실
적으로 가정을 가졌을 때는 어떠한 가정교육을 할 것인가 하는 이야기
는 언급하지 않고 있다. 그렇기 때문에 현실적이지 않은 이상론의 전개
에 머무르고 있다. 학교에서의 경어교육에 대하여 구체적인 안을 가지
고 열심히 논의하는 것에 비해, 가정에서의 교육은 그다지 언급되지 않

고 있다. 가정에서의 경어교육은 각자도 받았던 적이 거의 없어, 구체적
인 이미지나 문제점이 떠오르지 않기 때문일 것이다.

마지막으로 학생 개인이 아니라 나라 전체적으로 향후 경어 사용이
어떻게 될까하는 의견을 소개한다.

> [060D]
> **D10m** 경어는 사회에 나가면 쓰지 않으면 안 되지만, 가족 간에는 안
> 써도 되는 것 같아.
> **D11m** 존속할 건 존속해야지. 메리트는 있으니까. 능숙하게 사용할
> 수 있으면, 오, 경어 쓸 줄 아네, 라는 식의 평가도 받고.
> **D10m** 지식으로 넣어 둬라, 실천할 수 있도록 해 둬라. 라는 것 같아.
> 다만 막상 실제로 사용하게 되느냐하면, 사용할 수 없게 되지.

> [060D]
> **D10m** 敬語は社会に出たら、使わないといけないけど、身内の中
> では使わなくてもいいみたいな、
> **D11m** 存続は存続だよね。メリットはあるからね。上手に使えれ
> ば、お、敬語使えるな、みたいに評価されるし。
> **D10m** 知識として入れとけ、実践として使えるようになっておけ
> みたいな。ただ、実際に使っていくかとなると、使われな
> くなっていくね。

경어가 장차 줄어들 것이라는 의견은 여러 사람에게서 들었다. 그러
나 현 단계에서는 경어가 사용되고 있고, 사회인으로서 평가를 받기 위
해 경어를 익혀야만 한다는 의식이 강하다. 학교교육에서 좀 더 실천적
인 경어 교육이 이루어진다면, 경어를 좀 더 능숙하게 사용할 수 있을

것이라는 기대가 크다는 것을, 다양한 수업안이 나온 것에서 느낄 수
있었다.

:**4**: 맺음말

이번의 대학생·대학원생 11명의 대화에 의한 의식조사에서 다음과
같은 사실을 알게 되었다.

1. 현재 경어 사용은 학교가 중심이고, 선생님께는 존경어와 겸양어를
   포함한 경어를, 선배에게는 정중어와 「(っ)す」라고 하는 새로운 형태
   의 언어 표현을 사용하고 있다. 다만, 선배에게 쓰는 경어는 소속되어
   있는 그룹에 따라 차이가 나타난다. 또한 초면인 동갑내기나 손아래
   에 대한 경어 사용은 학생에 따라 다르다.
2. 대부분의 가정에서 경어는 쓰지 않고, 가족 간에 경어를 사용할 때는
   의도적인 전략으로 이용되고 있다.
3. 습득에 관해서는, 학생들은 중학교 이후의 동아리 활동이나 아르바이
   트 경험 등 실천을 통해 경어를 익혀왔다는 의식이 강하고, 교과교육
   이나 가정교육은 경어 습득과 그다지 관계가 없다고 생각하고 있다.
4. 경어 사용에 관해서는, 사회인 입장이 되면 사용하는 기회가 늘 것이
   라고 생각하고 있다. 경어는 인물을 평가하는 하나의 기준으로 이용
   되고 있다는 것과 비즈니스 현장에서 사용되는 경어를 잘 모른다는
   것 등에 불안을 느끼고 있다. 학교에서의 경어 교육은 개선이 필요하
   다고 생각하고 있다.

5. 한편, 경어로 인물을 평가하는 것에 저항을 느끼는 학생도 있어, 조금
   씩이라도 경어의 부담이 줄어드는 것을 기대하는 목소리도 들렸다.

參考文獻

井出祥子(2006) 『わきまえの語用論』大修館書店

尾崎喜光(2000) 「話し言葉の用例探し」「日本語学」vol.19-6、明治書院

尾崎喜光(2002) 「新しい丁寧語「(っ)す」」『男性のことば・職場編』ひつじ書房

文化庁文化部国語課(1996) 『世論調査報告書 平成7年度 国語に関する世論調査』

文化庁文化部国語課(2000) 『世論調査報告書 平成11年度 国語に関する世論調査 言葉遣
　　　い・国際化時代の日本語』

文化庁文化部国語課(2001) 『世論調査報告書 平成12年度 国語に関する世論調査 家庭や
　　　職場での言葉遣い』

文化庁文化部国語課(2008) 『世論調査報告書 平成19年度 国語に関する世論調査 日本人
　　　の国語力と言葉遣い』

文化庁　HP　http://www.bunka.go.jp/kokugo_nihongo/yoronchousa/index.html
　　　(09/01/15 参照)

일본어의 모어의식과 언어의식

제**3**부

조사보고

일본어의 모어의식과 언어의식

4개 언어의 언어관

: 1 : 조사의 동기와 방법

　「일본어는 아름답다」고, 극히 당연한 사실처럼 말한다. 2009년 3월에
실시된 문화청 문화부 국어과의 「2008년도 일본어에 관한 여론조사」에
서는 첫 질문이 「당신은 매일 사용하고 있는 일본어를 소중하게 생각하
고 있습니까?(이하 생략)」라는 것이었는데, 그 이유의 선택지 다섯 번째
항목에 「일본어는 아름다운 언어라고 생각하니까」를 예로 들고 있다.
두 번째 설문은 「당신은 『아름다운 일본어』라는 것이 있다고 생각합니
까? 아니면 없다고 생각합니까?」이다. 그 결과 「있다고 생각한다」 87.7%
「없다고 생각한다」 2.5%로, 압도적으로 다수의 일본인이 「아름다운 일
본어」가 있다고 대답했다. 「일본어가 아름답다」고 대답하는 것과 「아
름다운 일본어」가 있다고 대답하는 것은 의미가 다르기 때문에 동일시
하기는 어렵지만, 일본어에 대해서 「아름다운」 언어라고 생각하는 사람
이 그렇지 않은 사람보다 훨씬 많다는 것을 이번 조사 결과를 통해서도
알 수 있다.
　한편, 일본어를 배우는 외국인에게 「일본어는 어렵죠?」「어려워서

힘들겠어요」라며 동정을 하는 사람이 많다는 것은 유학생 몇 명에게 물어만 봐도 바로 알 수 있다. 「아름답다」나 「어렵다」는, 일본인의 일본어관(日本語觀)에 커다란 부분을 차지하고 있다고 할 수 있는 것이다.

그러면 다른 언어에 대해서 그 언어를 모국어로 하는, 또는 모국어에 가까운 관계에 있는 사람들은 어떠한 언어관을 갖고 있을까. 한국어를 모국어로 하는 사람들도 「한국어는 아름답다」고 할까? 중국어를 모국어로 하는 사람들도 「중국어는 어렵다」고 대답할까?

이러한 문제의식에서 일본어 · 영어 · 한국어 · 중국어 네 개 언어에 대한 언어관 조사를 실시했다. 중국어는 한족과 소수민족간의 의식 차이가 예상되므로 베이징시와 우한시(武漢市) 두 곳의 대학에서 실시했다. 원래는 사회인을 대상으로 해야 보다 바람직한 결과를 얻을 수 있겠지만, 네 개 언어에 대해서 각각의 사회인을 대상으로 하는 조사는 우리 힘으로는 감당키 어려워 대학생을 대상으로 실시하게 되었다.

대학생이라도, 언어학이나 모국어 연구를 전공으로 하는 학생과 자연과학이나 사회과학 등 언어가 전공이 아닌 학생과는 언어관에도 차이가 있을 것으로 예상되기 때문에 언어학 · 외국어 교육 · 언어교육 등의 전공자를 제외한 학생, 더 나아가 대학에서 언어에 대한 지식을 교육받기 전의 학생, 즉 대학 신입생을 대상으로 하게 되었다.

많은 사람의 언어관을 알기 위해서는 경제적 · 시간적 이유에서도 앙케트 조사가 적당하겠지만, 대면해서 직접 듣는다 해도 솔직한 결과를 얻기는 힘들 것이다. 모국어에 관해 시간을 두고 생각한 결과를 듣는 것이 아니라, 순간적으로 떠오르는 인상이나 감상을 그 자리에서 답하는 것이 솔직한 언어관을 파악하기에는 효과적이라고 생각했다.

그 때문에, 설문은 「일본어라는 말을 듣고 떠오르는 것 다섯 가지를 적어주세요.」라는 한 문제만 내고, 5~10분 이내로 작성하게 해서 바로 그 자리에서 회수하는 방법을 취했다.

일본어 · 한국어 · 중국어의 언어관 조사에 임해서는, 각각의 대학 수업 시작 전에 담당교수에게 5~10분 정도의 시간을 할애 받아 그 자리에서 실시했다. 뉴질랜드에서는 대학 내에서 일제히 실시하는 것이 어려웠기 때문에 아르바이트 학생을 고용해서 대학 정문이나 기숙사 근처 등에서 개별적으로 용지를 배포하고, 그 자리에서 회수하는 방법을 취했다. 그 결과, 일본어 · 한국어 · 중국어 조사가 대학 신입생을 대상으로 이루어진 것에 비해 뉴질랜드에서는 대학생의 학년 폭도 넓고, 또 대학생이 아닌 사람이 답변을 한 경우도 있었다.

:2: 조사의 처리에 대해서

조사의 처리에 대해서는 아래의 일본어 조사를 예로 들어 설명하기로 한다.

표1은 피조사자 A부터 E까지 5명에게서 받은 답변이다. A부터 E의 학생이 일본어에 대해서 5개씩 적은 것을 표로 만들었다. 5개씩 적은 답변의 합계가 「총회답수」이다. 우선, 이 표의 어구를 검색해서 수치화한다. 검색할 어구 A에서 보면, 「히라가나(ひらがな)」「가타카나(カタカナ)」「어렵다(難しい)」「의성어(擬音語)」「많다(多い)」「예쁘다(きれい)」의 6개 단어이다. 이렇게 각 답변자가 대답한 어구를 검색해서 많은 어구부터 나열한다. 이 때, 표기의 차이는 문제 삼지 않는다. 즉, 「한자표기(예: 片假名)」나 「히라가나 표기(예: かたかな)」나 「가타카나 표기

(예 : カタカナ)」라도 가리키는 내용은 같은 것이므로 동일어구로서 처리한다.

그 결과 「어렵다(難しい)」가 가장 많은 수치를 나타내고 있지만, 그것이 곧 일본어가 어렵다는 대답이 가장 많다는 것은 아니다. 여기에서는 모든 답변 가운데 「어렵다」는 말이 가장 많이 사용되고 있다는 것을 알 수 있을 뿐, 모두가 「일본어가 어렵다」고 대답한 것은 아니다. 즉, 화살표 ①과 같이 A는 「어렵다」라고 대답했지만 C의 화살표 ③은 「억양」이 어렵다고 하고, D의 화살표 ⑤는 「경어」, ⑥은 「발음」이 어렵다고 답변했으므로 C · D가 일본어 전부가 어렵다고 대답한 것은 아니기 때문이다.

여기서, 다음으로 무엇을 어렵다고 응답했는지가 문제가 된다. 그에 앞서 답변내용을 분야별로 나누어 정리할 필요가 생긴다. ⑧의 「후지산」이라는 인상을 쓴 것과 ④처럼 「가타카나 · 한자」 등 일본어를 언어로 인식해서 답변한 것과, 「어렵다」, 「예쁘다」 등의 일본어를 종합적인 속성으로써 말한 것 등 분야를 나누어서 정리할 필요가 있다.

이를 위해 이하 각 언어에 대해서 어구별 정리와 분야별 정리로 나누어 기술하겠다.

또한, 앞으로의 글 가운데 「44 코멘트」, 「코멘트 수」와 같이 기재하는 것은 검색으로 얻어진 어구의 숫자이다.

표1 일본어에 대한 앙케트 결과표

조사 년월	피조사자	연령	앙케트 결과
08년 4월	A	18	히라가나(ひらがな)
			가타카나(カタカナ)

			어렵다(難しい)	← ①
			의성어가 많다	
			예쁘다(きれい)	
08년 4월	B	19	공손하다(丁寧)	
			표현이 가장 상세하다	
			애매한 표현이 많다	
			아마 세계에서 가장 어려운 언어일 것이다	← ②
			독창성이 풍부하다	
08년 4월	C	18	일본인이 사용하는 공용어	
			번거로운 표현이 많다	
			억양이 어렵다	← ③
			감정을 나타내는 단어가 풍부하다	
			히라가나, 가타카나, 한자의 조합이 어렵다	← ④
08년 4월	D	18	영어보다 모음이 적다	
			경어가 어렵다	← ⑤
			사투리가 있다	
			발음이 어렵다	← ⑥
			늘 쓰는 자신들도 잘못 사용할 때가 있다	
08년 4월	E	18	외울 것이 많아서 어렵다	← ⑦
			한자(漢字)	
			히라가나(ひらがな)	
			가타카나(カタカナ)	
			후지산(富士山)	← ⑧

일본어의 모어의식과 언어의식

일본인 대학생의 일본어관(日本語觀)

도바리 기미요
(戸張 きみよ)

:1: 조사

조사대상 : 수도권 A대학 언어·외국어 전공 이외의 1학년 300명

조사시기 : 2008년 4월~5월

조사방법 :「일본어라는 말을 듣고 떠오르는 것 다섯 가지를 적어주세요.」
라는 설문에 답변을 받는다.

총답변수 : 1420개

보충조사

조사대상 : 수도권 A대학 1학년 학생 130명

조사시기 : 2009년 1월

조사방법 :「일본어의 어떤 점이 어려운가?」라는 설문에 답변을 받는다.

: 2 : 정리 (어구별)

답변으로 받은 어구를 자료 전체에서 검색하고, 어떤 내용이 많은지 조사한다. 답변이 많은 순서대로 20위까지를 [표1]로 나타낸다.

「일본어라는 말을 듣고 떠오르는 것 5가지를 적어주세요.」라는 질문에 대해서 A대학 1학년 학생 300명은 한 개 단어로 답변한 경우가 많았다. 그 중에서 1위는 답변자의 절반이상을 차지한 「어렵다(難しい)」였다. 2위 이하 20위까지를 보면, 그 가운데 15개 항목은 언어에 관한 어구가 차지하고 있다. 순위로 나타내면 2, 3, 4, 6, 8, 9, 11, 12, 14부터 20위까지이다. 요컨대, 일본어라는 말을 들으면 왠지 언어에 관한 것을 떠올리는 경우가 많다는 것이다. 그 내용으로는 한자(漢字), 히라가나(ひらがな), 가타카나(カタカナ)와 문자표기에 관한 코멘트가 2위에서 4위를 차지하고 있다. 히라가나와 가타카나 등 표기의 종류가 여러 개인 것은 답변마다 표기가 다르기 때문이다.

다음으로, 1위인 「어렵다(難しい)」이외의 속성을 보면 7위에 「많다(多い)·많이(たくさん)」, 10위에 「복잡하다·까다롭다(ややこしい)」가 있다. 많은 답변자가 일본어에 대해 「어렵다(難しい)·복잡하다」와 같은 생각을 갖고 있는 것을 알 수 있다. 또 「소리가 예쁘다(音がきれい)」「아름다운 일본어」 등 일본어 속성으로서의 「아름다움」을 든 것은 13위였다.

표1 A대 학생의 일본어관 어구별 정리

순위	어 구	코멘트 수
1	어렵다(難しい)	155
2	한자(漢字)	144
3	히라가나(ひらがな)·히라가나(平仮名)	135
4	가타가나(カタカナ)·가타가나(片仮名)·가타카나((かたかな)	104
5	일본·일본인	85
6	단어	84
7	많다(多い)·많이(たくさん)	70
8	경어·존경어·겸양어·정중어	67
9	국어	66
10	복잡하다·까다롭다(ややこしい)	49
11	언어	43
12	사투리	38
13	아름답다(美しい)·예쁘다(きれい)	36
14	영어	35
15	모국어·모어(母語)	34
16	표현	32
17	문자	32
18	말하다	27
19	일본어	26
20	의미	26

:3: 정리 (분야별)

다음으로는 「어렵다(難しい)」나 「복잡하다」 등 단어에 의한 정리가 아니라, 그것의 속성이 무엇에 대한 것인가를 구별하면서 분석한다. 즉, 답변 전체를 살펴보고 A. 국가·민족 등을 의식해서 적은 코멘트, B.

언어 자체로 분류하는 방향의 것, C. 문화로서 파악하는 것, D. 종합적인
속성을 말한 것, E. 습득면, 이상 다섯 개로 분류해서 답변한 글이나
어구를 보다 실체에 가깝게 접근해 보기로 한다. A에서 E까지 분야별로
정리해서 [표2]로 나타낸다. 비율은 전체 답변자 가운데에서 차지하는
비율을 나타낸다.

표2 A대 학생 일본어관 분야별 세부항목

	5 분류	세목	코멘트수	비율 %
A	국가 · 민족	① 일본인	44	14.7
		② 일본	41	13.7
		③ 긍지	3	1.0
B	언어	① 문자 · 한자 · 히라가나(ひらがな) · 가타카나(カタカナ) 등	311	100.4
		② 국어 · 모국어 등	126	40.2
		③ 말(ことば)	84	27.6
		④ 경어	67	22.3
		⑤ 음성	48	16.6
		⑥ 사투리 · 간사이(關西) 방언 등	43	14.3
		⑦ 영어 · 중국어 등	41	13.7
		⑧ 문법	39	13.0
		⑨ 표현	35	11.7
		⑩ 의미	26	8.7
		⑪ 표준어	4	1.3
C	문화	① 인사 · 오하요(おはよう, 아침인사) · 곤니치와(こんにちは, 점심인사) 등	63	21.0
		② 역사 · 전통 · 헤이안(平安)시대 등	36	12.0
		③ 스시(寿司) · 튀김(天麩羅) · 차 등	32	10.7
		④ 단가(短歌) · 하이쿠(俳句) · 겐지모노가타리(源氏物語) 등	27	9.0

		⑤ 문학	16	5.3
		⑥ 그 외 [벚꽃(桜)·기모노(着物)·후지산(富士山) 등]	15	5.0
D	언어의 속성	① 어렵다(難しい)	127	42.3
		② 복잡하다·까다롭다(ややこしい)	60	20.0
		③ 아름답다(美しい)·예쁘다(きれい)·멋있다(すばらしい)	27	9.0
		④ 애매하다(あいまい)	19	6.3
		⑤ 독특하다·독창성·특수하다 등	18	6.0
		⑥ 깊다(深い)	8	2.7
E	습득	① 어렵다(難しい)	14	4.7
		② 공부·학습 등	13	4.3
		③ 쉽다(やさしい)·간단하다	3	1.0

A. 일본어를 국가·민족의 관점에서 답변한 것

① 일본인에 관한 것 : 44코멘트 / 14.7%

「일본인」28 1:, 「사용하는 민족은 일본인뿐」9, 「일본인이 사용」3, 「일본인의 기초언어」2, 「일본인이라도 어렵다」2.

② 일본에 관한 것 : 41코멘트 / 13.7%

「일본」15, 「아름다운 일본」5, 「일본의 전통」5, 「일본 독자적인 것」4, 「일본에서밖에 이야기되지 않는다」5, 「일본의 문화」4, 「옛날 좋았던 시절의 일본」3.

③ 「긍지」: 3코멘트 / 1.0%

「긍지」2, 「다른 나라에 자랑할 수 있다」1.

1: 「일본인」28은 「일본인」이라고 쓴 코멘트가 28개라는 의미.

「일본 독자적이다」,「일본밖에 없는」,「일본인만 사용한다」 등, 일본어는 일본에서 일본인이 사용하는 것이라고 인식하고 있는 반면에, 그것을 긍지로 생각한다는 대답은 적었다.

B. 일본어를 언어의 관점에서 답변한 것

① 문자에 관한 것 : 311코멘트 / 100.4%

「한자(漢字)」86,「히라가나(ひらかな)」73,「가타카나(かたかな)」48,「문자(文字)가 많다」28,「한자, 가타카나, 히라가나의 사용구별이 복잡하다」13,「히라가나, 가타카나, 한자가 많아서 어렵다」10,「한자, 가타카나, 히라가나 등 외울 단어가 많다」9,「한자, 히라가나, 가타카나를 구별해서 쓴다」7,「한자, 히라가나, 가타카나 등 문자의 종류가 많다」7,「읽는 법」6,「문자」5,「서도(書道)」5,「오십음(五十音)」5,「오쿠리가나(送りがな)」4,「한자는 의미가 있다」3,「한자, 가타카나, 히라가나가 있어 대단하다」1,「히라가나, 가타카나, 한자가 있어 귀찮다」1. 이상 합계 311개에 달하는 코멘트가 나왔다. 이번의 피조사 그룹에서는 일본어와 문자의 연결이 대단히 강하게 의식되고 있음을 알 수 있다.

② 국어 · 모국어에 관한 것 : 126코멘트 / 40.2%

「국어」66,「모국어」26,「일본어」24,「모어(母語)」7,「국어 선생님」3,「국어 교과서」1,「모국어라도 어렵다」1,「일본어를 소중히 해야 한다」1,「일본어 운용 능력시험」1, 한 때 붐이 일었던 도서명인「소리 내어 읽고 싶은 일본어」라고 답변한 경우도 1개 있었다.

③ 말에 관한 것 : 84코멘트 / 27.6%

「말」66, 「말을 생략한다」7, 「말의 양이 많다」5, 「라누키고토바
(ら抜きことば)」[2:] 4, 「젊은이들이 쓰는 말」3, 「새로운 말이 많이
생긴다」2, 「단축」1.

「라누키고토바」 「새로운 말이 많이 생긴다」 「말을 생략한다」
등 현재의 언어상황에 대한 코멘트를 볼 수 있다.

④ 경어에 관한 것 : 67코멘트 / 22.3%

「경어」43, 「존경어」4, 「겸양어」3, 「정중어」3, 「경어가 어렵다」5.
「경어를 비롯한 말의 표현이 어렵다」2, 「경어 등 말하는 사람
(듣는 사람?)에 따라 다르다」[3:] 1, 「연장자를 공경한다(경어표현)」
1, 「경어 등 사람들과의 화합을 중시하는 언어」1, 「경어가 엄격하
다」1, 「존경어, 겸양어 등 경어표현이 복잡하다」4, 「정중어, 경어
가 많다」1.

경어의 종류를 열거한 것, 어렵다는 것, 결국 경어를 복잡하다
고 생각하는 코멘트가 많았다.

⑤ 음성에 관한 것 : 48코멘트 / 16.6%

「말하다」19, 「발음」11, 「발음이 어렵다」4, 「억양」4, 「다양한
말투」2, 「말투에 따라 변한다」2, 「발음이 단순하다」2, 「악센트」2,
「억양으로 의미가 변한다」2.

⑥ 사투리에 관한 것 : 48코멘트 / 14.3%

「사투리」22, 「사투리가 많다」12, 「사투리에 의한 차이가 크다」
4, 「간사이(關西) 사투리」3, 「교토(京都) 사투리」2.

2: ら抜きことば : 원래 〈~られる〉 형의 가능 조동사에서 〈ら〉를 뺀 말. ex)
食べられる→食べれる

3: 코멘트 가운데의 (　)는 답변자가 기입한 것. 이하 같음

⑦ 외국어에 관한 것 : 41코멘트 / 13.7%

「영어」34, 「중국어」5, 「영어와 달라서 문장을 끝까지 읽고 들어야만 한다」1, 「조선어」1. 이중에서 「영어」라는 답변이 34개나 되는 것은 학생들의 언어에 대한 의식 가운데 영어에 관한 관심이 크다는 것을 나타내는 것이다.

⑧ 문법에 관한 것 : 39코멘트 / 13.0%

「문법」21, 「문법이 어렵다」7, 「서술어」4, 「조사」2, 「구조가 어렵다」2, 「문법이 복잡하다」2, 「서술어가 뒤에 나온다」1.

⑨ 표현에 관한 것 : 35코멘트 / 11.7%

「표현이 풍부하다」9, 「표현이 상세하다」7, 「애매한 표현이 많다」6, 「표현의 폭이 넓다」4, 「자신을 표현할 수 있는 언어」3, 「애매한 감정 표현이 가능하다」3, 「번거로운 표현이 많다」2, 「자유로운 표현」1.

표현에 대해서는 「넓다」 「자유」 「풍부하다」 등 긍정적인 코멘트와 「애매하다」 「귀찮다」 등 부정적인 코멘트로 나눌 수 있다.

⑩ 의미에 관한 것 : 26코멘트 / 8.7%

「같은 말이라도 의미가 다양하다」7, 「같은 의미라도 표현의 종류가 많다」7, 「표현에 따라 의미가 달라진다」5, 「의미의 범위가 넓다」3, 「여러 가지 의미가 있다」2, 「숨은 의미가 있다」2.

의미에 관해서는 말의 지닌 의미의 폭과 다양성에 대한 코멘트를 볼 수 있다.

⑪ 표준어 · 공통어에 관한 것 : 4코멘트 / 1.3%

「공통어」3, 「표준어」1.

C. 일본어를 문화의 관점에서 답변한 것

① 인사에 관한 것 : 63코멘트 / 21.0%

「오하요(おはよう)(아침인사)」15, 「곤니치와(こんにちは)(오후인사)」13, 「아리가토(ありがとう)(감사인사)」9, 「인사(あいさつ)」8, 「곰방와(こんばんは)(밤인사)」5, 「예의(礼儀)」5, 「사요나라(さようなら)(헤어질 때 인사)」4, 「잘 먹겠습니다(いただきます)」4, 등 평소 자주 사용해서 귀에 익은 인사말을 열거한 것이 대부분이다.

② 역사에 관한 것 : 36코멘트 / 12.0%

「역사」8, 「헤이안(平安) 시대」6, 「일본의 전통」5, 「문화」5, 「전통」5, 「일본 문화」4, 「시대」2, 「일본사(日本史)」1.

③ 음식에 관한 것 : 32코멘트 / 10.7%

「스시(寿司)」15, 「차(茶)」8, 「튀김(天麩羅)」3, 「낫토(納豆)」3, 「스키야키(すき焼き)」2, 「와사비(わさび)」1, 등, 일본의 대표적인 음식 등을 열거했다.

④ 고전에 관한 것 : 27코멘트 / 9.0%

「하이쿠(俳句)」9, 「단가(短歌)」6, 「고어(古語)」4, 「무라사키 시키부(紫式部)」3, 「겐지모노가타리(源氏物語)」2, 「세이 쇼나곤(淸少納言)」1, 「고문(古文)」1, 「한문(漢文)」1 을 각각 단독으로 열거했다. 모두 중학교, 고등학교 고전수업에서 학습한 내용이다.

⑤ 문학에 관한 것 : 16코멘트 / 5.3%

「문학」이라고만 답변한 것이 16개였다.

⑥ 그 외 : 15코멘트 / 5.0%

「사쿠라(桜)」5, 「후지산(富士山)」3, 「사무라이(侍)」3, 「기모노

(着物)」2, 「가부키(歌舞伎)」1, 「도쿄(東京)」1, 등, 일본의 대표적
인 풍물로 답변했다.

D. 일본어 전반에 걸쳐 그 속성에 대해 답변한 것

① 「어렵다(難しい)」: 127코멘트 / 42.3%

　　「어렵다」119, 「세상에서 가장 어렵다」7, 「애매하고 어렵다」1.

② 「복잡하다」: 60코멘트 / 20.0%

　　「복잡하다」39, 「까다롭다(ややこしい)」10, 「귀찮다(めんどう
だ)」6, 「직접적이 아니고 에둘러 말하는 것이 답답하다(まわりく
どい)」5.

③ 「아름답다(美しい)」: 27코멘트 / 9.0%

　　「예쁘다(きれい)」15, 「멋있다(すばらしい)」4, 「소리가 아름답
다」2, 「울림이 부드럽다(響きがやわらかい)」2, 「아름답다(美し
い)」1, 「표현이 풍부해서 아름답다」1, 「쉽게 친근해진다」1.

④ 「애매하다(曖昧)」: 19코멘트 / 6.3%

　　「애매하다」16, 「애매하고 확실하지 않다」3.

⑤ 「독특하다」: 18코멘트 / 6.0%

　　「독특」8, 「독자적이다(獨自)」4, 「독창성이 있다」2, 「다른 언어에
비하면 특수하다」1, 「특별하다」1, 「고유하다」1, 「특징적이다」1.

⑥ 「깊이가 있다」: 8코멘트 / 2.7%

　　「깊이가 있다」6, 「심오하다」2.

E. 일본어를 습득·학습의 관점에서 답변한 것

① 「어렵다(難しい)」: 14코멘트 / 4.7%

「외우기가 어렵다」7, 「외국인에게는 어렵다」7.
②「공부」: 13코멘트 / 4.3%

「공부」3, 「학습」2, 「습득」2, 「틀리다」2, 「잘못 쓰는 사람이 많다」2, 「배우다」1, 「교과서」1.
③「쉽다(やさしい)」「간단하다」: 3코멘트 / 1.0%

「쉽다」2. 「간단」1.

분류별 코멘트 수 전체를 보면「B. 언어」분야가 824 코멘트로 차지하는 비율은 59.3%이다. 코멘트의 어구로는 문자, 음성, 경어, 문법 등 언어에 관한 다양한 항목을 열거하고 있다. 답변자들이 언어나 어학전공은 아니지만 일본어를 언어학적으로 파악하고 있는 학생이 많다는 것을 알 수 있다. 그 중에서도「문학·한자·히라가나(ひらがな)·가타카나(カタカナ)」를 열거한 코멘트는 311개였지만 이것은 평균적으로, 모든 답변자가 문자(文字)에 관한 코멘트를 하나 이상 제시했다는 것을 가리키며, 응답자들의 문자에 대한 높은 관심을 나타내고 있다.

그 답변 내용을 보면 문자표기가「한자(漢字)·히라가나(ひらがな)·가타카나(カタカナ)」의 세 종류인 것은, 세계적으로 봐도 매우 드문 일인데, 이들 표기를 익혀서 능숙하게 사용하는 것은 쉽지 않은 일이라고 답변했다.

다음으로 일본어라는 말을 듣고「어렵다」는 단어를 떠올리는 학생이 300명 중 50% 이상으로 155명이었다. 그러면 무엇이 어려운가. 언어류의 코멘트(이하「앙케트 코멘트」라고 한다)를 보면「경어·발음·문법·억양·표현」등 모든 분야를 어렵다고 했기 때문에 이것만으로는 무엇이 어려운지 구체적으로 지적할 수 없다.

따라서, 보조 자료로 필자가 담당하는 수업에서 「일본어의 어떤 점이 어려운가」 하는 질문에 답변한 것 (이하 「기술 코멘트」라고 한다)을 소개한다. 답변자는 앙케트 조사를 실시한 것과 같이 A대학교에서 공부하는 1학년 학생 130명으로, 조사 시기는 2009년 1월이다.

「일본어의 어떤 점이 어려운가」의 답변 코멘트를 요약하면 다음과 같다.

- 표현에 애매한 말이 너무 많아서 어렵다.
- 히라가나·가타카나·한자·로마자 등 종류가 많아서 익히기가 힘들다.
- 경어·정중어·겸양어를 완벽하게 구분해서 쓰는 것이 어렵다.
- 문자의 종류도 많고 약간의 뉘앙스 차이로 사용법을 응용해서 효율적으로 사용해야 한다.
- 말꼬리를 애매하게 처리하고 서로의 느낌으로 대화를 이끄는 점.
- 단어·문법·관용구 등 얼마나 있는지도 모르는 언어 전체를 파악하지 못하기 때문에.
- 애매한 언어라서 순서를 바꿔도 뜻이 통한다.

앙케트 코멘트로 나온 다양한 항목과 기술 코멘트 내용을 분석해 보면, 학생들이 일본어를 어렵다고 느끼는 원인이 다양하다는 것을 알 수 있다.

이것은 [표1 A대 학생 일본어관 어구별 정리]에 나타난 것처럼 「많다(多い)·많이(たくさん)」라는 말이 70개의 예가 검색된 것으로도 알 수 있다.

결국, 문자라 해도 한자(漢字)·히라가나(ひらがな)·가타카나(カタカナ)로 세 가지나 되고, 그것을 익히는 것 특히 한자에 대해서 답변한

코멘트인「아직도 모르는 한자가 많이 있다」「모든 한자를 파악하지 못했다」 등으로 보아, 한자 습득에 어려움을 겪고 있음을 알 수 있다. 앙케트 코멘트에 문장으로 답변한 것으로는「히라가나, 가타카나, 한자가 많아서 어렵다」「한자, 히라가나, 가타카나를 가려 쓰는 것이 복잡하다」「히라가나, 가타카나, 한자가 있어서 귀찮다」「한자, 가타카나, 히라가나 등 외울 것이 많다」 등이다. 이상의 내용으로 보아 일본어에 표기법이 세 가지나 되는 점이 어려움의 요인으로 지적되고 있다는 것을 알 수 있다.

이어서, 분류「B. 언어」의 단어에 관한 앙케트 코멘트에서「같은 의미라도 말의 표현이 다양하다」, 반대로「같은 말이라도 많은 의미가 있다」 등에 대한 구체적인 예를 기술 코멘트에서 찾아볼 수 있다.

1학년생 A는 다음과 같은 예를 들어 답변했다.

> (例) 남이 싫어하는 것을 하겠다.
> ⓐ : 남이 싫어할 만한 일을 내가 나서서 책임지고 떠맡자.
> ⓑ : 남이 싫어할 만한 일(괴롭힘의 의미)을 많이 하겠다.
> 이처럼 하나의 표현에 다양한 의미가 포함되어 있는 것이 어려운 점이다.
> 표현자의 의도와는 다른 의미로 상대방이 해석해 버리는 경우도 많을 것이다.

또 다른 학생 B는「일본어를 매일 써도 '이럴 때는 어떤 말을 하면 좋을까' 하고 고민합니다」라고 답변했다. 이런 것을 보면, 매일 일상생활 속에서도 단어의 해석이나 사용법을 고민하고 있다는 것을 알 수 있다. 이에 대해서 하야카와(早川)(2007)는 국어교과서 안에서 그 원인을 찾고, 중학교 문법사항의 양적비율의 변천을 조사·분석하고 있지만 대학생이 일본어를 어렵다고 느끼는 이유가 여기서는 규명되지 않는다. 필자는 교과서의 문법사항만이 아니라 교과서의 내용이나 교수 방법에 문제가 있는 것이 아닌가 생각한다.

따라서, 대학교 1학년생들인 그들이 고등학생 때 배웠던 구두표현의 교수 내용에 대해서 교육출판 『국어표현』의 교과서 목차와 일부 내용을 조사해 보았다.

> 목차   1장 말로 바꾼다
> 　　　　2장 소리의 표현
> 　　　　3장 칼럼을 쓰고, 책을 만든다
> 　　　　4장 말장난과 창작
> 　　　　5장 말과 인간
> 　　　　6장 소논문 · 리포트 작성
> 　　　　7장 회화 · 회의 · 발표
> 　　　　8장 자기와의 대화
> 　　　　9장 세계와의 대화
> 　　　　10장 정보의 바다를 항해한다

10장 중 80%가 문장표현에 관한 교재(敎材)이고, 나머지 2장과 7장, 거기에 9장의 스텝 1만 구두(口頭)표현에 대한 교재이다. 이 구두표현 교재에 대해 좀 더 자세한 내용을 보자.

> 2장   소리의 표현
> 　　　　스텝 1 소리를 내보자 (발성 · 발음)
> 　　　　스텝 2 문자를 소리로 바꾼다
> 　　　　스텝 3 스피치 방법

스텝 4 소리 발표회 「나의 추천 BOOK」

이 스텝에 따라 진행하면, 복식호흡 방법 → 빨리 말하기 → 음독훈련
→ 스피치 준비 → 발표의 순서이다. 이 같은 형식적인 교수 방법만으로
사람들 앞에서 발표하는 것에 자신이 생길지는 의문이다. 다음으로 7장
을 보자.

> 7장 회화·회의·발표
> 스텝 1 회화의 목적과 기능
> 스텝 2 의사결정·합의형성을 위한 회화
> 스텝 3 그룹·프레젠테이션에 도전하자

이 장의 머리말은 다음과 같다.

> 집단을 구성한 개인은 서로의 이해 조정이나 의사결정을 위해서 의논
> 이나 회의를 한다. 그렇지만 대화를 나눈다고 해서 원활한 인간관계가
> 형성되거나 풍부한 발상이 생기는 것은 아니다. 의논이나 회의, 발표는
> 그 목적에 맞게 형태를 선택해야 하고, 회의에 참석하는 사람은 규칙에
> 기초한 공평함과 책임, 효율적인 회의운영을 위한 협력 등이 요구된다.
> 이 장에서는 회화·회의·발표의 실제에 대해 배운다.

목적에 맞춘 형태, 규칙에 기초한 공평함과 책임, 회의운영에 대한
협력과 형태와 마음가짐만이 강조되고 있다. 고교생이 이 머리말을 읽
고 일상에서 사용하는 구두표현을 더 잘하고 싶다는 학습의욕이 생길
수 있을까? 그렇다면, 실제로 학습한 회화·회의·발표가 실생활에 도
움이 될까.

마지막으로 한 스텝뿐이지만 9장을 보자.

9장 세계와의 대화
스텝2 사회와 연결되는 언어 (면접)

학습의 포인트로는 1. 자기PR 2. 화법 전달의 순서 3. 좋은 인상을 주는 화법이 있다.

게다가 다이이치 학습사(第一学習社)의 『국어표현(国語表現)』을 보면 오노 스스무(大野晋), 도야마 시게히코(外山滋比古), 다와라 마치(俵方智) 등이 표현에 대해 쓴 문장의 독해가 대부분이다. 구두표현에 대해서는 「참고」로서 스피치방법 · 대화법이 겨우 세 페이지뿐이다.

이런 교과서를 보면 고등학교 국어 표현으로는 실생활에서 필요로 하는 커뮤니케이션 능력을 익힐 수 없다는 것을 알 수 있다.

다음은 「경어」를 살펴보자. 앙케트 답변에 「경어」를 언급한 것이 67개이다. 그중에 경어를 포함한 코멘트로는 다음과 같은 것이 있다.

「경어를 비롯해 말의 표현이 어렵다」, 「경어 등 말하는 사람(듣는 사람?)에 따라 다르다」, 「윗사람을 공경한다(경어표현)」, 「경어 등 남과의 화합을 중시하는 언어」, 「경어가 엄격하다」, 「존경어, 겸양어 등 경어표현이 복잡하다」, 「정중어, 경어가 많다」

기술 코멘트를 보면 「경어의 정중어 · 존경어 · 겸양어를 구분해 쓰는 것이 어렵다」는 의견이 많은 것을 알 수 있다. 결국 사용방법을 몰라서 어려운 것이다. 그러면, 학생들은 지금까지 경어에 대해 어느 정도 배웠을까.

미쓰무라도서출판(光村図書出版)의 중학교 3학년 교과서를 예로 들
어 검증해 보자.『국어 학습지도서 3下』에 의하면「언어의 창, 경어」는
2시간 분량이다. 우선, 어떤 능력을 갖추는 것을 목표로 하고 있는지
지도 목표를 보자.

[지도 목표]
· 경어에 대한 이해를 높여 그 때의 상황이나 경우에 따라 적절한 경어를
  사용할 수 있도록 지도한다.
· 경어의 역할에 대한 이해를 높여 경어의 역할을 생각하면서 목적을
  갖고 경어를 사용할 수 있도록 지도한다.
· 일본어의 특징(경어표현)에 대한 이해를 촉진하고, 자신의 언어생활을
  향상시켜 일본어를 소중히 하는 태도를 키운다.

「장면이나 상황에 맞춰 적절한 경어를 사용하도록 지도한다」는 것이
첫 번째 목표지만, 대학생이 되어서도 사용법을 몰라서 어렵다고 하고
있다. 두 번째 목표로는「이해를 높여」「역할을 생각하고」「목적을 갖
고」경어를 사용하게 한다는, 기능보다도 심정 면에 중점을 두고 있다.
이처럼 커다란 목표를 2시간에 달성한다는 것은 무리이다. 필자도 중학
교 선생 경험이 있지만, 이「언어의 창」의 2시간은 설명과 문제연습만으
로 끝이 났다. 머리로는 이해를 해도 일상생활에서 활용토록 하는 응용
은 하지 못했다. 중학생이 학교에서 사용하는 언어는 정중어로 충분함
에도 불구하고 지식이나 이해를 필요로 하는 사항이 많고, 정중형만으
로 경의를 담은 회화가 가능한 실천교육에 초점이 맞춰져 있지 않다.
그 결과, 학생들은 자신들의 운용능력을 불안해하고 자신감을 잃는 것
이다.

앙케트 답변을 보면 「나 자신도 틀린 일본어를 사용할 때가 많다」 「내가 사용하는 경어가 바르다고는 생각하지 않는다」 등이 있다. 지식의 부족이 자신감의 부재로 이어져 어려움의 요인이 된 것이다.

: 4 : 결론

이상 [표2]의 내용을 분야별로 그 세목을 살펴보았다. [표2]를 분야별 코멘트 수의 추세로 표로 정리하면 [표3]이 된다.

전체 코멘트 중에서 B[언어]에 관한 것이 압도적으로 많고, 언어사항 중에서도 문자에 관한 것이 가장 많았다. 「언어」에 대해서는 「속성」 「문화」, 「국가·민족」, 「습득」의 순으로 되어 있다.

이번 조사의 피조사자인 일본인 학생들의 모어관(母語觀)에서는 우선, 표기의 종류가 「한자(漢字)·히라가나(ひらがな)·가타카나(カタカナ)」의 세 가지라는 점을 커다란 특징으로 들고 있다. 학생들은 일상 생활에서 말의 적절한 사용법을 모르는 상황에 처하거나 고민했던 경험이 있다. 게다가 모르는 한자나 말의 표현이 많아서 일본어를 능숙하게 사용할 자신이 없다. 그래서 「어렵다」는 일본어관(日本語觀)을 갖고 있는 학생이 많아지고 있는 것이다.

표2 A대 학생 일본어관(日本語觀) 분야별

	분야	코멘트 수	비율 %
A	국가·민족	88	6.3
B	언어	824	59.3
C	문화	189	13.6

D	속성	259	18.6
E	습득	30	2.2
계		1390	100.0

參考文獻

江端義夫(他 4名)(2007)　高等學校 改訂版『國語表現Ⅰ』第一學習社
長沼行太郎(他 5名)(2007)　『國語表現Ⅰ改訂版』敎育出版株式會社
現代の國語偏集委員會(1997)　『現代の國語 學習指導書 3上』三省堂
早川治子(2007)　『國語敎科書における日本語(1) - 中學文法事項の量的比率의変遷-』文
　　敎大學言語文化研究所『言語と文化』文敎大學言語文化研究所紀要

일본어의 모어의식과 언어의식

제2장

뉴질랜드인의 영어관(英語觀)

하야카와 하루코
(早川治子)

:1: 조사

a. **조사 대상** : 뉴질랜드 오클랜드시 400명

b. **조사 기간** : 2007년 7월

c. **총 코멘트 수** : 1864

d. **조사 방법** : 2007년 7월23일부터 25일까지 조사원(오클랜드시 B대학 학생 5명)이 피조사자 400명에게 앙케트 용지를 개별적으로 배포하고 회수했다. 이 앙케트는 질문과 답이 모두 영어로 되어 있으며, 대상자는 2개 언어 가능자(bilingual), 다언어 가능자(multilingual)를 포함했지만, 영어로 말하는 사람들이었다. 결과적으로 피조사원으로 선택된 사람은 B대학 학생이 많았으나, 특별히 대학생으로 한정해 실시한 것은 아니다. 조사장소는 특별히 지정하지 않고 대학구내, 조사원의 집 등 여러 곳이었다.

앙케트용지에는 뉴질랜드의 다양성을 고려해, ①Sex(성별), ②

Age(연령), ③Occupation(직업), ④Grade(학년), ⑤Major(전공), ⑥ Mother tongue(모국어), ⑦Ethnicity(민족성) 항목을 설정하여 피조사자가 속성(屬性)을 상세하게 기술하도록 했다. 이 연구의 단서가 된 「일본어라는 말을 듣고 어떻게 생각하는지, 5개 적으시오.」(2005년 엔도(遠藤)에 의한 조사) (하야카와, 2008)라는 설문은 영어를 모국어로 쓰는 사람과 상담한 끝에 "What is your impression of the English language? list five."로 했다.

e. **민족성(Ethnicity)** : 언어적으로 뉴질랜드는 영어를 표준어로 하는 나라이지만 다민족국가1:이며, 어디를 가나 민족성(Ethnicity)에 대한 질문을 받는다. 따라서 앞에서 서술했듯이 사전에 질문 항목에 민족성 "Ethnicity" 항목을 넣어 두었다. 그들은 자기 자신을 어떻게 인식하고 있는가에 따라 응답한다. 예를 들면 부모, 조부모가 중국 태생이라해도 그 피험자(被驗者)가 뉴질랜드 사람이라고 인식한다면 뉴질랜드인으로 답한다.

그 결과, 중국계 82명(20.5%), 뉴질랜드인 79명(19.8%), 유럽계 31명(7.8%), 한국계 29명(7.3%), 대만계 18명(4.5%), 마오리계 17명(4.3%), 인도계 16명(4.0%), 아시아계 10명(2.5%), 그 외 118명(29.5%)이었다.

1: 2006년도 국세조사(國勢調查)에서는 유럽계가 약68%, 원주민인 마오리족이 약15%, '뉴질랜드인'이라고 인식하는 사람이 약12.9%, 아시아계는 9.2%, 태평양제도계(太平洋諸島系) 6.9%이며, 가장 큰 도시인 오클랜드는 특히 다민족 도시이다.

: 2 : 정리(어구별)

우선, 코멘트에 기록된 어구의 속성마다 어떤 것이 많았는지 분야를 막론하고 출현 빈도별로 상위 20위까지를 [표1]로 기록하였다. 검색은 일본어로 번역한 것이 아니라 영어 코멘트를 입력한 자료로 실시했다. 그래서 일본어로는 모두 「어렵다」라고 번역되는 영어 "hard", "difficult"는 별도의 어구로 기록되어 있다. [표1]의 속성은 일본어로 번역했으나 검색에 사용한 영어를 ( )안에 표기했다.

4위의 「폭넓다」(wide) (65)를 제외하면 난이도에 관한 코멘트가 상위를 차지하고 있다. 1위 「쉽다」(easy) 155, 2위 「어렵다」(hard) 143, 3위 「어렵다」(difficult) 82코멘트로 되어있다. 여기서 「쉽다」에 관한 코멘트인 「쉽다」(easy) 155, 「간단하다」(simple) 35를 합하면 190코멘트가 된다. 「어렵다」는 코멘트는 「어렵다」(hard) 143, 「어렵다」(difficult) 82, 「복잡하다」(complicated) 55를 합하면 280코멘트가 되어, 이것을 비교하면 어렵다고 생각하는 코멘트 쪽이 많게 된다.

표1 뉴질랜드인의 영어관(英語觀) 어구별 정리

순위	어구	코멘트 수
1	쉽다(easy)	155
2	어렵다(hard)	143
3	어렵다(difficult)	82
4	폭넓다(wide)	65
5	복잡하다(complicated)	55
6	상이하다(difficult)	51
7	간단하다(simple)	35
8	재미있다(interesting)	31
9	보통이다, 흔하다(common)	29

10	다양하다(vary, variety)	21
11	아름답다(beautiful)	13
12	알기 쉽다(understandable, easy to understand)	12
13	명확하다(clear)	8
13	독특하다(unique)	8
15	깊이가 있다(deep)	6
16	풍부하다(rich)	5
16	중요하다(important)	5
18	역사가 있다(history)	3
18	지루하다(boring)	3
20	압박한다(oppression)	2

：3： 정리(분야별)

각각의 응답을 A. 국가・민족 등을 의식하여 기록한 코멘트, B. 언어 자체로 분류하는 것, C. 문화로서 파악하고 있는 것, D. 종합적인 속성을 기술한 것, E. 습득면 등 다섯 항목으로 분류하고 코멘트한 문장과 어구를 보다 실체에 맞게 살펴보기로 한다. 다른 언어와 통일을 기하기 위하여 다른 언어에서 추출한 세목(細目)에 따라 검색을 하고, 또한 뉴질랜드의 앙케트에서 특징적으로 많이 나타나는 것도 더해 [표2]에 나타냈다. 또 세목으로 채택한 것은 a. 다른 언어에서 세목으로 사용되고 있는 것, b. 5명 이상이 코멘트한 것으로 제한했다.

「언어」항목, 「속성」항목, 「습득」항목에서 채택하는 것이 중복되지 않게 주의했다. 예를 들면 'hard'는 「의미가 어렵다」의 경우는 「언어」의 「의미」항목에, 「습득하기 어렵다」의 경우는 「습득」항목에 넣었다.

A. 국가 · 민족의 관점에서 기술한 것

이 관점에서 기술한 것은 전무했다. 다만 문화 항목에서 「다른 문화를 압박한다」라고 답한 코멘트가 2건 있는 것은 주목할 만하다.

B. 언어의 관점에서 기술한 것

① 「문법」(grammar)이라고 답한 사람이 가장 많아 55코멘트 / 13.8%이며, 다음으로 ② 「쓰기」(write, writing, written) 48코멘트 / 12.0% ③ 「의미」(meaning) 35코멘트 / 8.8% ④ 「발음 · 악센트」(pronunciation, accent) 32코멘트 / 8.0% ⑤ 「어휘」(vocabulary) 11코멘트 / 2.8% 순이다.

C. 문화의 관점에서 기술한 것

역사(history)에 대해서 기술한 것은 7코멘트 / 1.8% (역사가 있다 3, 길다 1, 풍부하다 1, 복잡하다 1, 재미있다 1, 등), 문화(culture)와 관련하여 기술한 것은 6코멘트 / 1.5%로 수가 적다. 그러나 앞에서 말한 바와 같이 「다른 문화에 대한 압박」("oppression of other culture.") 「다른 문화를 지배하는 도구로서 사용되었다」("It's been use as a mean of dominating other culture.")라는 것이 2코멘트 있어 영어의 지배력을 서술하고 있다.

D. 언어의 속성에 대하여 기술한 것

영어 세목 가운데 가장 많았던 것은 속성 중 1위인 「폭넓다」(wide)라는 세목이다. 65코멘트 / 16.3%가 그 폭넓은 사용에 대해 기술하고 있다. 그 내역을 보면 「널리 사용되고 있다」 22, 「세계에서 널리 사용하고 있다」 20, 「널리 사용하고 있다」 20코멘트로 공통어로서의 영어의 특징이 잘 파악되고 있다. 4위의 「국제적이다」(international) 28코멘트 / 7.0%와 6위의 「글로벌」(global) 23코멘트 / 5.8%를 합하면 116코멘트 / 29.0%가 되어 꽤 많다는 것을 알 수 있다.

표2 뉴질랜드인의 언어관(言語觀) 분야별 세목

	5분류	세목	코멘트 수	비율(%)
A	국가 · 민족 · 긍지		0	0.0
B	언어	①문법(grammar)	55	13.8
		②쓰기(writing, written, write)	48	12.0
		③의미(meaning)	35	8.8
		④발음 · 악센트(pronunciation, accent)	32	8.0
		⑤어휘(vocabulary)	11	2.8
		⑥한자 · 문자(letters)	6	1.5
		⑦방언(dialect)	4	1.0
C	문화	①역사(history)	7	1.8
		②문화(culture)	6	1.5
D	속성	①폭넓다(wide)	65	16.3
		②상이하다(different)	51	12.8
		③재미있다(interesting)	31	7.8
		④국제적이다(international)	28	7.0
		⑤복잡하다(complicated)	27	6.8
		⑥글로벌(global)	23	5.8
		⑦쉽다(easy)	20	5.0
		⑧아름답다(beautiful)	13	3.3
		⑨알기 쉽다(understandable, easy to understand)	12	3.0
		⑩간단하다(simple)	11	2.8
		⑪변화가 많다(change)	10	2.5
		⑫명확하다(clear)	8	2.0
		⑫독특하다(unique)	8	2.0

		⑫지배적이다(dominant)	8	2.0
		⑫어렵다(hard)	8	2.0
		⑯어렵다(difficult)	7	1.8
		⑰깊이가 있다(deep)	6	1.5
		⑱풍부하다(rich)	5	1.3
E	습득	①어렵다ㆍ~하기 힘들다(hard to learn)	50	12.5
		②~하기 쉽다(easy to learn)	41	11.3
		③어렵다ㆍ~하기 힘들다(difficult to learn)	20	5.0
		④간단하다(simple to learn)	5	1.3

2위 「상이하다」(different) 51코멘트 / 12.8%는 3위의 「재미있다」 (interesting) 31코멘트 / 7.8%와 함께 다른 언어에서는 거의 나타나지 않는 것이다. 5위로 나타난 항목은 「복잡하다」(complicated)로 27코멘트 / 6.8%이다. 여기에 12위 「어렵다」(hard) 8코멘트 / 2.0%와 16위 「어렵다」(difficult) / 7코멘트 1.8%를 합하면 42코멘트 / 10.5%가 되어 세 번째로 코멘트수가 많다.

다음으로 7위인 「쉽다」(easy)는 20코멘트 / 5.0%이다. 10위 「간단하다」 (simple) 11코멘트 / 2.8%를 더하면 31코멘트 / 7.8%가 되어, 3위인 「재미있다」와 같은 수가 된다. 여기에 속성이 유사한 9위 「알기 쉽다」 (understandable, easy to understand) 12코멘드 / 3.0%, 12위 「명확히다」 (clear) 8코멘트 / 2.0%를 더하면 51코멘트 / 12.8%가 되어, 「복잡하다」 (complicated), 「어렵다」(hard), 「어렵다」(difficult)를 합한 42코멘트 / 10.5%보다 많다.

8위 「아름답다」(beautiful)는 13코멘트 / 3.3%로, 내역은 [시처럼 6, 발음이 아름답다 2, 아름답지 않다 2, 쓰인 것이 아름답다 1] 등이다. 「아름답다」라고 응답한 숫자는 다른 언어에 비해 적다. 또 다른 언어에는 많았던 「깊이가 있다」(deep), 「풍부하다」(rich)도 17위 6코멘트 / 1.5%와 18위 5코멘트 / 1.3%로 코멘트 수가 적다.

위에 기술한 C. 「문화」 항목에 영어가 다른 문화를 압박한다는 코멘트가 있었는데, 속성에서도 「지배적이다」(dominant)라는 것이 8코멘트나 되는 것은 주목해야 할 것으로 생각된다.

E. 습득 · 학습의 관점에서 기술한 것

습득면에 관한 코멘트도 상당히 많았는데, 「습득하는 것이 어렵다 · 습득하기 힘들다」(hard to learn) 50코멘트 / 12.5%에 비해 「습득하기 쉽다」(easy to learn)라는 답은 41코멘트 / 11.3%이다.

이 「습득하는 것이 어렵다 · 습득하기 힘들다」(hard to learn)에 「어렵다 · 습득하기 힘들다」(difficult to learn) 20코멘트 / 5.0%를 더하고 또 「습득하기 쉽다」(easy to learn)에 「간단하다」(simple to learn) 5코멘트 / 1.3%를 더하면 「배우기가 어렵다」라는 코멘트는 70코멘트 / 17.5%가 된다. 「배우기가 쉽다」와 「간단하다」의 코멘트는 46코멘트 / 11.5%가 되므로 어렵다고 답한 사람 쪽이 많았다.

: 4 : 결론

이와 같이 [표2]의 내용을 분야별로 그 세목을 살펴봤다. [표2]의 분야별 코멘트 수의 추세를 표로 정리하면 [표3]이 된다. 코멘트 전체에서 D. 「속성」에 관한 것이 가장 많았고 B. 「언어」, E. 「습득면」, C. 「문화」 순이었다.

　뉴질랜드인의 영어관(英語觀)에서 특징적인 것은 A항목 「국가・민족」에 관한 코멘트가 전무(全無)한 것과 C의 「문화」에 관한 코멘트가 적은 점이다. 영어는 「국가・민족」「문화」라는 관련항목으로는 인식되고 있지 않다는 것이다.

표3 뉴질랜드 영어관 분야별

	분야	코멘트 수	비율(%)
A	국가・민족	0	0
B	언어	191	29.1
C	문화	13	2.0
D	속성	341	52.0
E	습득면	111	16.9
합 계		656	100.0

参考文獻

早川治子(2007)　「国語教科書における日本語(1)―中学文法事項の量的比率の変遷―」『言語と文化』第19号、文教大学文学部言語文化研究所、pp. 52-69
早川治子(2008)　「ニュ-ジ-ランド・オークランドの多言語性と英語に対する印象」『文教大学文学部紀要』21.2、pp. 49-65

일본어의 모어의식과 언어의식

한국인의 한국어관(韓國語觀)

사에구사 유코
(三枝優子)

:1: 조사

조사 대상 : 한국 부산광역시 C대학, 언어 · 외국어 전공 이외의 대학생
150명

조사 시기 : 2008년 3월

총 코멘트 수 : 731

조사 방법 : 「한국어라는 말을 듣고 떠오르는 것을 5개 이상 적으시오」라
는 설문에 기술한 응답을 받은 것이다. 설문과 응답 모두 한국어
로 실시했다. 본고에서는 응답으로 받은 코멘트를 한국어로 번역
하여 표기한다.

또 보충조사로서 2008년 6월에 한국어가 모국어인 사람들에게
인터뷰를 실시했다. 대상자는 일본의 대학에 재학하고 있는 일어
일문학과의 한국인 유학생 6명으로 여성 4명, 남성 2명이다. 사용

언어는 주로 일본어로, 앙케트의 코멘트에 대한 생각과 한국의
교육사정 등에 대해 이야기를 들었다.

:2: 정리(어구별)

코멘트로 기록한 어구를 전체 자료에서 검색하여 그 수가 많은 순서
대로 18위까지를 [표1]로 나타내었다.

코멘트에서 가장 많았던 것은 한글의 창제자인 「세종대왕」이었다.
150명 중 118명, 78.7%에 달하는 학생이 「세종대왕」이라는 어구를 포함
한 코멘트를 했다.

2위는 한글의 옛 명칭인 「훈민정음」이었고, 5위는 「한글」, 12위는
「한자」, 13위에는 「문자」가 들어 있다. 한국인의 한국어관(韓國語觀)에
는 한국 고유의 문자에 관한 것이 상당히 많다는 것을 알 수 있다.

언어의 속성을 답한 것으로는 3위에 「과학적이다」, 4위에는 「어렵다」
가 들어 있었고, 11위에 「쉽다」, 15위에 「자랑스럽다」가 들어 있었다.
「자랑스럽다」와 같은 의미인 「프라이드」가 18위에 들어 있어 한국어에
대한 생각을 알 수 있다.

표1 C대학생의 한국어관 어구별 정리

순위	어구	코멘트 수
1	세종대왕	118
2	훈민정음	41
3	과학적이다	29
4	어렵다	28
5	한글	24

6	한국	22
7	김치	21
7	언어	21
9	모국어	20
10	말	18
10	쉽다	18
12	문자	16
13	한자	15
14	집현전	13
15	자랑스럽다	11
15	방언	11
17	~하기 쉽다	10
18	한국어	9
18	존댓말	9
18	프라이드	9
18	대한민국	9

: 3 : 정리(분야별)

다음으로, 다른 언어의 경우와 마찬가지로 A. 국가・민족 등을 의식하고 적은 코멘트, B. 언어자체에서 분류하는 것, C. 문화로서 의식하고 있는 것, D. 종합적인 속성을 기술한 것, E. 습득면 등 다섯 항목으로 분류하여 코멘트한 문장이나 어구를 보다 구체적으로 살펴보기로 한다. A에서 E까지 다섯 항목으로 분류한 것이 [표2]이다

A. 국가・민족의 관점에서 기술한 것

① 국가에 관한 것 : 31코멘트 / 20.7%

「한국」17,「대한민국」9 ,「우리나라」5코멘트로 자신의 나라

를 가리키는 것이 31코멘트 있었다.

② 긍지에 관한 것 : 20코멘트 / 13.3%

「자랑스럽다」10, 「프라이드」 6코멘트 등이 있다. 프라이드는 한국어의 자부심(自負心)을 번역한 것이다. 「한국어를 사용하는 프라이드」1, 「한국인으로서의 프라이드」 1코멘트가 있었다.

③ 기(旗)에 관한 것 : 7코멘트 / 4.7%

「국기」 1코멘트 외에 한국국기의 별칭인 「태극기」가 6코멘트 있었다. 이들은 국가의 상징으로 인식될 수 있다. 이 수치에는 포함되지 않지만 역시 국가의 상징으로 볼 수 있는 「국화」인 「무궁화」를 든 응답도 3코멘트 있었다.

④ 한국인에 관한 것 : 7코멘트 / 4.7%

「한국인」만 7코멘트 있었다.

⑤ 조선・조선시대에 관한 것 : 5코멘트 / 3.3%

「조선」은 4, 「조선시대」는 1코멘트 있었다.

표2 C대생 한국어관 분야별 세목

	5분류	세목	코멘트 수	비율(%)
A	국가・민족	①한국・대한민국・우리나라	31	20.7
		②자랑스럽다・프라이드 등	20	13.3
		③한국인	7	4.7
		③태극기・국기	7	4.7
		⑤조선・조선시대	5	3.3
B	언어	①문자・훈민정음・한글 등	89	59.3
		②모국어・국어・한국어 등	36	24.0
		③말・언어	33	22.0
		④발음・악센트 등	27	18.0

		⑤방언 · 표준어	12	8.0
		⑥경어 · 존댓말 등	10	6.7
		⑥정서법(正書法) · 띄어쓰기 등	10	6.7
		⑧표현	8	5.3
		⑨욕설	7	5.3
C	문화	①세종대왕 등	117	78.0
		②김치 · 불고기 등	27	18.0
		③집현전 등	13	8.7
		④주시경	4	2.7
		④역사 · 전통	4	2.7
		⑥한글날	3	2.0
		⑥돈	3	2.0
D	속성	①과학적이다	20	13.3
		①어렵다	20	13.3
		③예쁘다 · 아름답다 · 훌륭하다 · 멋있다	19	12.7
		④쉽다 · 용이하다	17	11.3
		⑤창조적이다 · 독창성이 있다	7	4.7
		⑤편리하다	7	4.7
		⑦정겹다 · 친숙하다	5	3.3
		⑧재미있다	3	2.0
		⑨복잡하다	2	1.3
		⑨깔끔하다	2	1.3
E	습득	①사전 · 책	12	8.0
		②쉽다 · ~하기 쉽다	9	6.0
		③유치원 · 초등학교 등	4	2.7
		④어렵다	2	1.3

B. 언어의 관점에서 기술한 것

① 문자 · 한자 · 한글에 관한 것 : 89코멘트 / 59.3%

문자에 대해서는 한글의 옛 명칭인 「훈민정음」이 38코멘트로 가장 많았고, 이어서 「한글」18, 「한자」14, 「문자」13코멘트로 뒤를 잇고 잇다. 「문자」중에는 「과학적인 문자」3코멘트 외에도 한글문자의 특징으로써 「문자수가 많다」1, 「문자의 무한함」1, 「표음문자」1, 「쓰기 쉬운 문자」1, 「세계에서 유일한 문자」1코멘트 등을 들고 있다. 「세종대왕이 창제한 문자」1, 「세계에서 유일하게 왕이 백성을 위해서 만든 문자」1코멘트로 「세종대왕」과 관계되는 것도 있었다.

② 국어・모국어에 관한 것 : 36코멘트 / 24.0%

「모국어」라고 기록한 것 16, 「국어」5, 그 밖에 「우리들의 말・모국어」1, 「우리나라의 모국어」1, 「한국어」1, 「한국어・조선어」1코멘트 등이 있었다.

③ 말・언어에 관한 것 : 33코멘트 / 22.0%

말이나 언어에 관한 코멘트도 많았는데, 「말」이라고만 쓴 것은 없었고, 「언어」라고만 답한 것은 1코멘트였다. 여러 가지 수식을 덧붙인 코멘트가 많았다. 「프라이드를 갖게 하는 언어」1, 「자랑스러운 언어이다」1코멘트 등 프라이드에 관한 코멘트에서부터, 「우리나라의 언어」4, 「우리들의 말」3 , 「우리나라 고유의 언어」1코멘트 등 모국어라는 인식의 코멘트, 「옛날 여러 격변기가 있었지만 조상들에 의해 지금까지 지켜 온 언어」1, 「조상들이 목숨을 걸고 지킨 언어」1코멘트 등 역사적인 관점에서 본 코멘트, 「어려운 언어」1, 「아름다운 언어」1 등 속성을 기술하고 있는 것도 있었다. 속성을 기술하고 있는 것 중에서는 「과학적이다」가 가장 많았고, 「과학적인 언어」2, 「세계에서 가장 과학적인 언어」1, 「세계에서 가장 과학적으로 만들어진 언어」1, 「가장 과학적인 언어」1코멘트 등이 있었다.

④ 발음·악센트에 관한 것 : 27코멘트 / 18.0%

「자음과 모음」6, 「모음」5, 「자음」4코멘트 등 구성음(構成音)을 든 것이 많았고, 그 외에는 한국어 발음의 특징이기도 한 「받침」4코멘트를 들 수 있다. 그 밖에 「여러 가지 발음」1, 「모든 발음이 거의 가능하다」1, 「일본어보다 여러 가지 발음을 할 수 있다」1코멘트 등 발음의 다양성을 기술하고 있는 것, 「발음이 어렵다」2, 「발음하기 쉽다」1코멘트 등 난이도를 언급한 것도 있었다.

⑤ 방언·표준어에 관한 것 : 12코멘트 / 8.0%

「방언」10, 「방언이 많다」1, 「표준어」1코멘트가 있었다.

⑥ 경어에 관한 것 : 10코멘트 / 6.7%

「존댓말」5, 「경어」1코멘트 외에 「경어가 있다」1, 「경어가 많다」1, 「예의바른 경어가 있다」1코멘트 등이 있었다.

⑥ 띄어쓰기·정서법(正書法)에 관한 것 : 10코멘트 / 6.7%

쓰는 방법에 관해서는 「띄어쓰기」3, 「정서법」2코멘트 외에 「띄어쓰기가 힘들다」1, 「문법이 까다롭다(띄어쓰기·정서법 등)」1, 「정서법·경어가 어렵다」1, 「예쁘게 쓰기가 어렵다」1코멘트로, 쓰는 방법의 어려움을 기술한 것이 있었다.

⑧ 표현에 관한 것 : 8코멘트 / 5.3%

「표현이 많다」3, 「풍부한 표현력」1, 「여러 가지 표현」1, 「표현할 수 있는 말이 많다」1, 「여러 가지 색깔의 표현」1, 「형용사가 많아서 표현력이 풍부하다」1코멘트로 다양한 표현에 관한 코멘트였다.

⑨ 욕설에 관한 것 : 7코멘트 / 4.7%

「욕설」5, 「비속어」2코멘트가 있었다.

C. 문화의 관점에서 기술한 것

① 세종대왕에 관한 것 : 117코멘트 / 78.0%

「세종대왕」115, 「세종대왕의 훈민정음」1, 「세종대왕과 훈민정음」 1코멘트가 있었다.

② 김치·불고기 등 : 27코멘트 / 18.0%

한국의 대표적인 음식인 「김치」를 든 코멘트가 21, 「김치볶음밥」이 1코멘트 있었다. 김치 이외에도 「불고기」가 5코멘트인 것을 볼 수 있었다. 이 수치에는 포함되어 있지 않지만 이 밖에도 「비빔밥」2, 「떡볶이」1, 「고유의 음식」1, 「한국의 음식」1코멘트 등 먹을거리에 관한 코멘트가 다수 있었다.

③ 집현전에 관한 것 : 13코멘트 / 8.7%

왕의 명을 받아 학자들이 한글을 창제했다고 알려져 있는 「집현전」이라고 응답한 코멘트가 10, 「집현전의 학자들」이 3코멘트 있었다.

④ 주시경에 관한 것 : 4코멘트 / 2.7%

한글학자인 「주시경」을 든 예가 4코멘트였다.

④ 역사·전통에 관한 것 : 4코멘트 / 2.7%

「역사가 깊다」1, 「역사가 많다」1, 「뿌리 깊은 전통」1, 「전통성」이 1코멘트였다.

⑤ 한글날 : 3코멘트 / 2.0%

「한글날」이라는 코멘트만 3코멘트이었다.

⑤ 돈·지폐에 관한 것 : 3코멘트 / 2.0%

「돈」1, 「돈(지폐)」1, 「만원짜리지폐」가 1코멘트 있었다.

D. 언어의 속성에 대해 기술한 것

① 과학적이다 : 20코멘트 / 13.3%

「과학적이다」18, 「과학적이며 체계적」1, 「과학적이며 창의적」
이 1코멘트였다.

① 어렵다 : 20코멘트 / 13.3%

「어렵다」18, 「어렵다고 말 한다」1, 「깊이 알면 알수록 어렵다」
1코멘트.

속성에 대해 가장 많았던 것은 「과학적이다」와 「어렵다」로 둘 다
13.3%였다.

③ 훌륭하다 · 위대하다 등 : 19코멘트 / 11.3%

「훌륭하다」4, 「위대하다」3, 「우수성」2, 「세계 제일」1, 「세계 최
고」1, 「아름답다」2, 「예쁘다」1, 「멋있다」1, 「사랑스럽다」가 1코멘
트였다.

④ 쉽다 · 용이하다 : 17코멘트 / 12.0%

「쉽다」13, 「용이하다」1, 그 밖에 「다른 언어보다 쉽다」1, 「모
국어이므로 쉽다」1, 「한국어는 쉽다고 하는 사람들이 떠오른다」
가 1코멘트였다.

⑤ 창조적이다 · 독창성이 있다 : 7코멘트 / 4.7%

「창조적이다」4, 「독창성이 있다」2, 「다른 언어보다 독창성이
있다」가 1코멘트였다.

⑤ 편리하다 : 7코멘트 / 4.7%

「편리하다」6, 「배워서 활용하기 편리하다」가 1코멘트였다.

⑥ 정겹다, 친숙하다 : 5코멘트 / 3.3%

「정겹다」2, 「친숙하다」2, 「익숙하다」가 1코멘트였다.

⑦ 재미있다 : 3코멘트 / 2.0%

「재미있다」2, 「배우면 재미있다」가 1코멘트였다.

⑧ 복잡하다 : 2코멘트 / 1.3%

「복잡하다」만 2코멘트 있었다.

⑧ 깔끔하다 : 2코멘트 / 1.3%

「깔끔하다」가 2코멘트 있었다.

언어의 속성에 대해 기술한 것은 「어렵다」가 13.3%였지만, 「훌륭하다」「쉽다」「창조적이다」 같은 긍정적인 코멘트를 많이 볼 수 있었다.

E. 습득 · 학습의 관점에서 기술한 것

① 책 · 사전에 관한 것 : 12코멘트 / 8.0%

「국어사전」5, 「사전」3, 이 밖에 「책」이 4코멘트였다.

② 쉽다 · ~하기 쉽다 : 9코멘트 / 6.0%

한국어를 학습면에서 보고 그 난이도에 대해 기술한 것은 「배우기가 쉽다」 4코멘트, 쉬운 분야를 특별히 지적한 「읽기 쉽다」1, 「쓰기 쉽다」1, 「사용하기 쉽다」가 1코멘트였다.

③ 학교 · 유치원에 관한 것 : 4코멘트 / 2.7%

한국어를 배우기 시작하는 「유치원」2, 이 밖에 배우는 장소로 「학교」1, 「초등학교」1이라는 코멘트를 볼 수 있다.

④ 어렵다 · ~하기 힘들다 : 2코멘트 / 1.3%

「외국인에게 있어서는 어렵다」1, 「배우기 힘들다」 1코멘트로 「쉽다」에 비해 학습면의 「어렵다」는 코멘트 수가 적었다.

이상으로, 표로 정리한 수치로 한국 C대학생의 한국어관(韓國語觀)의

개요를 살펴보았다. 다음으로 이들 수치에 보조조사 인터뷰의 결과를 합쳐 한국인의 한국어관에 대해 정리한다.

한국어의 한국어관에서 가장 많았던 코멘트는 한글의 창제자인 「세종대왕」이었다. 150명중 115명이 「세종대왕」이라고 적었다. 「세종대왕의 훈민정음」처럼 코멘트 중에 「세종대왕」을 포함한 것까지 합하면 150명중 118명, 78.6%에 달하는 학생이 「세종대왕」이라고 답하고 있는 것이다. 조사결과의 분류에서는 「C. 문화에 대해서」로 분류한 「돈」1, 「돈(지폐)」1, 「만원짜리지폐」가 1코멘트인 것도, 만 원짜리 지폐의 초상화가 「세종대왕」이라는 점에서 연상되어 기술했다고 생각된다. 그밖에도 실제로 왕의 명령을 받아 한글 창제에 참여한 학자들인 「집현전 학자들」3, 한글을 창제한 장소인 「집현전」 10코멘트도 들고 있다.

또, 「한글」 18코멘트에 비해 한글의 옛 명칭인 「훈민정음」은 코멘트수가 38인 점에서도 한국인의 한국어관에는 한글의 역사적 측면을 의식하는 면이 많음을 알 수 있다.

인터뷰 조사에 의하면, 한국에서는 「세종대왕」의 인지도가 높아 유치원생도 알고 있는 인물이라고 한다. 학교에서는 국어시간과 역사시간에 세종대왕을 포함해 한글의 역사에 대해 배우고 있지만, 초등학교 입학 전부터 위인전을 읽기도 하고 유치원에서 이야기를 들으면서 알게 된다고 한다. 한국에서 세종대왕은 인물과 업적 모두가 높은 평가를 받고 있으며, 위인전에는 반드시 등장하는 인물이라고 한다. 인터뷰에 답한 6명도 초등학교 입학 전에 이 「세종대왕」을 알고 있었다고 답했다. 또, 이와 같은 교육 환경 이외에도 세종대왕을 주인공으로 한 드라마가 나오기도 하고, 10월9일 「한글날」(3코멘트)에는 대중매체에서도 세종대왕에 대해 설명하는 등 미디어를 통해서도 알 수 있는 기회가 있다고 한다.

「세종대왕」에 대한 코멘트수가 높은 것은 세종대왕이 창제했다고 하는 「문자」에 대한 코멘트수가 높은 것과도 관련되어 있다.

이 밖에 문자에 관한 코멘트로서 「과학적인 문자」 3코멘트가 있는데, 문자에 대해 한정하지 않고 「과학적이다」라고만 응답한 코멘트도 18코멘트에 이른다. 이 「과학적」이라는 키워드도 한글의 표기방법을 나타내고 있다고 생각된다. 한글은 그 구조가 「자음+모음+자음」을 이루는 표음문자이다. 자음을 나타내는 부분과 모음을 나타내는 부분의 조합으로 하나의 글자가 이루어지고 그 조합에 의해서 소리를 나타낸다. 또, 그 부분은 입모양을 기초로 해서 만들어졌다고 한다. 이런 시각적 특징, 구조적 특징을 들어 「과학적」이라고 인식하고 있는 것이다.

「과학적」을 포함한 코멘트 수는 29로, 어구별로 정리한 [표1]에서는 세 번째로 많은 어구였다. 한국어 또는 한글표기가 「과학적이다」라는 평가는 필자도 한국 체재 중에 몇 번인가 들었던 말인데, 최근에는 여행 중 가이드의 안내에서도 「한국어는 과학적인 언어이며」라는 설명이 나왔다. 이 「과학적」이라는 말은 한글, 넓게는 한국어에 관해 자주 사용되는 수식어인 듯하다. 한국어를 모국어로 쓰는 사람들의 인터뷰에서도 '한글의 표기법이나 특징을 말할 때 「과학적」이라는 말을 너무 자주 사용하는 것 같다'는 자기 반성적인 의견도 있었다. 또, 과학적이라고 생각하는 근거는 시각적, 구조적 특징에 의한 것은 아닐까 하는 필자의 생각에 인터뷰에 응해준 한국인 학생들도 동의하는 편이었다.

이들 한글 표기의 특징은 한국어의 음성면(音聲面)에 관한 코멘트와 결부된다. 어구별에서는 여러 가지 어구로 표현되어 있지만 분야별로 다시 정리하면 발음 음성에 대해 기술하고 있는 것은 27코멘트, 18.0%

로 높다. 구체적으로는 「모음과 자음」6, 「모음」5, 「자음」4코멘트와 함께 「모든 음을 한글로 표기할 수 있다」1코멘트 등을 볼 수 있다. 이 밖에도 「세상의 모든 소리를 표현할 수 있는 문자」1, 「모든 음을 한국어로 옮겨 적을 수 있는지는 의문이다」1, 「일본어보다 여러 가지 발음을 할 수 있다」1, 「모든 언어를 받아들일 수가 있다」1, 「모든 발음이 거의 가능하다」1 등의 코멘트가 있어 한글 표기의 표음성(表音性)에 관한 특징을 기술하고 있다.

인터뷰 조사에도 같은 형태의 코멘트가 있었는데, 외국어를 학습할 때 「한국어에는 여러 가지 음이 있어, 한글을 사용하면 여러 가지 표기가 가능하므로 외국어를 배우기 쉽다」고 하는 이야기를 들은 적이 있다고 한다. 인터뷰한 학생 1명은 「일본어는 한국어보다 음이 적은 언어이므로 일본어 발음은 쉽게 할 수 있을 것이다」라고 선생님이 말했다고 한다. 그러나 외국어를 학습하다 보면 한국어에 없는 음도 있으므로 「모든 음을 한국어로 옮겨 적을 수 있는지는 의문이다」1이라는 코멘트도 있다.

다음으로 조사결과 「A. 국가·긍지·민족」으로 분류한 「프라이드」나 「자랑스럽다」라는 코멘트에 대한 것인데, 인터뷰에도 이와 같이 「왕이 백성을 위해 만든 과학적인 표기 방법을 갖춘 한국어」에 대해 자부심을 느낀다고 3명이 답해 「세종대왕」과 「한글」과의 연관성을 엿볼 수 있다. 또 한국인이 일본인보다 애국심이 강하기 때문이라고 응답한 학생도 1명 있다. 앙케트에서는 「옛날 여러 격변기가 있었지만 조상들에 의해 지금까지 지켜온 언어」, 「조상들이 목숨을 걸고 지킨 언어」라는 코멘트가 있듯이 일제강점기에 한국어 사용이 금지되었던 역사도 있었으므로, 요즘 학생들도 모국어인 언어를 사용하는 것에 대해 특별한 감정을 갖고 있는 것 같다.

역사적 배경도 있으므로 한국에서는 한국어 속에 있는 외래어인 일본어를 사용하지 말자는 국어순화운동도 이전에는 활발하게 행해지는 등, 국어의 순화에 대한 의식이 일본보다도 강하다. 그 때문에 인터뷰에서도 일본어로 된 외래어가 많은 것을 비판적으로 보는 사람도 있었다.

마지막으로 「난이도」면의 코멘트를 살펴본다. 어구별에서는 「어렵다」28, 「쉽다」18코멘트로 「어렵다」가 많은 것 같은데, 여기에 「~하기 어렵다」와 「~하기 쉽다」를 더하면 「어렵다·~하기 힘들다」 29코멘트, 「쉽다·~하기 쉽다」 29코멘트로 같은 수가 된다. 구체적으로 어떤 점이 어렵고 어떤 점을 쉽다고 느끼고 있는지 코멘트를 살펴본다. 「쉽다」는 코멘트를 보면 「모국어이기 때문에 쉽다」는 코멘트가 1이 있는 것처럼, 매일 접하는 언어이므로 「다른 외국어와 비교해 쉽다」는 코멘트가 1이 있는 이유를 알 수 있다. 인터뷰에서는 일본어처럼 한자와 히라가나 등 표기하는 문자가 복수가 아니므로 일본어에 비해 한국어가 쉽게 느껴진다는 견해도 있었다. 또 다소의 예외는 있지만, 표음문자이기 때문에 발음을 들으면 표기하기 쉽다는 것도 하나의 이유가 될 수 있을 것이다. 연관이 있는 코멘트로서는 「읽기 쉽다」1, 「쓰기 쉽다」1, 「발음하기 쉽다」1, 「사용하기 쉽다」1 등이 있었다.

한편, 「어렵다」는 코멘트를 보면 발음의 어려움을 지적하고 있는 것이 2, 문자 자체의 어려움을 지적하고 있는 것이 2, 쓰는 법이 어렵다고 지적한 것이 2, 경어의 어려움을 지적하고 있는 것이 1코멘트였다. 인터뷰 조사 결과 가장 많았던 것은 발음과 표기의 일치였다.

한글은 표음문자이므로 청취한 음을 문자화하기가 용이하다고 볼 수 있다. 하지만 한편으로, 일본어와는 다른 자음으로 끝나는 발음이 존재하는 언어이다. 예를 들면 「iro」라는 발음의 경우에 「i-ro」 「ir-o」로 두

가지 표기의 가능성을 생각할 수 있다. 어느 쪽을 선택하는가는 그 단어의 표기를 알아야만 한다. 또한 한국어는 띄어쓰기를 하므로 표기할 때 어디에서 띄어야 하는지도 주의해야 한다. 그렇기 때문에 한국에서는 초등학교 저학년 때 날마다 받아쓰기 연습을 하는 것이 일반적이라는 것이다. 인터뷰에 의하면 구체적으로는 선생님이 불러주는 단어나 문장을 정확하게 쓸 수 있는지를 확인하는 것이라고 한다. 매일같이 테스트를 하여 틀린 곳을 지적하기 때문에 어렵다고 한 것 같다. 여기에 관련되는 코멘트로서 「띄어쓰기」3, 「정서법(正書法)」2, 「정서법·경어가 어렵다」1, 「문법이 까다롭다(띄어쓰기·정서법)」1, 「띄어쓰기가 힘들다」1, 「받아쓰기」1 등이 있다.

:4: 결론

이상 [표2]의 내용을 분야별로 그 세목을 살펴봤다. [표2]의 분야별 코멘트 수의 추세를 표로 정리하면 [표3]과 같이 된다.

표3 C대생 한국어관 분야별

	분야	코멘트 수	비율(%)
A	국가·민족	70	11.6
B	언어	232	38.5
C	문화	171	28.4
D	속성	102	16.9
E	습득면	27	4.5
합계		602	99.9

[표3]을 보면 코멘트 전체 중에서 B. 「언어」에 관한 것이 가장 많고, 「문화」「속성」「국가·민족」「습득면」 순이다.

한국인의 모국어관에서는 「언어」와 「문화」 두 분야에 걸쳐 세종대왕으로 대표되는 한글의 역사적 측면을 높게 평가한 것이 많음을 알 수 있었다. 또 그와 관련하여 창제된 한글의 훌륭함을 언급하는 것이 많았다. 구체적으로는 표음면(表音面)의 특징이나 왕이 백성을 위해 만들었다는 배경에 관한 코멘트였다. 또 「습득면」에 관해서는 한글은 모음과 자음을 기호화한 표음문자이기 때문에 읽기 쉽고, 쓰기 쉽다고 평가하는 한편, 띄어쓰기 같은 표기에 관한 어려움도 들고 있었다.

결론적으로 한글 문자와 표기에 대한 관심이, 많은 한국인의 모국어관을 형성하고 있다고 할 수 있다.

제4장a

중국인 대학생의 중국어관(中國語觀)
- 베이징시(北京市) -

엔도 오리에
(遠藤織枝)

:1: 조사

a. **조사대상** : 베이징시 D대학 학생(언어 · 외국어전공 이외의 1학년생)
   100명

b. **조사시기** : 2007년 9월

c. **조사방법** : 「'중국어'라는 말을 듣고 떠오르는 이미지를 5개 적으시오.」
   라는 설문에 서술형으로 대답을 받았다. 설문 · 응답은 모두 중국
   어로 실시하고, 분석은 일본어 번역을 사용했다.

d. **총 코멘트 수** : 499

e. **출신민족** : 한족 98명 · 회족 1명 · 토가족 1명

: 2 : 정리(어구별)

코멘트로 기술된 어구를 전체 자료에서 검색해서 어떤 코멘트가 많은 가를 조사했다. 횟수가 많은 순으로 20위까지를 [표1]로 나타냈다.

중국어라는 말을 듣고 떠올릴 수 있는 이미지로 가장 많았던 것은 「아름답다・예쁘다・미감(美感)・미관(美觀)」으로, 응답자의 반수 이상을 차지하고 있다. 여기에는 단순히 「아름답다」라고만 기술된 32코멘트 외에 「형태가 예쁘다」, 「문자에 미감(美感)이 있다」 등 중국어를 전체적으로 아름답다고 보는 의견과 문자・리듬 등 중국어의 어떤 측면에 대해 「아름답다」고 보는 의견이 있었다.

다음으로는 「깊다・심오하다・깊이 있고 오묘하다」 등의 「깊이」를 포함한 단어로 약 반수의 응답자가 답하고 있다. 「폭넓고 깊다」, 「심오하다」 등 중국어 전체에 대하여 「깊다」라고 하는 의견과 「간단한 말에 깊은 의미가 숨겨져 있다」, 「시(詩)의 정취가 깊다」와 같이 대상을 좁혀 「깊다」라고 하는 의견이 있었다. 3위의 「풍성하다・풍부하다」, 4위의 「폭넓다」도 중국어 자체의 속성이다. D대학 학생들에게 중국어의 이미지를 물어보면 「아름답다・깊다・폭넓다・풍성하다」 등 속성으로 인식하는 학생들이 많다고 할 수 있다.

다섯 번째로 많은 이미지가 「문자・한자」 등 중국어를 표기하는 문자에 대한 것으로, 중국어의 내부를 반영한 코멘트이다.

다음으로 「간단하다」, 「복잡하다」 등의 속성이 이어지고 나서 8위에 「역사」가 나온다. 여기에서 중국어 자체의 속성이 아닌, 중국어가 놓인 위치・배경에 관한 코멘트가 나온다. 10위는 중국어는 「어렵다」는 속성을 기술한 의견과 「배우기 힘들다」, 「마스터하기 어렵다」, 「외국인에게 있어서는 어렵다」 등 습득면에서 본 어려움이라고 보는 의견을 포함한 것으로 18코멘트가 있었다. 18%가 중국어를 어떤 의미에서든 「어렵다·～하기 힘들다」라고 생각하고 있는 것이다. 10위 이하에도 속성에 대한 코멘트가 계속되는데, 모두 「탄력적이다·재미있다·유머있다·우아하다·편안하다」 등의 긍정적 이미지이다.

표1 D대학 학생의 중국어관 어구별 정리

순위	어구	코멘트수
1	아름답다·예쁘다·미감(美感)·미관(美觀)	58
2	깊다·심오하다·깊이 있고 오묘하다	47
3	풍성하다·풍부하다	40
4	폭넓다	38
5	문자·한자·자형·글자	29
6	간단하다·간결하다·간략하다	29
7	복잡하다	28
8	역사	19
9	의미	19
10	어렵다·～하기 힘들다	18
11	변화	14
12	표현	14
13	구체적이다	11
14	문화	10
15	단어·어휘	8
16	탄력적이다·탄력성	7
17	재미있다·유머있다	7
18	정취가 있다	7
19	우아하다	6
20	편안하다·기분 좋다	6

: 3 : 정리(분야별)

상기한 검색 결과로 D대학 학생들이 중국어의 이미지에 대해 응답한 코멘트의 대부분의 내용은 알게 되었다. 그러나 「아름답다」라고 기술되어 있다고 해도 그 단어 자체만 기술된 것과 「형태가 예쁘다」 「리듬이 아름답다」라고 기술된 것은 받아들이는 이미지 면에서 차이가 있다. 막연히 중국어 전체를 「아름답다」고 바라보는 것과 「문자가 아름답다」 「형태가 예쁘다」라고 기술된 것 사이에는 차이가 있는 것이다. 전자는 중국어를 총체적으로 「아름답다」고 생각하는 것이지만, 후자는 「리듬」 「문자」는 아름답다고 생각하지만 그 이외에는 아름답다고 생각하지 않는다는 것일지도 모르기 때문이다. 그래서 다음의 내용은 「아름답다」나 「깊다」 등의 속성이 무엇에 대한 것인가를 구분해서 분석해 나갈 것이다. 다른 언어의 경우와 마찬가지로 A. 국가·민족 등 어떤 관련을 의식해서 기술한 코멘트, B. 언어 자체를 중심으로 분류하는 것, C. 문화로 인식하는 것, D. 총체적인 속성을 서술한 것, E. 습득면 등 다섯 가지로 분류해서 코멘트된 문장이나 어구를 보다 실체적으로 살펴보게 될 것이다. 분야별로 정리해서 [표2]에 나타낸다.

A. 중국어를 국가·민족의 관점에서 기술한 것

① 「권위」라고 기술한 것 : 2코멘트 / 2.0%

　　중국어에는 「권위가 있다」고 2명이 기술하고 있다.

② 「민족」: 1코멘트

　　중국어는 「중화민족의 뿌리」라고 기술하고 있다.

　　국가·민족의 관점인 것은 3코멘트로, D대학 학생 중에서 중국어에 대해 나라나 국가·민족 등과 연결시켜 인식하는 의견은 굉장히 적다는 결과가 나왔다.

B. 언어의 관점에서 기술한 것

① 문자에 관한 것 : 29코멘트 / 29.0%

　「한자의 제자원리에는 여섯 종류가 있다. 기본적으로는 글자의 형태에서 의미를 읽을 수 있다」1, 「유일한 상형문자이다」2, 「표의문자이다」1, 「네모난 문자이다」1 등 문자의 특성을 서술한 것이 13, 「문자에는 미감(美感)이 있다・아름답다」4, 「문자가 간결하고 변화가 풍부하다」1, 「다음자(多音字)가 까다롭다」1, 「글자가 많다」3, 「형태가 예쁘다」3 등과 같이 문자에 대한 인상을 서술한 것이 14코멘트이다. 그 중에는 「다음자(多音字)・동음자(同音字)가 너무 많다」2 라고 부정적으로 보는 코멘트도 있었다.

② 의미에 관한 것 : 20코멘트 / 20.0%

　「의미가 깊다」4, 「의미가 풍부하다」5, 「의미가 다양하다」4, 「같은 글자라도 의미가 다르다」3, 「미묘한 의미」1, 「정확한 의미를 나타낸다」1 등 중국어를 의미면에서 바라보는 것이다.

표2　D대학 학생 중국어관 분야별 세목

	5분류	세목	코멘트수	비율(%)
A	권위・민족	①권위	2	2.0
		②민족	1	1.0
B	언어	①문자	29	29.0
		②의미	20	20.0
		③리듬・음운・발음・음률	15	15.0
		④표현	14	14.0
		⑤단어・어휘	8	8.0

		⑥방언	5	5.0
		⑦서체·서도	4	4.0
		⑧시	3	3.0
		⑨고전중국어	2	2.0
C	문화	①역사·유구하다·전통	30	30.0
		②문화	11	11.0
		③발전	3	3.0
D	속성	①아름답다·좋다·우아하다· 멋지다 / 아름답지 않다	50	50.0
		②깊다·심오하다·깊이 있고 오묘하다	39	39.0
		③폭넓다·폭이 넓지 않다	37	37.0
		④복잡하다	25	25.0
		⑤풍성하다·풍부하다	23	23.0
		⑥정확하다·명료하다·확실하다· 정밀하다·정돈되다 등	17	17.0
		⑦간결하다·간단하다·간략하다	16	16.0
		⑧변화가 풍부하다	14	14.0
		⑨구체적이다	11	11.0
		⑩정취·경지(境地)·불가사의하다	11	11.0
		⑪탄력적이다	7	7.0
		⑫재미있다·유머있다	6	6.0
		⑫어렵다·~하기 힘들다	6	6.0
		⑭생동감 있다	5	5.0
		⑭애매하다·명료하지 않다	5	5.0
		⑯미묘하다·자세하다	4	4.0
		⑯독특하다·유일하다	4	4.0
		⑱까다롭다·너무 복잡하다	3	3.0
		⑱익숙하다	3	3.0
		⑳크다·위대하다	2	2.0
		⑳감성적이다	2	2.0
		⑳실용적이다	2	2.0
E	습득	①어렵다·~하기 힘들다	12	12.0
		②~하기 쉽다	3	3.0

③ 리듬·음운·발음·음률 등 음성발화에 관한 것 : 15코멘트 / 15.0%

리듬에 대해서는 「리듬이 있다」3, 「리듬이 예쁘다·아름답다」 2, 「리듬감이 강하다」1 등 6코멘트.

음운에 대해서는 「음운이 다양하다」1, 「음운이 아름답다」3, 「음운이 조화롭다」1 등 5코멘트. 발음에 대해서는 「발음이 아름답다」1 과 「방언의 차이가 크다. 발음이 전혀 다르다」1 등 방언의 발음에 대해 서술한 의견이 있었다.

음률에 대해서는 「음률이 좋다」2 였다.

④ 표현에 관한 것 : 14코멘트 / 14.0%

「표현력이 강하다·표현력이 갖추어져 있다」4, 「표현법이 다채롭다·다양하다」4, 「표현이 간결하다」2, 「표현이 정확하다」1, 「표현이 날카롭다」1 등 중국어를 표현력 면에서 긍정적으로 바라보는 의견이 많은 반면, 「같은 개념이라도 지역에 따라 표현방법이 상당히 차이가 난다」1 등 표현방법의 지역차를 서술한 것과 「애매한 표현이 되기 쉽다」1 과 같이 부정적으로 바라보는 의견도 있었다.

⑤ 단어·어휘에 관한 것 : 8코멘트 / 8.0%

「단어」에 대해서는 「단어가 풍부하고 폭넓다」1, 「일부 단어는 매우 아름답다. 사람을 놀라게 할 정도이다」1, 「단어의 조합이 간단하고 편리하다」1 등 5코멘트.

⑥ 방언에 관한 것 : 5코멘트 / 5.0%

방언에 대해서는 중국어에 방언이 많은 것을 「중국어 관계의 방언이 풍부해서 재미있다」1 라고 긍정적으로 보는 코멘트와 「방언이 너무 많다」2 라고 부정적으로 보는 것, 「방언이 많다」1 이라고 사실적으로 서술한 것이 있다. 또「방언의 차이가 크다」1 이라고 차이의 크기를 언급하고 있는 것도 있다.

⑦ 서체 · 서도에 관한 것 : 4코멘트 / 4.0%

서도에 대해서는 중국어가「서도, 예술과 밀접하다」1, 중국어에는「서도라고 하는 예술이 있다」1 이라고 예술성을 지적한 것이 2코멘트.

서체에 대해서는「서체가 예쁘다, 아름답다」2 라는 코멘트가 있었다.

⑧ 시에 관한 것 : 3코멘트 / 3.0%

중국어를 시와 관련해서 기술한 것으로「시의 정취가 풍부하다」1,「시처럼 아름답다」1,「시의 정취가 깊다」1 등 합계 3코멘트가 있었다.

⑨ 고전중국어에 관한 것 : 2코멘트 / 2.0%

고전중국어라고 한정해서「마스터하는 것이 힘들다」1,「현묘(玄妙)하다」1 등 합계 2코멘트가 있었다.

C. 중국어를 문화의 관점에서 기술한 것

①「역사 · 유구하다 · 전통」: 30코멘트 / 30.0%

역사에 대해서는 19개의 코멘트가 있는데, 중국어를「역사가 길다」18,「역사가 있다」1과 같이 역사의 관점에서 보고 있는 의견이 많다. 마찬가지로 중국어는「유구하다」9,「전통이 있다」2 라고도 인식되고 있다.

②「문화」: 11코멘트 / 11.0%

중국어를 문화로 이해하고 있는 것으로「문화의 정신이 풍부하다」3, 「문화의 깊이가 있다」2, 「문화의 정신이 있다(옛 글자체)」1, 「문화와 관계가 밀접하다」1, 「문화상으로 계속 계승된다」1, 「문화에 녹아 있다」1, 「유구한 문화」1 등 여기까지는 자국의 문화에 대한 코멘트였지만, 「외래의 문화로 변화되는 것은 간단한 문제가 아니다」1 이라고 「외래의 문화」로의 변화에 대하여 서술한 의견도 있다.

③ 「발전」: 3코멘트 / 3.0%

　　중국어는 「시대와 더불어 발전한다」3 이라고 서술된 것이 있다.

D. 중국어 전체로서 그 속성에 대해 기술한 것

① 「아름답다·좋다·멋있다·우아하다」: 49코멘트 / 49.0%,

　「아름답지 않다」: 1코멘트 / 1.0%

　　중국어는 「아름답다」32, 「비교적 아름답다」1 등 아름답다고 생각하는 코멘트가 33인 것에 비해 「아름답지 않다」1 이라고 하는 코멘트도 있었다. 또 「미감(美感)이 있다」5, 「미의식(美觀)을 드러낸다」1 등의 코멘트도 있었다.

　　「좋다」라는 의견이 9코멘트 있었는데, 그 내용은 「듣기에 편안하다」5, 「기분이 좋다」1, 「느낌이 좋다」1, 「포용성이 좋다」1, 「굉장히 좋다」1 이었다.

　　그 외에 중국어는 「우아하다」6, 「멋있다」2 라는 코멘트도 있었다.

② 「깊다·심오하다·깊이 있고 오묘하다」: 39코멘트 / 39.0%

　　중국어는 「폭넓고 깊다」28 이라고 서술한 의견이 많았다. 그 중에서는 「풍부하고 폭넓고 깊다」라고 3개의 수식어를 나열한 의견도 있었다. 그 외에 「심오하다」5, 「깊다」3, 「경지(境地)가 깊이 있고 오묘하다」2,「깊이 있는 내용이 포함되어 있다」1이 있었다.

③ 「폭넓다」: 36코멘트 / 36.0%,「폭넓지 않다」1코멘트 / 1.0%

중국어는「폭넓고 깊다」28코멘트,「넓다 · 폭넓다」6,「넓고 풍부하다」1,「폭넓게 전승되었다」1 등 긍정적인 코멘트가 많았지만,「사용범위가 그다지 넓지 않다」1 등 사용범위를 부정적으로 보는 의견도 있었다.

④ 「복잡하다」: 25코멘트 / 25.0%

중국어는「복잡하다」23,「복잡하게 뒤얽혀 있다」1,「문법상 변화가 복잡하지만 규칙이 많지 않다」1 등 중립적인 의견이었다.

⑤ 「풍성하다 · 풍부하다」: 23코멘트 / 23.0%

중국어는「풍성하다」1,「풍부하다」18,「의미가 풍부하다」2,「내용이 풍부하다」1,「복잡할 정도로 풍부하다」1.(그 외에「어휘」5,「의미」5,「문화의 의미」2,「시의 정취 · 방언」각1)

⑥ 「명확하다 · 명료하다 · 정확하다 · 확실하다 · 정돈되다 · 정밀하다 · 자세하다」: 17코멘트 / 17.0%

중국어는「정확하다」3,「명료하다 · 간단명료하다」2,「알기 쉽다」2,「정확하다」2,「정밀하다」4,「확실하다」2,「정돈되다」2 라고 하는 긍정적인 코멘트에 비해「애매하다」3,「정확하지 않다」1,「명료하지 않다」1 등 부정적인 의견도 5코멘트 있었다.

⑦ 「간결하다 · 간단하다 · 간략하다」: 16코멘트 / 16.0%

중국어는「간결하다」10,「간단하다」4,「간략하다」2 등 16코멘트였다.

⑧ 「변화가 풍부하다」: 14코멘트 / 14.0%

중국어는「변화가 풍부하다」13 외에「탄력적이고 변화가 풍부하다」1 이라는 의견도 있었다.

⑨ 「구체적이다」: 11코멘트 / 11.0%

중국어는 「구체적이다」11 라고 단언하고 있다.(그 외에 「문자가 구체적이다」1)

⑨ 「정취・경지(境地)・불가사의」: 11코멘트 / 11.0%

중국어는 「정취가 있다」4, 「경지(境地)」2, 「매우 불가사의하다」2, 「시의 정취가 풍부하다」1, 「독특하고 고풍스러운 정취가 있다」1, 「시의 정취가 깊다」1 등과 같은 코멘트였다.

⑪ 「탄력적이다」: 7코멘트 / 7.0%

중국어는 「탄력적이다」4, 「탄력성이 있다」3 이라고 하는 코멘트였다.

⑫ 「재미있다・유머있다」: 6코멘트 / 6.0%

중국어는 「재미있다」4, 「유머가 있다」2 라고 하는 코멘트였다.

⑫ 「어렵다・~하기 힘들다」: 6코멘트 / 6.0%

중국어는 「쓰기 힘들다」가 3코멘트, 중국어는 「어렵다」고 하는 것이 3코멘트.

⑭ 「생동감 있다」: 5코멘트 / 5.0%

중국어는 「생동감 있다」라는 코멘트가 5개였다.

⑭ 「애매하다・불명확하다・정확하지 않다」: 5코멘트 / 5.0%

⑥의 「명료하다・정확하다」 등의 긍정적인 코멘트가 있는 반면, 「애매하다」3, 「불명확하다」1, 「정확하지 않다」 등의 부정적인 코멘트가 5개 있었다.

⑯ 「미묘하다・자세하다」: 4코멘트 / 4.0%

중국어는 「미묘하다」1, 「풍부하고 미묘한 의미를 나타낸다」1,

「자세하다」2 등 4코멘트.

⑯ 「독특하다 · 유일하다」: 4코멘트 / 4.0%

　　중국어는 「독특하다」2, 「유일하다」2.

⑱ 「익숙하다」: 3코멘트 / 3.0%

　　중국어는 「익숙하다」라고 하는 의견이 3코멘트였다.

⑱ 「너무 복잡하다 · 까다롭다」: 3코멘트 / 3.0%

　　「배우기 어렵고 너무 복잡하다」1과 「까다롭다」2의 부정적인

코멘트였다.

⑳ 「크다 · 위대하다」: 2코멘트 / 2.0%

　　중국어는 「크다」1, 「위대하다」1.

⑳ 「감성적이다」: 2코멘트 / 2.0%

　　중국어는 「감성적이다」라는 의견이 2코멘트.

⑳ 「실용적이다」: 2코멘트 / 2.0%

　　중국어는 「실용적이다」라는 의견이 2코멘트.

E. 중국어를 습득 · 학습의 관점에서 기술한 것

① 「어렵다 · ～하기 힘들다」: 12코멘트 / 12.0%

　　「배우기 어렵다」8(그 중 「중국어권 이외의 사람에게」1), 「마스
터하기 어렵다 · 마스터가 힘들다」2, 「외국인에게는 어렵다」1, 「정
통(精通)하기가 어렵다」1 등 12코멘트 중 2코멘트는 '외국인 · 중
국어권 이외의 사람에게 있어서'라고 명시되어 있었지만, 10코멘
트는 누구에게 있어 어려운지가 불명확했다. 중국인 자신들에게
있어서도 어렵다는 생각이 포함되어 있을 가능성이 있다.

② 「～하기 쉽다」: 3코멘트

「배우기 쉽다」1, 「단어의 조합 방법이 표음문자보다 배우기 쉽다」1, 「읽기 쉽다」1.

: 4 : 결론

이상 [표2]의 내용을 분야별로 그 세목(細目)을 살펴보았다. [표2]를 분야별 코멘트수의 추세를 기준으로 다시 표로 정리하면 [표3]이 된다. 코멘트 전체 중에서 D「속성」에 관한 것이 압도적으로 많았고, 「언어」, 「문화」, 「습득」, 「국가·민족」의 순으로 나타났다. 그 중에서도 「아름답다·좋다·멋있다」 등 중국어를 아름답다고 생각하고 있는 응답자 수가 반수에 이르고 있는 것과 「깊다·폭넓다·복잡하다·풍부하다·독특하다」 등 22개에 걸친 많은 속성이 거론되었다는 점이 특징적이다. 한편으로는 「국가·민족」에 관한 의견이 극히 적은 것이 베이징시 D대학 학생들이 가지고 있는 모국어관의 하나의 특징이라고 할 수 있다.

표3 D대학 학생 중국어관 분야별

	분야	코멘트수	비율(%)
A	국가·민족	3	0.7
B	언어	100	22.0
C	문화	44	9.7
D	속성	292	64.3
E	습득	15	3.3
합계		454	100.0

일본어의 모어의식과 언어의식

중국인 대학생의 중국어관(中國語觀)
- 우한시(武漢市) -

엔도 오리에
(遠藤織枝)

:1: 조사

a. **조사대상** : 우한(武漢)시 E대학 언어·외국어 전공 이외의 1학년 학생
203명

b. **조사시기** : 2007년 9월

c. **조사방법** : 「'중국어'라는 말을 듣고 떠오르는 이미지를 5개 적으시오」
라는 설문에 서술형으로 대답을 받았다. 설문·응답 모두 중국어
로 실시하고, 분석은 일본어 번역을 사용했다.

d. **총 코멘트 수** : 973

e. **출신민족**

한족 90명·회족 25명·장족(壯族) 18명·토가족 13명·묘족 8
명·만주족 8명·동족 8명·요족 7명·몽고족 6명·포의족 5

명・이족 3명・사족 3명・장족(藏族) 2명・조선족 2명・여족 1
명・수족 1명・타이족 1명・백족 1명(소수민족 합계112명) 무기
명 1명 합계 203명

정리 방법은 앞 장의 내용과 동일하지만, E대학은 소수민족 출신자가
많은 대학이기 때문에 수치를 계산할 때는 한족 출신 학생과 소수민족
출신 학생을 나누어 표시한다. 전자는 「K」, 후자는 「S」로 표기한다.
분석할 때에도 「한족 출신 학생」, 「소수민족 출신 학생」이라는 말이
빈번하게 나타나기 때문에 거기에서도 「K학생」, 「S학생」이라고 표기하
기로 한다. 출신 민족을 기술하지 않은 경우는 「N」이라고 표기한다.

: 2 : 정리(어구별)

코멘트에 기술된 어구를 단순히 검색한 결과를 정리해서 빈도가 높은
순으로 20위까지를 [표1]로 표시한다.

여기에서는 '중국어'라는 말을 듣고 「중국・중국인・중국어」라고 서
술한 학생이 모두 186명 있었다. '중국어=중국'이라고 하는, 국가와 언어
와의 연결을 강하게 인식하고 있는 결과라고 생각된다. 이 어군(語群)의
응답자를 출신 민족과의 관련에 초점을 두고 살펴보면 186명 중 「S학생」
이 100명, 「K학생」이 86명으로, 소수민족 출신 학생들이 중국어와 「국
가」를 연결해서 의식하는 경우가 많았다.

표1 E대학 학생의 중국어관 어구별 정리

순위	어구	코멘트수	K학생	S학생	
1	중국	76	36	40	
2	중국어	60	33	27	
3	중국인	51	18	33	
4	민족	48	18	30	
5	문자·한자	44	14	30	
6	긍지	43	22	21	
7	역사	40	17	22	1(N)
8	한어	36	15	21	
9	문화	34	15	19	
9	깊다·심오하다	34	17	16	1(N)
11	예쁘다·아름답다	31	15	16	
12	친근하다	30	10	20	
13	표준어	28	15	13	
14	방언	27	9	18	
15	풍성하다·풍부하다	25	11	14	
16	어렵다·~하기 힘들다	24	11	13	
17	말	21	8	13	
18	「중국어」(노래제목)	19	6	13	
19	베이징	18	7	11	
20	의미	12	5	7	

중국어라는 말을 듣고 「중국어」라고 서술한 코멘트가 많았던 것은 중국 학생들이 자국의 언어를 「한어(漢語)」라고 부르는 경우가 많은 것과 관련이 있는 것 같다. 「한어」에 대한 이미지를 물었다면 코멘트의 경향이 조금은 달라졌을 수도 있다.

다음으로 많았던 것은 「민족」이었는데, 그 중에서 「중화민족」이라고 답한 경우가 가장 많아서 10명에 달했다. 「56개의 민족」이라고 답한 사람이 7명, 「민족」만으로 기술한 사람이 6명 있었다. 중국어라는 말을

듣고「중국 각 민족의 말」,「소수민족의 언어와 다르다」,「소수민족의
말」,「중국 56개 민족 언어의 집합체」등 민족과 관련해서 언급한 학생
이 많았다. E대학의 응답자 중에서「S학생」쪽에「민족」이라는 답변이
많았는데,「K학생」의 1.7배에 이르렀다. 이런 코멘트는 베이징시의 D
대학에서는 전혀 볼 수 없었던 것이다. E대학에서는「K학생」이「S학생」
에 비하면 적다고는 해도 전체「K학생」수 90명 중 18명 (20.0%)이 있었
는데, D대학 학생들의 답변에서는 전혀 없었다.

5위에 문자・한자에 관한 코멘트가 있는 것은 D대학과 마찬가지이
다. 6위의「긍지」에 관한 코멘트는 D대학에서는 보이지 않았던 것으로,
E대학에서만 특징적으로 보이는 것이다. 여기에서는「명예롭다・긍지
로 생각한다」의「긍지」로 검색한 결과가 43코멘트로 나타났지만,「자
랑스럽게 생각한다」등「자랑」이라는 말까지 더하면 48코멘트가 되어
「민족」이라는 코멘트 수와 같아진다.「역사」,「문화」라고 답변한 경우
도 많았는데, 이것은 모두 중국어 그 자체에 대한 코멘트라고 하기보다
는 그 배경에 있는 것을 평가하거나 의식한 코멘트라고 할 수 있다.
중국어 그 자체를 어떻게 보느냐에 대해서는「심오하다・아름답다」등
속성을 나타내는 단어를 사용하는 것으로 나타났다.

「깊다・심오하다・깊이 있고 오묘하다」의 속성을 나타내는 단어가
9위에 나타난다.「예쁘다・아름답다」는 11위에 나타난다.

이것은 D대학과는 크게 차이나는 것이다. D대학 학생은 오로지 속성
으로 중국어를 판단해서「아름답다・예쁘다」가 51코멘트로 응답자의
반수 이상을 차지하고 있었고, 10위까지 중에서 중국어를 그 배경 등으
로 인식한 것은「역사」라는 답을 한 8위뿐이었다.

중국어를「어렵다」나「배우기 힘들다」와 같이 보는 학생들은 16위로

응답자 중 11.8%였다. D대학의 10위 16.0%보다 약간 낮았다.

: 3 : 정리(분야별)

A. 중국어를 국가·민족의 관점에서 기술한 것

① 「긍지·자랑」에 관한 것 : 39코멘트 / 19.2% (K20 : S19)

중국어를 「긍지」라고만 쓴 것 20(K20:S10), 「자랑스럽게 느낀다」5(K3:S2), 「긍지로 생각한다」2(K1:S1), 「자랑스럽다」5(K2:S3), 「중국어는 세계에서 제일 어려운 언어로 이 언어를 배워서 사용하는 것을 자랑스럽게 생각한다」1(K1), 「유구한 역사를 가지고 있는 것을 자랑스럽게 생각한다」1(K1) 등의 코멘트가 있었다. 「긍지·자랑」에 대해서는 「K학생」, 「S학생」의 차이는 보이지 않았다.

② 「중국·중국인」에 관한 것 : 37코멘트 / 18.2%(K15:S22)

중국어라는 말을 듣고 「중국」이라고만 쓴 경우가 16(K7:S9), 「중국인」이라고만 쓴 경우가 21(K8:S13). 「중국」, 「중국인」이라고만 기술한 응답자는 「K학생」보다 「S학생」쪽이 약간 많았다.

③ 「민족」에 관한 것 : 37코멘트 / 18.2%(K14:S23)

중국어의 이미지를 다음의 각 단어로만 서술한 것은 「중화민족」6(K3:S3), 「한민족」2(K1:S1), 「민족」6(K3:S3), 「56개의 민족」7(K3:S4), 「소수민족」2(S2), 「민족정신」2(S2), 「민족감정」1(S1), 「중화민족의 문화가 깃들어 있는 말이다」1(S1), 「중국인은 인구가 많고 민족도 다양하다」1(S1). 「중화민족은 대단하다」1(K1).

표2 E대학 학생 중국어관 분야별 정리

	5분류	세부항목	코멘트	비율(%)
A	국가 · 민족	①긍지 · 자랑	39	19.2
		②중국 · 중국인	37	18.2
		②민족	37	18.2
		④조국 · 애국 · 대만 · 화교 · 만리장성 · 양자강 · 황하	20	9.9
		⑤베이징	16	7.9
		⑥통일 · 단결	9	4.4
		⑦모택동 · 강희제 · 진나라 · 진시황 · 대사관	8	3.9
B	언어	①중국어	54	26.6
		②한자 · 문자	44	21.7
		③한어	35	17.2
		④표준어	30	14.8
		⑤방언	27	13.3
		⑥말	20	4.9
		⑦발음 · 악센트 · 리듬	16	7.9
		⑧의미	10	4.9
		⑨어휘	10	4.9
		⑩서도	5	2.5
C	문화	①역사	40	19.7
		②문화	34	16.7
		③전통 · 습관	25	12.3
		④공자	8	3.9
		⑤발전	5	2.5
D	속성	①깊다 · 심오하다	25	12.3
		①친밀감	25	12.3
		③예쁘다 · 아름답다 · 대단하다 · 멋있다 · 좋다	23	11.3
		④풍성하다 · 풍부하다	10	4.9
		④간단하다 · 간결하다	10	4.9
		④어렵다	10	4.9
		⑦재미있다	7	3.4
		⑦기백이 있다 · 굉장하다	7	3.4

		⑨따뜻하다·마음이 따뜻해지다	6	3.0
		⑨이상하다	6	3.0
		⑨복잡하다	6	3.0
		⑫우아하다	2	1.0
E	습득	①외국인	14	6.9
		②~하기 쉽다	11	5.4
		③어렵다·~하기 힘들다	8	3.9
		④공부	4	2.0

「중화민족의 피와 땀의 결정체」1(S1) 등의 코멘트가 있었다. 민족에 관한 코멘트는 「S학생」쪽이 많아서 「S학생」쪽이 민족의식이 강하다는 것을 엿볼 수 있다.

④ 「조국·애국·대만·화교·황하·양자강·만리장성」: 20코멘 트 / 9.9%(K11:S9)

「조국」3(K1:S2), 「애국」2(S2), 「대만」3(K2:S1), 「화교」2(K1:S1), 「만리장성」5(K2:S3), 「황하」2(K2), 「양자강」2(K2).

중국어에서 연상되는 이미지로 국가에 대한 마음과 국가의 범 위, 국토 등을 기술한 것이다. 황하·양자강이라고 강의 이름을 기술한 것은 「K학생」뿐이었다.

⑤ 「베이징」: 16코멘트 / 7.9% (K7:S9)

「베이징올림픽」6(K2:S4), 「베이징」7(K4:S3), 「천안문」2(K1:S1), 「고궁」1(S1).

조사 시기가 베이징 올림픽 전년(2007년)이라서 올림픽에 대한 중국인의 관심이 높았던 시점이기 때문에 「중국어」에 대한 조사 에서도 이 같은 인상을 기술한 학생이 많았다.

⑥ 「통일·단결」: 9코멘트 / 4.4%(K3:S6)

「통일」4(K1:S3), 「단결」5(K2:S3).

중국어의 이미지를 물어 보았을 때 「통일」, 「단결」이라는 단어를 떠올리는 학생이 9명 있었는데, 그 수치는 「S학생」이 「K학생」의 2배였다.

⑦ 「모택동·강희제·진나라·진시황·대사관」: 8코멘트 / 3.9% (K6:S2)

「모택동」4(K3:S1), 「강희제」1(K1), 「진나라」1(K1), 「진시황」1(S1), 「대사관」1(K1)로, 중국어에서 연상되는 이미지로 국가의 지도적인 인물, 국가가 번영했던 시기, 국가를 대표하는 기관을 기술한 것이다. 이 항목에서는 「K학생」의 수가 「S학생」을 압도하고 있다.

B. 언어의 관점에서 기술한 것

① 「중국어」: 54코멘트 / 26.6%(K26:S28)

조사 당시 중국에서 유행하고 있던 「SHE」라는 그룹의 「중국어」라고 하는 제목의 노래에 대한 코멘트가 많았는데 14(K6:S8)였다. 「사용하는 사람이 많다, 세계에서 많이 사용된다」는 11(K7:S4)로 「국제어가 되었으면 좋겠다」2(K1:S1), 「마땅히 중요시해야 한다」2(K1:S1), 「중국의 상징」1(K1), 「열심히 노력해서 중국어를 발전시키자·보급시키자」4(K2:S2) 등 긍정적이고 적극적으로 의식하고 있는 경우가 많았지만, 「영어에 비해서 소홀히 취급되고 있다, 영어의 충격을 받고 있다, 위기」라는 코멘트도 3(K2:S1) 있었다. 또 「어렸을 때 중국어 공부를 시작했다」1(S1), 「열심히 공부해서 중국어를 마스터해야 한다」1(S1) 등과 같이 소수민족 학생의 제2언어로서 중국어를 인식하고 있는 코멘트도 있었다.

② 「한자·문자」: 44코멘트 / 21.7%(K13:S31)

「한자」에 관한 코멘트 22(K10:S12).

「한자」라고만 기술한 것 12(K8:S4), 「예쁘다·아름답다」3(K1:S2), 「생동감 있다」1(K1), 「재미있다」1(S1), 「어렵다」1(S1), 「세계 각지에서 중국 한자가 보이게 되면 좋겠다」1(S1).

「문자」에 관한 코멘트 22(K3:S19).

「문자」라고만 기술한 것 1(S1), 「의미가 많다·깊다」2(S2), 「역사가 길다」1(K1), 「복잡하다」1(S1), 「많다」1(S1), 「문자가 잘 정리되어 있고 친밀하고 알기 쉽다」1(S1) 등 문자에 대한 인상을 서술한 것과 「사각형 문자」8(K1:S7), 「갑골문자」5(K2:S3), 「상형문자」2(S2), 「고대문자」1(S1), 「회의문자」1(K1) 등 문자의 형태·분류·역사 등에 대해 서술한 것이 있다.

「한자」에 대한 코멘트에서는 「K학생」, 「S학생」의 사이에 차이가 크지 않았지만, 「문자」에 관한 코멘트에서는 「S학생」이 「K학생」을 압도했다. 소수민족 학생에게 있어서는 한족 학생보다는 저항감이 있어서 의식에 영향을 미치는 경우가 많았을 것으로 생각된다.

③ 「한어(漢語)」: 35코멘트 / 17.2%(K16:S19)

중국어라고 들었을 때의 이미지로 「한어」라고 기술한 대답이 많았는데, 이것은 현재 대다수의 중국인이 일본어에서 말하는 중국어를 「한어」라고 부르고 있는 것에 기인한다. 그 중에서 「한어」라고만 서술한 것이 16(K6:S10)으로, 그 외에 「한어사전」3(K2:S1), 「한어 붐」3(K2:S1) 등이 있었다. 또 제2언어로서의 중국어를 의식해서 「한어를 잘 하게 되면 생활하기 쉽다」1(K1), 「한어는 숙달되기 힘들다」1(S1) 이라는 답변도 있었다. 「한어와 소수민족 언어가 포함되어 있다」2(S2)는 중국어를 포함하는 개념을 서술하고 있다.

④ 「표준어」: 30코멘트 / 14.8%(K16:S14)

「표준어」라고만 기술한 것 20(K11:S9), 「표준어는 중요하다」1(K1), 「표준어를 보급해야 한다」1(K1), 「제창(提唱)해야 한다」1(K1), 「표준어는 아름답다」1(S1) 외에 「표준어를 잘 하는 것은 어렵다」1(S1), 「표준어를 열심히 공부해서 멋진 중국인이 되고 싶다」1(S1) 등과 같이 제2언어로서의 중국어 화자의 코멘트도 있었다.

⑤ 「방언」: 27코멘트 / 13.3%(K9:S18)

「방언」이라고만 쓴 것 8(K3:S5), 「방언이 풍부하다·많다」12(K4:S8), 「재미있는 동북지방 방언」1(S1), 「알기 어렵다」1(S1), 「점점 적어진다」1(S1) 등의 코멘트가 있었다. 방언을 언급한 것은 「S학생」이 많았는데, 「K학생」의 2배를 점하고 있다. 소수민족 학생에게 있어서는 자신들의 언어를 '한어=표준어'에 대한 방언으로서 의식하고 있는 것일지도 모른다.

⑥ 「말」: 20코멘트 / 9.9%(K9:S11)

「말」이라고만 기술 2(S2), 「민족의 말」3(K1:S2), 「고향의 말」2(K2), 「세계적인 말」1(S1), 「자연의 말」1(S1), 「자신의 말」1(S1), 「중국에서 쓰고 있는 말」1(S1), 「인사말」1(K1), 「청나라의『만한일가(滿漢一家)』라고 하는 말」1(K1), 「인터넷에서 나오는 새로운 말이 많아졌다」1(S1).

⑦ 「발음·악센트·리듬」: 16코멘트 / 7.9%(K10:S6)

중국어의 발음에 대해 언급한 것은 「발음이 예쁘다」5(K4:S1), 「명확하다」2(K1:S1) 이고, 악센트에 대한 것으로는 「악센트가 예쁘다고 생각한다」등「예쁘다」는 것이 4(K2:S2),「리듬이 예쁘다」
라고 한 것이 2(K1:S1), 또「유창하다」라고 한 것이 1(S1) 있었다.
음성면에서의 코멘트는「K학생」쪽이 약간 많았다.

⑧ 「의미」: 10코멘트 / 4.9%(K4:S6)

   「의미가 깊다」4(K1:S3),「의미가 풍부하다」4(K3:S1),「다듬어
져 풍부한 의미가 있는 언어이다」2(S2).

⑨ 어휘에 관한 것 : 10코멘트 / 4.9%(K7:S3)

   「성어(成語)」4(K2:S2),「어휘가 풍부하다」2(K1:S1),「관용어」
2(K1:S1),「단어의 의미가 많다」1(K1),「잰말놀이」[역자 주 : 발음
하기 어려운 말을 빨리 외우는 놀이(중국어의 饶口슈, 일본어의
早口言葉) 등] 1(K1).

⑩ 「서도」: 5코멘트 / 2.5%

   「서도」라고만 기술한 것 5(K2:S3).

C. 문화의 관점에서 기술한 것

① 「역사」: 40코멘트 / 19.7%(K7:S22:N1)

   「역사·중국의 역사」라고만 기술된 것 12(K6:S6),「중국의 역
사와 문화」2(K1:S1),「풍부한 감정을 담고 있고, 오랜 역사를 갖고
있다」등「오랜 역사·유구한 역사」를 언급한 것 20(K9:S10:N1),
「일본인이 역사문제를 인식했으면 좋겠다」1(K1) 라고 하는 코멘
트도 있었다.

② 「문화」: 34코멘트 / 16.7%(K15:S19)

   「문화·중국문화」라고만 기술한 것 6(K4:S2),「문화소양」4
(K2:S2),「문화의 계승」3(K1:S2),「풍부하다」2(K2),「고대문화」

2(S2), 「문화의 대표」2(K1:S1), 문화가 「대단하다」1(S1), 「심오하다」1(K1), 「문화침략」1(S1) 등 외에 「중국어는 중국의 문화와 역사를 창조한다」1(S1), 「중화민족의 문화가 깃든 말이다」1(S1)과 같은 코멘트도 있었다. 문화를 언급한 코멘트는 「K학생」이 약간 많았다.

③ 「전통・습관」등 : 25코멘트 / 12.3%(K12:S13)

　「전통적인 우아함」 등 「전통」을 언급한 것 6(K2:S4), 정월에 장식하는 끈을 아름답게 엮은 「중국매듭」을 떠올린 것 7(K4:S3), 「중국의 용」을 이미지화한 것 7(K2:S5), 「당시(唐詩)」3(K2:S1), 「경극(京劇)」2(K2)가 있었다.

④ 「공자」: 8코멘트 / 3.9%(K6:S2)

　「공자의 도덕경」이라고 쓰는 등 「공자」를 이미지화한 것이 8(K6:S2)개 있었는데, 한족 학생이 많았다.

⑤ 「발전」: 5코멘트 / 2.5%(S5)

　「중국은 발전하고 있고, 세계에서 차지하는 지위가 상승하고 있다」1(S1), 「중국 장래의 발전」1(S1) 등 중국의 발전과 연관지은 것이 5코멘트 있었다. 모두 「S학생」의 의견이었다.

D. 중국어 전반적으로 그 속성에 대해 기술한 것

① 「깊다・심오하다」: 25코멘트 / 12.3%(K14:S10:N1)

　「심오하고 오랜 역사를 갖고 있다」1(K1) 등 「심오하다」고 기술되어 있는 것이 22(K11:S10:N1), 「깊다」라고만 기술되어 있는 것이 3(K3) 있었다.

② 「친근감」: 25코멘트 / 12.3%(K10:S15)

「문자가 잘 정리되어 있고, 친근감이 있으며 알기 쉽다」1(S)처럼 「친근감」이 있다고 한 것이 25(K10:S15) 있었다. 이 코멘트는 소수민족 학생의 의견에서 많이 나타났다. 속성 중에서는 「깊다」와 「친근감」이 가장 많았는데, 모두 12.3%였다.

③ 「예쁘다 · 아름답다 · 좋다 · 편안하다 · 멋있다 · 대단하다」: 23코멘트 / 11.3%(K11:S11:N1)

「중국어는 세계에서 제일 예쁜 언어라고 생각한다」1(S1) 등 「제일 예쁘다」라는 의견이 4(K2:S2), 「예쁘고 품위가 있다」1(S1), 「예쁘다」라고만 기술한 것이 3(K1:S2), 또 「아름답고 듣기 좋다」1(S1) 등 「아름답다」라고 기술한 것이 4(K1:S3), 또 「들으면 편안하다」5(K2:S2:N1), 「좋다」3(K3), 「대단하다」2(K2), 「멋있다」1(S1) 등의 코멘트가 있었다.

④ 「풍성하다 · 풍부하다」: 10코멘트 / 4.9%(K7:S3)

「종류가 많고 풍성하다」 등 「풍성하다」라고 한 것이 4(K2:S2)였다. 또 「깊이가 있고 풍부한 감정을 포함하고 있으며 오랜 역사를 갖고 있다」 등 「풍부하다」라고 한 것이 3(K2:S1), 「다채롭고 풍부하다」라고 한 것이 3(K3)이었다.

⑤ 「간단하다 · 간결하다」: 10코멘트 / 4.9%(K6:S3:N1)

「간단하다」고 기술된 것은 8(K4:S3:N1)이었는데, 그 중에는 「간단하고 이해하기 쉽다」라는 것이 있는 반면, 「그렇게 간단하지 않은 것 같다」는 의견도 있었다. 「간결하다」라는 것은 2(K2)로 「간단하다 · 간결하다」의 코멘트는 「K학생」쪽이 많았다.

⑥ 「어렵다」: 10코멘트 / 4.9%(K6:S4)

「중국어는 세계에서 제일 어려운 언어」2(K2), 「영어보다 어렵다」1(S1), 「외국어보다 어렵다」1(K1), 「좀 어렵다」1(S1) 외에 「어 렵다」라고만 기술한 것이 5(K3:S2) 였다.

⑦ 「재미있다」: 7코멘트 / 3.4% (K5:S2)

중국어는 「재미있다」라는 의견이 7코멘트였다.

⑧ 「기백이 있다 · 굉장하다」: 7코멘트 / 3.4%(K3:S4)

「중국어로 말할 때 기백을 느낀다」 등 「기백」을 기술한 것은 4(S4). 「굉장하다」고 한 것은 3(K3)이었는데, 「기백」을 기술한 것은 「S학생」뿐이었고 「굉장하다」를 기술한 것은 「K학생」뿐이었다.

⑨ 「마음이 따뜻해진다 · 따뜻하다」: 6코멘트 / 3.0%(K1:S5)

중국어는 「따뜻하다」고 한 것이 2(S2), 「마음이 따뜻해진다」고 한 것이 4(K1:S3)로, 따뜻함을 느끼는 쪽은 「S학생」쪽이 많았다.

⑩ 「이상하다」: 6코멘트 / 3.0%(K2:S4)

「좀 이상하다고 생각한다」 등 「이상하다」고 한 것이 6(K2:S4) 이었다.

⑪ 「복잡하다」: 6코멘트 / 3.0%(K2:S4)

「말할 수 없을 정도로 복잡한 개념이라고 생각한다」 등 「복잡 하다」고 한 것이 6(K2:S4)으로, 중국어를 복잡하다고 느끼는 것은 「S학생」쪽이 많았다.

⑫ 「우아하다」: 2코멘트 / 1.0%(K1:S1)

중국어를 「우아하다」고 한 코멘트는 K학생 · S학생 각각 1코멘 트씩 있었다.

E. 중국어를 습득 · 학습의 관점에서 기술한 것

① 「외국인」: 14코멘트 / 6.9%(K9:S5)

「외국인도 중국어를 배우는 것을 자랑스럽게 생각한다」 2(K1:S1), 「외국인이 중국어를 점점 좋아하게 된다」2(K1:S1), 「중국어를 공부하는 외국인이 늘어나고 있다」5(K4:S1) 등.

② 「~하기 쉽다」: 11코멘트 / 5.4%(K5:S5:N1)

「알기 쉽다」3(S2:N1), 「공부하기 쉽다」4(K3:S1), 「이해하기 쉽다」1(S1), 「표현하기 쉽다」1(K1), 「사용하기 쉽다」1(K1), 「듣기 쉽다」1(S1)로 중국어 공부나 이해는 쉽다고 하는 것이 다음의 「어렵다·~하기 힘들다」라는 것보다 많았다.

③ 「어렵다·~하기 힘들다」: 8코멘트 / 3.9%(K3:S5)

「공부하기 힘들다」라는 것이 3(S3), 「배우기가 어렵다」가 2(S2), 또 「외국인에게 있어 어렵다」라고 기술한 것이 3(K3)이었다.

④ 「공부」: 4코멘트 / 2.0%(K3:S1)

「모국어를 잘 하게 될 수 있도록 열심히 공부해야 한다」1(K1), 「공부하고 싶다」1(S1)고 자신들에게 일깨우는 한편, 「세계인들에게 중국어를 공부하게 하자」2(K2)라고 하는 독특한 의견도 있었다.

: 4 : 결론

이상 [표2]의 내용을 분야별로 그 세목(細目)을 살펴보았다. 위의 표를 분야별로 코멘트수를 기준으로 표로 정리하면 [표3]과 같다.

코멘트 전체 내용 중에서 B.「언어」에 관한 것이 가장 많았고, 이어서 A.「국가·민족」에 관한 것, D.「언어 전반의 속성」, C「문화」의 순이었다. 베이징시 D대학 학생들에게 있어서는 거의 나타나지 않았던 국가・민족에 관한 것이 2위를 차지하고 있어서 E대학 학생들의 모국어관을 특징짓고 있다. 또 한족 학생과 소수민족 학생의 의식 표현방식의 차이는 A, C, E에 관해서는 차이가 적었지만, B의 중국어와 언어를 연결지어 생각하는 것은 「S학생」에게 많았고, D의 속성에 대해서 코멘트한 것은 「K학생」쪽이 많았다.

표3 **E대학 학생 중국어관 분야별**

	분야	전체	%	K학생	%	S학생	%	민족불명
A	국가・민족	166	23.8	76	23.3	90	24.2	
B	언어	251	35.7	112	34.4	139	37.4	
C	문화	112	15.9	50	15.3	61	16.4	1
D	속성	137	19.5	68	20.0	66	17.7	3
E	습득면	37	5.3	20	6.1	16	4.3	1
합계		703	100.0	326	100.0	372	100.0	5

:: 중국인 학생의 중국어관 정리

4장a의 D대학 학생들과 4장b의 E대학 학생들을 대상으로 같은 중국어에 대한 이미지를 조사했는데, 그 사고방식은 큰 차이를 보였다. 우선 E대학 학생들은 중국어라는 말을 듣고 「긍지를 갖고 있다」 「자랑스럽다」라고 생각한다는 의견이 39명 있었는데, D대학 학생들은 「자랑스럽게 생각한다」는 의견은 1명도 없었다. 또 E대학 학생들은 「중국・중국어・중국인」이라고 국가를 의식한 코멘트가 많았지만, 이 역시 D대학 학생들에게서는 보이지 않았다. 이런 차이가 나타나는 것은 E대학 학생들은 소수민족 출신 학생들이 많아 그 학생들에게 있어서는 중국어가

자신들의 모국어와는 별개의 언어이고, 국가의 것이라고 하는 의식이
있기 때문이 아닐까 생각된다.

「표준어」에 관한 코멘트도 E대학 학생들은 30명이 응답했지만, D대
학 학생들은 1명도 없었다. E대학 학생들 쪽에서는 「표준어를 확실하게
배워서 자랑스러운 중국인이 되고 싶다」고 하는 코멘트가 있었던 것처
럼 중국어는 「표준어」로서 습득해야만 하는 언어라고 하는 의식이 작용
하고 있다는 것을 알 수 있다.

「민족」, 「조국」, 「황하」, 「만리장성」 등 국토나 국가를 대표하는 건축
물·자연 등을 떠올리는 것도 E대학 학생들이었고, D대학 학생들은 없
었다. 또 「통일·단결」 등 국가를 하나로 연결하는 요인에 언어가 있다
고 하는 인식은 E대학 학생들에게는 있었으나, D대학 학생들에게는 없
었다.

D대학 학생들의 중국어관에서 가장 많았던 것은 중국어는 「아름답다」
고 하는 코멘트로, 60%에 가까운 응답자가 그렇게 답변했다. 다음으로
는 「깊다」, 「폭넓다」, 「풍부하다」 등 언어 자체를 표현하는 단어가 뒤를
잇고 있다.

즉, 중국어에 대한 이미지로 언어 자체에 대한 것이 아니라 「국가·
긍지·민족」 등 그 배경에 있는 것을 떠올리는 의견은 E대학 학생들에
게 많았고, D대학 학생들에게는 「아름답다·심오하다·풍부하다」 등
언어 그 자체에 대한 인상을 기술한 의견이 많았다.

같은 속성을 응답한 양 대학 학생들을 비교해 보면 「아름답다·예쁘
다」 등 미의식과 관련된 의견이 D대학 학생들에게서는 반수 이상을
차지했던 것에 비해 E대학 학생들은 11.3%로 D대학 학생들의 약 5분의
1에 지나지 않았다.

또, D대학 학생들에게서는 「깊다」가 39.0%, 「폭넓다」가 37.0%였던데 비해 E대학 학생들은 「깊다」는 12.3%였지만, 「폭넓다」에 관한 코멘트는 전혀 없었다.

문자에 대한 코멘트는 D대학 학생, E대학 학생 모두 많이 기술하고 있다. 한자에 대한 그 제자원리와 기능·형태 등에 대한 코멘트였다. 문자에 대한 코멘트가 많았던 것은 지금까지의 교육과 관련이 있는 것 같다.

중국의 아이들은 소학교 입학 이후 일본의 국어에 해당하는 과목 「어문(語文)」을 배우는데, 그 교과서를 보면 1학년 1과에 상형문자(象形文字)의 예가 나온다. 2과에 회의문자(会意文字)의 예가 제시되어 있고, 2학년 1과에서는 사자숙어(四字熟語)의 예가 나온다. 이어서 형성문자(形成文字)의 예가 제시되어 있다.

5학년에서는 「한자왕국」이라는 제목의 과도 있다. 중국이 3,000년의 역사를 가진 문자의 나라로서 교육에서도 한자를 중시하는 것을 알 수 있다. 코멘트 중에는 「역사가 길다」라고 역사를 언급하는 의견도 많았는데, 문자의 역사를 1학년 때부터 자세하게 가르치는 교육의 흐름과 연관되어 있다고 말할 수 있다.

「방언」에 대한 코멘트는 D대학 학생들은 5%였던 것에 비해 E대학 학생들은 13.3%로 차이가 컸다. E대학 소수민족 학생들 쪽이 한족이 많은 D대학보다도 방언에 대한 애착이나 친근감이 강하다는 것을 의미한다고 할 수 있다.

습득에 관한 코멘트에서는 D대학 학생들은 「어렵다·~하기 힘들다」가 12.0%였던 것에 비해 E대학 학생들은 7.9%로 꽤 낮은 수치를 나타내고 있다. 반대로 「~하기 쉽다」는 D대학 학생들의 3.0%에 대해 E대학 학생들은 5.4%를 나타냈다. 즉, 중국어를 습득하는 것이 어렵다고 생각하는 것은 E대학 학생들보다 D대학 학생들 쪽이 많았고, 쉽다고 생각하는 쪽은 E대학 학생들 쪽이 많았다고 하는 결과가 된다. E대학 학생들에게 있어서는 제2언어에 가까운 중국어가, 제1언어 화자가 많은 D대학 학생들보다도 배우기 쉽다고 생각하고 있는 것이다. 이것은 E대학 학생들이 이미 자신들이 습득을 마친 언어에 대해 어렵다고 인식하는 것보다 D대학 학생들이 자신들이 모국어로서 획득한 중국어를, 다른 사람이 습득하는 것을 가정해서 생각할 때를 예상해서 응답했기 때문에 보다 많은 「어렵다」는 코멘트가 나왔다고 생각할 수 있다.

参照教科書一覧

1. 小学校用
   『義務教育課程標準実験教科書「語文」』
   課程教科研究所・小学校語文課程教材研究開発中心編著
   1年級上下2001　2年級上下2001　3年級上下2003　4年級上下2004　5年級上下2005年
   6年級上下2007　人民教育出版社
2. 中学校用
   『義務教育課程標準実験教科書「語文」』
   課程教科研究所・中学校語文課程教材研究開発中心編著
   7年級2001　8年級 2007　9年級上下2003
   「全日制普通高級中学教科書第1冊～第6冊」2007-2007
   人民教育出版社中学語文室 編著

일본어의 모어의식과 언어의식

제5장

각 나라 언어관(言語観)의 정리

엔도 오리에 · 사에구사 유코
(遠藤織枝 · 三枝優子)

　지금까지 보고한 각국 대학생1: 개개인의 「언어관」를 서로 비교해보고자 한다. 이번 조사에서 사용한 앙케트는 각 나라 국어로 표기되어 답변도 각 나라 국어로 실시되었다. 조사 시기와 앙케트의 배포 회수 방법, 응답자의 속성과 인원수 등은 저마다의 환경과 조건에 따라 약간 차이가 난다. 또 분석 할 때에도 영어 일본어에 대해서는 답변을 그대로 검색하는 방법으로 실시했고, 중국어와 한국어에 대해서는 답변을 일본어로 번역해 검색하는 방법으로 실시했다. 번역이 끼어들면 당연히 문제가 발생하는데, 세세한 뉘앙스와 표현이 충분하게 전달되지 않는 부분이 있을 수도 있다. 이러한 문제점이 있다는 전제하에 각국 대학생의 언어관의 특징을 생각해 보고자 한다.

　우선 각 보고에서 언어관의 코멘트에 거론된 어구 상위 20위까지를

1: 피조사자는 뉴질랜드에서 일반 시민도 포함되어 있지만 대부분이 대학생이므로 전체를 칭할 때에는 「각국 대학생」이라 한다.

표로 만들고 그 중에 코멘트 수 상위 10위까지의 어구를 뽑아낸 것이 [표1]의 일람표이다.

이 결과에서 각 언어관의 특징적인 어구가 보인다. 일본어에 대한 코멘트로서는「어렵다」「많다・많음」「복잡하다・까다롭다」라는 형용사와「한자」「히라가나」「가타카나」등 문자에 관한 코멘트가 많다. 영어에서는 난이도 외에「다르다」「재미있다」「보통이다・흔하다」「다양하다」등 다른 언어는 상위에 들어가지 않는 형용사 수식어가 많이 있다. 한국어에서는 속성보다는「한글」「훈민정음」「세종대왕」등 문자 창제 관련의 어구가 많이 보인다. 중국어에서는 D대학생의 코멘트에서「아름답다」「깊다」「풍부하다」등 긍정적인 형용사가 많고 E대학생은「중국」「민족」「긍지」「역사」등 국가와 민족에 관련된 어구가 상위를 차지하고 있다.

또 A에서 E의 5분야로 분류한 표를 정리 한 것이 [표2]이다. [표2]는 각 지역에서 열거한 항목 중에서 두지역 이상에서 열거된 어구 및 한지역에서도 10% 이상의 비율을 차지하고 있는 어구를 표로 나타냈다. 그때 비교하기 쉽도록 일부 유사항목에 대해서는 통합한 것도 있기 때문에 각 절의 표와는 다른 부분도 있다.

이 표에서도 각 언어관의 특징을 볼 수 있다. 영어에 대해서 뉴질랜드의 피조사자는「민족의 자랑・국가 통일의 상징」이라고는 보지 않는다. 다섯 분야 중 A국가・민족 등을 의식한 코멘트는 전무하다. 이에 비해 중국에서는 E대학생이「긍지・자랑」19.2%, 한국 C대학생은「자랑스럽다・자부심」13.3%의 코멘트를 나타내고 있다. 또「국가」에 관한 코멘트는 중국 E대학생이「중국」18.2%, 한국 C대학생은「한국・한국인」26.7%, 일본 A대학생이「일본・일본인」28.3% 의 코멘트가 나타났다.

표1 각 언어관 어구별 일람

단위	일본대학생	응답자비율%	뉴질랜드	응답자비율%	한국C대학생	응답자비율%	중국D대학생	응답자비율%	중국E대학생	응답자비율%
1	어렵다	155 / 51.7	쉽다 (easy)	155 / 38.8	세종대왕	118 / 78.7	아름답다 등	58 / 58.0	중국	76 / 37.4
2	한자	144 / 48.0	어렵다 (hard)	143 / 35.8	훈민정음	41 / 27.3	깊다 등	47 / 47.0	중국어	60 / 29.6
3	히라가나	135 / 45.0	어렵다 (difficult)	82 / 20.5	과학적	29 / 19.3	풍부하다 풍족하다	40 / 38.0	중국인	51 / 25.1
4	가타카나	104 / 34.7	폭넓다 (wide)	65 / 16.3	어렵다	28 / 18.7	폭넓다	38 / 29.0	민족	48 / 23.6
5	일본 일본인	85 / 28.3	복잡하다 (complicated)	55 / 13.8	한글	24 / 16.0	문자 등	29 / 29.0	문자 등	44 / 21.7
6	말	84 / 28.0	다르다 (different)	51 / 12.8	한국	22 / 14.7	간단하다 등	29 / 28.0	긍지	43 / 21.2
7	많다 많음	70 / 23.3	간단하다 (simple)	35 / 8.8	김치	21 / 14.0	복잡하다	28 / 19.0	역사	40 / 19.7
8	경어 등	67 / 22.3	재미있다 (interesting)	31 / 7.8	언어	21 / 14.0	역사	19 / 19.0	한어	36 / 17.7
9	국어	66 / 22.0	보통이다 흔하다 (common)	29 / 7.3	모국어	20 / 13.3	의미	19 / 16.0	문화	34 / 16.7

10	까다롭다	복잡하다	49	16.3	다양하다 (vary, variety)	21	5.3	말		18	12.0	-하기 힘들다	16	깊다 등	34	16.7
10								십다		18	12.0					
응답자 총수		300			400			150				100		203		

표2 각 언어관 다섯 분야별 세목

5분류		세목	일본A대학생		뉴질랜드		한국B대학생		중국D대학생		중국E대학생	
국가	긍지·자랑	긍지·자랑·자부심 등	3	1.0%		%	20	13.3%		%	39	19.2%
	국가·국민	중국(인)·일본(인)·한국(인) 등	85	28.3			40	26.7			37	18.2
	민족	민족							1	1.0	37	18.2
	조국	조국·애국·대만·황하 등									20	9.9
언어	문자	한자·문자·히라가나·가타카나·한글 등	311	103.7	6	1.5	89	59.3	29	29.0	44	21.7
	방언	방언·간사이방언 등	43	14.3	4	1.0	12	8.0	5	5.0	27	13.3
	발음	발음·악센트·리듬·음운·음률	48	16.0	32	8.0	27	18.0	15	15.0	16	7.9
	어휘	어휘·단어·관용구			11	2.8	10	6.7	8	8.0	10	4.9
	의미	의미	26	8.7	35	8.8			20	20.0	10	4.9
	쓰기	서도·서체·쓰기·정서법 등			48	12.0	10	6.7	4	4.0	5	2.5
	국어	국어·모국어·중국어 등	126	42.0			36	24.0			54	26.6
	표현	표현	35	11.7			8	5.3	14	14.0		
	표준어	표준어	4	1.3			1	0.7			30	14.8

말	말	말	84	28.0			33	22.0			20	9.9
	경어	경어·존댓말 등	67	22.3			10	6.7				
	문법	문법	39	13.0	55	13.8						
	별칭	한어									35	17.2
	외국어	영어·중국어 등	41	13.7								
문화	역사·전통	역사·유구하다·전통·헤이안시대 등	36	12.0	7	1.8	6	4.0	30	30.0	65	32.0
	문화	문화			6	1.5			11	11.0	34	16.7
	역사상 인물	공자·세종대왕 등					121	80.7			8	3.9
	대표적인 음식	초밥·김치 등	32	10.7			32	21.3				
	발전	발전							3	3.0	5	2.5
	인사	인사·아침인사·저녁인사	63	21.0								
속성	예쁘다·아름답다	예쁘다·아름답다·대단하다 등	27	9.0%	13	3.3	19	12.7%	49	49.0%	23	11.3%
	복잡하다	복잡하다·까다롭다.	60	20.0	27	6.8	2	1.3	28	28.0	6	3.0
	어렵다	어렵다	127	42.3	15	3.8	20	13.3	6	6.0	10	4.9
	재미있다	재미있다·유머			31	7.8	3	2.0	6	6.0	7	3.4
	깊이가 있다	깊다·심오하다	8	2.7	6	1.5			39	39.0	25	12.3
	풍족하다	풍족하다·풍부			5	1.3			23	23.0	10	4.9
	간단하다	간단하다·간결하다·간략하다			11	2.8	1	0.6	16	16.0	10	4.9
	변화	변화가 많다			10	2.5			14	14.0		
	정확하다	정확하다·명료하다·확실히 등			8	2.0			22	22.0		

	애매하다	애매·불명확	19	6.3					5	5.0		
	친숙하다	친숙하다·친숙							3	3.0	25	12.3
	상냥하다	상냥하다			20	5.0	17	11.3				
	폭넓다	폭넓다			65	16.3			37	37.0		
	실용적	실용적이다·편리하다					7	4.7	2	2.0		
	독창적	창조적이다·독창성이 있다·특수하다 등	18	6.0			7	4.7				
	독특하다	독특하다·유일하다			8	2.0			2	20		
	다양하다	다양하다			51	12.8						
	국제적	국제적·세계적인			51	12.8						
	구체적	구체적							11	11.0		
	정취가 있다	정취·경지·불가사의							11	11.0		
	과학적	과학적이다					20	13.3				
습득	어렵다	어렵다··~하기 힘들다	14	4.7	70	17.5	2	1.3	12	12.0	6	3.0
	쉽다	쉽다··~하기 쉽다	3	1.0	46	11.5	9	6.0	3	3.0	11	5.4
	공부	공부·학습 등	13	4.3							4	20

영어관(英語觀) 중에서는 특정한 국가명은 볼 수 없다. 이것은 영어가 여러 나라에서 사용되고 있다고 생각되는 있는 것에 비해 일본어·한국어는 각각 「일본」, 「한국」에서만 사용되고 있는 언어로 인식되고 있는 것을 나타낸다.

뉴질랜드에서는 「널리 사용되고 있다」, 「세계에서 사용되고 있다」 등 「폭넓다」에 관한 어구를 사용한 답변이 16.3%로 높고 「국제적」 「세계적」이라는 코멘트도 합치면 12.8%이다. 영어는 「국가」와 결부시키기는

어렵다고 생각된다. 다만 중국어의 경우 같은 중국어라도 D대학생의
언어관에는 국가와 긍지에 관한 코멘트는 거의 없었다.

또「다르다」12.8%라는 코멘트도 타 지역에는 없는 어구이다. 영어는
국제적인 언어로 많은 나라에서 사용되고 있고, 각각 독자적으로「상이
한」면을 가지고 있기 때문이라고 이해할 수 있을 것이다.

한국어관(韓國語觀)의 특징은 고유문자인「한글」에 관한 코멘트가
59.3%로 많았다. 중국도 중국에서 만들어진「한자」라는 문자가 있고
일본에도「히라가나・가타카나」라는 고유문자가 있다. 중국 D대학생
의 문자에 관한 코멘트는 29.0%, E대학생은 21.7%, 일본 A대학생은
103.7%, 뉴질랜드는 1.5%로 나타났는데, 문자에 관한 답변이 가장 많
았던 것은 일본이다. 일본의 문자에 관한 답변으로는「한자」86코멘트,
「히라가나」73코멘트 등 문자 그 자체에 대한 답변이 많고, 중국은 문자
의 특성과 인상을 언급한 것이 많았다. 그에 비해 한국은 문자를 역사적
인 측면에서 보았는데, 문자의 창제자인「세종대왕」을 80.7%로 답변한
것이 특징이다. 또 이 문자를 창제할 당시의 과학성・합리성에 바탕을
둔 코멘트로「과학적이다」13.3%였지만「과학적」이라는 코멘트는 타
언어에서는 찾아볼 수 없다.

중국어관(中國語觀)의 특징으로는 D대학생과 E대학생의 경향이 크
게 다르게 나타난 것을 들 수 있다. 중국에서는 여러 민족이 다양한
언어, 방언을 사용하고 있다는 배경이 있다. 각각 사용하고 있는 언어
배경이 다양하고, 사람들이 받은 언어교육(소수 민족 언어와 한어)등도
다르다. 이와 같은 것이 언어관의 다양화 요인일 것이다. 중국어관(中國
語觀)에서는 소수민족의 학생들이 국가와 민족에 관한 답변이 많고, 방
언에 대해서도 긍정적이다.「방언」에 관해 기술한 것을 각 언어관으로

비교해 보면 E대학생이 13.3%, D대학생 5.0% 인데 비해 뉴질랜드에서
는 1.0%로 그중에서 「방언이 적다」가 2코멘트이다. 한국 C대학생은 방
언 관련이 8.0%이고 그중에 「방언이 많다」는 1코멘트였다. 일본 A대학
생은 14.3%로 역시 「방언이 많다」 등의 코멘트가 있었다. 방언에 관한
코멘트는 일본이 제일 많다. 이것은 일본어관(日本語觀)의 정리에서 기
술한 「일본어의 다양성」과 관계가 있을 것이다. 또 일본 A대학생은 인
사말에 관한 것을 21.0%로 답변하고 있었는데 이 종류의 답변은 다른
언어관에는 나타나 있지 않다.

다음으로 각 언어관의 난이도에 관한 코멘트를 비교해 본다.

우선 「어렵다」는 일본 A대학생이 [표1]의 155코멘트(답변자 300명 중
51.7%)에 달했다. [표2]의 속성에서는 「어렵다」42.3% 「복잡하다·까다
롭다」20.0%로 상위를 차지하고 있고 습득면에서도 4.7%로 나타나고 있
다. 뉴질랜드에서도 「어렵다」「hard」와 「difficult」을 합해 225코멘트
(답변자 400명 중 56.3%)에 달했다. 특히 습득면에서 「어렵다」는 17.5%
로 나타나고 있다. 한국 C대학생도 「어렵다」는 28코멘트 (답변자 150명
중 18.7%)가 있었는데, 속성에서 13.3% 습득에서 1.3%의 수치를 나타내
고 있다. 중국어에서는 D대학생이 「어렵다·~하기 힘들다」가 18코멘
트 (답변자 100명 중 18.0%), 습득면에서 12.0%였고, E대학생은 24코멘
트 (답변자 203명 중 11.8%), 습득면에서 3.9%이다.

일본어와 영어에 대해 절반 이상의 답변자가 「어렵다」라고 코멘트
하고 있지만 여기서 답변자의 질적인 차이를 생각해 봐야만 한다. 영어
관(英語觀)을 말하고 있는 뉴질랜드인의 민족성은 175페이지에 설명하
고 있는 것처럼 중국계 20.5%, 뉴질랜드 19.8%, 한국계 7.3% 등으로
다양하고 영어를 제2언어로 하는 사람이 많다. 즉 뉴질랜드의 많은 답변

자는 나중에 습득한 영어를 「어렵다」라고 하고 있는데 비해 일본어를 「어렵다」라고 말한 답변자는 모두 일본어 화자들이라고 하는 커다란 차이가 있는 것이다.

「어렵다」라는 것에 비해 「간단하다·쉽다」라는 코멘트를 살펴보자. 뉴질랜드에서 190코멘트, 습득면에서 11.5%이고, 한국 C대학생이 18코멘트, 속성에서 11.3%, 습득에서 6.0%, 중국에서는 D대학생은 습득에서 3.0%, E대학생은 습득에서 5.4%로 나타나 있다. 이것에 비해 일본 A대학생의 「쉽다」라는 코멘트는 습득 면에서 불과 1.0% 밖에 안 된다. 다른 3개 언어의 응답자는 각각의 언어에 대해 「어려운」면도 있고 「쉬운」면도 있다고 느끼는 것에 비해 일본의 학생은 좀 편중되게 「어렵다는」면을 강하게 느끼고 있다는 것을 알 수 있다. 「복잡하다·까다롭다」등의 답변도 일본 A대학생은 20.0%이고, 뉴질랜드가 6.8%, 중국 D대학생이 28.0%, 중국 E대학생이 3.0%, 한국 C대학생이 1.3%로 중국 D대학생이 높게 나타났다.

타 언어에서는 소수이긴 하지만 「재미있다」(중국 D대학생 6.0%, E대학생 3.4%, 한국 C대학생 2.0%, 뉴질랜드 7.8%)는 코멘트가 있고 「폭넓다」,「풍부하다」,「명료하다」,「독특하다」등의 긍정적인 언어관을 많이 나타내고 있는데 비해 일본어에 대해서는 이런 언어관의 코멘트는 찾아볼 수 없다. 반대로 「애매하다」고 하는 언어관은 일본인 학생과 중국 D대학생 이외에는 찾아볼 수 없다.

모국어에 대한 긍정적인 이미지가 적은 것도 일본어관(日本語觀)의 특징이다.

마지막으로 이 조사의 계기가 된 「예쁘다·아름답다」를 살펴보자. 중국 D대학생은 피조사자의 거의 반수인 49.0%가 중국어는 「아름답다

·대단하다」등으로 답한 것에 비해 한국 C대학생 12.7%, 일본 A대학생 9.0%가 이런 종류의 코멘트를 기술하고 있다. 일본 A대학생에게 있어서는 「아름답다」라고 느끼는 것은 「어렵다」 「복잡하다」보다 훨씬 적었다. 「아름답다 (일본어)」가 서명으로 범람하고 첫머리에서 언급한 문부과학성장관의 발언처럼 사회인들에게서 쉽게 나타나는 「아름다운 일본어」관은 A대학생과는 약간 다른 것 같다.

[표3]은 각국 다섯 분야의 코멘트 비율 일람표이다.

A. 국가·민족에 관해서는 중국 E대학생이, B. 언어에 대해서는 일본 A대학생, C. 문화에 대해서는 한국 C대학생, D. 속성에 관해서는 중국 D대학생, E의 습득면에 관해서는 뉴질랜드의 피조사자가 각각 가장 많은 코멘트를 하고 있다. 5분류의 각 분야 선두를 다섯 개의 그룹이 각각 차지하고 있다는 재미있는 결과를 나타내고 있다. 즉, 언어관이 다섯 개 그룹에서 상이하게 나타나고 있다는 것을 알 수 있다.

표3 다섯 분야를 정리한 일람표

		일본	뉴질랜드	한국	중국D	중국E
A	국가·민족	6.3	0	11.6	0.7	23.6
B	언어	59.3	29.1	38.5	22.0	35.7
C	문화	13.6	2.0	28.4	9.7	15.9
D	속성	18.6	52.0	16.9	64.3	19.5
E	습득면	2.2	16.9	4.5	3.3	5.3

각국의 언어관은 그 나라의 교육, 특히 모국어의 교육내용과 세계에서 어느 정도 사용되고 있는가 하는 언어 사용 상황 등의 영향을 받을

가능성이 있다. 게다가 이번 조사는 중국을 제외하고 각 나라 1개소에서의 조사이다. 중국 2개소의 조사에서도 각 대학생의 중국어관(中國語觀)이 상당한 차이를 보였다는 사실에서 타 언어에서도 복수로 조사를 하고 그 결과를 비교할 필요가 있을 것이다.

이번 조사는「일본어는 아름답다」「일본어는 어렵다」고 감상을 말하는 시민·학생들이 많다는 일상의 관찰에서「그것은 일본인만의 감상일까, 혹은 타 언어에서도 볼 수 있는 것일까」라는 의문을 갖고 실시한 것이다. 결론은 모국어를「아름답다」라고 느끼고 있는 비율은 각 나라에 일정부분 있고,「어렵다」라는 비율도 일정부분 있다는 것이다. 결국 모국어를「아름답다」「어렵다」라고 느끼는 것은 일본 대학생만의 특징이 아니라는 것을 알 수 있었다. 그것보다도 현저한 언어관의 차이로서 분명해진 것은 일본어에 대해 일본인 학생이 갖고 있는 이미지는 타 언어에 나타난 것에 비해 부정적인 것이 많다는 것이다.

모국어와 그 화자와의 바람직한 관계는, 설령 부정적인 이미지가 있다 하더라도 그것을 상회하는 일정부분의 긍정적인 이미지가 있다고 하는 것이다. 모국어에 대한 이미지에 부정적인 면이 훨씬 많다는 것은 지극히 유감스런 관계라고 말하지 않을 수 없다. 문자의 종류가 많은 것과 경어등 표현의 변화가 많은 것에 대해 그만큼「심오하다·뉘앙스의 구분이 되어 좋다」고 하는 긍정적인 평가를 받을 수도 있지만, 이번 조사의 응답자들은 그러한 다양성을 어렵고, 귀찮다고 부정적으로 인식하고 있었다. 이것은 시대에 따라 언어관이 다를 수도 있다는 것을 시사하고 있다. 그렇다 하더라도 대학생들이 모국어인 일본어를 긍정적으로 받아들이기 어렵다고 느끼는 것은 사실이고, 그 불행한 관계를 방치해 둘 수는 없는 일이다. 일본어의 현실에 대해 새롭고 중대한 과제가 대두해 있다고 생각한다.

후기

「일본어는 아름답다」고 많은 사람들은 말한다. 하지만 「일본어가 무엇이 어떻게 아름다운가, 왜 아름답다고 생각하는가.」- 엔도 오리에(遠藤織枝)로부터 이런 것을 테마로 한 논문집을 내니까 도와달라는 부탁을 받았다. 특히 언어학의 관점에서 생각해 달라는 부탁이었다.

그러나 언어학에서는 「아름다움」이라는 것은 기본적으로는 취급하지 않는다. 아름다운가, 아닌가는 주관의 문제이다. 객관적으로 실증할 수 있는 것이 아니면 언어학의 연구대상이 될 수 없다.

그런데도 도움을 주려고 마음먹은 것은 사람들이 그렇게 믿고 있는 것을 파헤쳐 보고 싶다는 생각이 들었기 때문이다. 도대체 「일본어는 아름답다」(혹은 「어렵다」, 「애매하다」 등)고 하는 것은 정말로 스스로 그러한 인식에 도달한 것일까? 누군가가 말한 것을 듣고 그럴 것이라고 굳게 믿고 있는 것은 아닐까? 이러한 감각적 평가에는 확실한 근거가 있는 것은 아니다. 그것을, 조금이라도 명확하게 밝혀보고 싶었다.

또 일본어의 아름다움을 생각할 경우에는 일본어만 보는 것이 아니라 세계의 모든 언어와 비교해 보아야만 할 것이다. 일본어의 특징은 다른 언어와 비교해 볼 때 비로소 명확해진다. 이 책에서는 그러한, 일본어를 상대화해서 인식하는 시점을 제시해 보고 싶었다.

일본어만이 특별히 아름다운 것은 아니다. 세계 모든 언어는 발음도, 문법도, 어휘도 다르기 때문에 각 나라 언어는 각자의 아름다움을 가지고 있다.

그렇다면 「아름다운 일본어」라는 것은 어떤 것일까, 필자의 주관에 의한 판단이지만, 하나의 예로 여기 가네코 미스즈(金子みすず)의 시를 인용하고 싶다.

나와 작은 새와 방울

내가 양팔을 활짝 벌려도
잠시도 하늘을 날 수 없지만

하늘을 나는 작은 새는 나처럼
땅위를 빨리는 달릴 수 없어

내가 몸을 흔들어도
고운 소리는 나지 않지만

저 우는 방울은 나처럼
많은 노래는 알지 못해

방울과 작은 새 그리고 나
모두 달라서, 모두가 좋아

わたしと小鳥と鈴と

わたしが両手を広げても
お空はちっとも飛べないが

飛べる小鳥はわたしのように

地べたを早くは走れない

わたしが体をゆすっても
きれいな音は出ないけど

あの鳴る鈴はわたしのように
たくさんな歌は知らないよ

鈴と小鳥と それからわたし
みんな違って みんないい

　이 시에는 모든 사물에게 세상 무엇과도 바꿀 수 없는 소중한 가치를 인정하는 따뜻한 마음과 그 표현을 지탱하는 일본어의 아름다움이 있다. 하지만 이 시에서 노래하는 것처럼 다른 언어에도 제각각의 아름다움이 있을 것이다. 「일본어는 아름답다」가 아니고 「일본어도 아름답다」라고 말해야 할 것이다.

사쿠라이 다카시(桜井隆)

　최초의 문제의식은, 시민 강좌 등에서 강연할 때 「아름다운 일본어가 망가지는 것을 어떻게 하면 좋겠습니까?」라고 아주 당연한 것처럼 「아름다운 일본어」를 화제로 질문이 나오고, 또 대학교 1학년 학생에게 「일본어라는 말을 듣고 어떻게 생각하는가?」라는 질문에 대한 답을 쓰게 하면 「아름답다・어렵다」라고 쓰는 코멘트가 극히 많이 나온다는 것이었다.
　그 반면에 이 책의 집필자들이 종사하는 외국어 교육과 언어학의 연구

대상으로 는 어떤 언어가 「아름다운가, 아닌가」를 문제 삼지는 않는다.

세상에서 일본어의 수식어처럼 말하는 「아름다움」이 실제로 존재하는가, 무엇을 가지고 아름답다고 하는가, 왜 아름답다고 하는가, 그 역사적인 배경이 어디에 있는지를 알고 싶다는 동기에서 조사 연구를 시작했다. 그리고 「아름다운」 일본어의 진수라고 평가받는 경어의 실정을 알고자 조사를 진행하고 「일본어가 아름답다고 인식되고 있는 것이 다른 언어에도 있는 것일까?」라는 문제까지 범위를 넓혀가면서 언어학에서 본 일본어가 「아름답다」라고 말할 수 있는지를 고찰해서 정리한 것이 이 책이다.

결론부터 말하면, 일본어를 「아름답다」고 말하기 시작한 것은 중국에서 받아들인 한자 문화에 반발한 에도(江戸)시대의 국학자들이다. 그 흐름이 일단 메이지의 근대화 과정에서 단절된 것 같았지만 쇼와(明和)시대에 들어 되살아나, 특히 전시 중에 일본어를 해외에 진출 시킬 즈음 강력한 장점으로 부각되어 큰 역할을 담당했고, 그 흐름이 현대에도 미치고 있는 것이다. 말하자면 「아름답다」고 말하지 않으면 자신의 정체성을 지키지 못할 것이라고 두려워하는 사람들이 애용하는 서술어인 것이다.

한편 대학생의 모국어 의식 조사에서 일본의 대학생은 압도적으로 「어렵다」라고 대답했고, 이외에도 「애매하다」, 「복잡하다」며 모국어를 부정적인 면으로 생각하는 학생이 많았다. 베이징의 대학생은 중국어를 「아름답다」라고 답한 학생이 절반에 달했고, 뉴질랜드의 영어 화자들은 영어를 「어렵다」라고 답했지만 비슷한 수치로 「쉽다」고 답한 응답자도 있었다. 중국 우한(武漢)의 학생들은 중국어를 「긍지」라고 말했고, 한국어를 모국어로 말하는 사람들은 한국어에 대해 「한글·세종」이라고 먼저 대답하는 것을 알 수 있다.

이러한 것을 보면, 우선 일본의 대학생들이 세간에 알려진 정도의

「아름답다」를 수식어로 사용하지는 않는다는 것을 추측할 수 있다. 그것을 역으로 말하면 모국어를 긍정적으로 생각하지 않고, 부정적인 코멘트가 압도적으로 많다고 하는 결과에도 나타나고 있다. 자신의 모국어를 부정적으로 밖에 생각하지 못하는 것은 그다지 행복한 상황이라고는 말할 수 없다.

「아름다운」 일본어의 실태를 찾고 고찰해 조사를 실시한 하나의 집결점이 모국어에 대한 거부감이었다. 이것은 예상외의 결과였지만, 냉정하게 다시 생각해보면 에도(江戶)시대 이후 언령(言靈)으로서 아름다운 언어라고 맹목적으로 싫든 좋든 긍정적으로 인식되어온 종래의 언어관에 대한 젊은 세대의 무의식적인 저항이라고 생각할 수 있을지도 모른다.

다른 언어를 사용하는 젊은이들의 밝고 자랑스러운 언어관과 비교해보면 아무리 생각해도 어둡고 서글프지만, 이것은 종래의 일본 어른들이 과대하게 일본어를 찬미해야 한다는 짐을 떠맡아온 결과라고도 말할 수 있다.

과대한 찬미도, 너무 지나친 거부감도 모두 모국어와 그 화자의 관계를 나타내는 것으로서 자연스럽다고는 할 수 없다. 일본의 젊은이들이 「왜 이 정도까지 부정적인 것인가」에 대해서는 문자의 종류가 많음, 경어의 복잡함, 표현의 애매함 등 대학생의 부정의식이 담긴 코멘트를 살펴보면 알 수 있다. 그러한 이상, 그것을 어떻게 하면 이제까지와는 다른 진보적이고 긍정적인 모국어관(母國語觀)으로 발전시킬 수 있을지가 앞으로의 과제이다. 새로운 문제의식을 갖고 더욱더 앞으로 나아가야 할 것이다.

끝으로 이 조사 연구를 진행할 때 분쿄대학(文敎大學) 문학부 공동연구비에서 도움을 주신 것에 대해 거듭 감사의 뜻을 전하고 싶다.

엔도 오리에(遠藤織枝)

번역후기

이경수(李暻洙)

일본어학학술서를 번역하려면 번역에 대한 감각과 언어에 대한 배경지식이 있어야 한다. 8년간 갈고 닦은 번역연구회 회원들은 이 두 가지를 모두 갖추고 있다.

여러 번의 난상토론과 검토를 거쳤다. 다양한 지식을 가진 번역연구회 회원들의 가능성을 확인하는 좋은 계기가 되었다. 하지만 부족한 점도 많다. 그 부분은 독자들의 따끔한 충언으로 남겨놓겠다.

임경화(任京和)

번역을 하고자 하는 사람은 다방면의 지식을 골고루 갖추고 있어야 한다는 것을 다시 한 번 절실하게 느꼈다.

학술서라서 번역하기가 상당히 조심스러웠고, 또한 인용문이 자주 등장해 번역에 상당히 애를 먹었다.

관련 자료를 충분히 읽지 못한 점이 아쉽지만, 그래도 최선을 다했다.

최경순(崔慶順)

역설적인 제목의 〈일본어는 아름다운가〉를 번역하면서, 어느 나라든 자국민에게 아름답지 않은 언어가 있을까, 생각했다.

세계적인 패션 디자이너들까지 앞 다퉈 새겨 넣는 '한글'의 아름다움과 과학적인 '한국어'를 되새기는 시간이기도 해 뜻 깊은 작업이었다.

황남덕(黃南德)

마음 같아선 예(例)로 든 영화를 직접 보면서 번역하고 싶었지만 구할 수가 없어 줄거리만 읽어본 것이 아쉽다.

따라서 확인하고 여러 번 검토했지만, 의미 전달이 제대로 되었는지 걱정스럽기도 하다.

일본을 '멀고도 가까운 나라'라고 하는데 경어에서도 그런 점을 느낄 수 있어 흥미로웠다.

김영옥(金暎玉)

어느 날 문득 자신을 돌아보니 그저 편안한 일상에 안주하며 발전 없는 나날을 소일하고 있는 나 자신을 보고 이래서는 안 되겠다 하는 생각으로 시작한 공부가 이러한 결실로 다가와 기쁘면서도 한편 무겁다.

함께 공동작업하신 분들께 진심으로 감사드린다.

전봉애(田奉愛)

번역이라는 작업은 늘 마치고 나면 아쉬움이 남는 것 같다.

작업하는 동안 떠오르지 않던 좋은 표현들이 작업을 마무리한 뒤에서야 생각나기 때문이다.

이번에는 어학서 번역이라 오역을 하지나 않을까 특히 더 신경이 쓰였다.

완벽한 번역이란 없다고들 하지만, 완벽에 가까운 번역을 하려 애썼던 번역연구회 회원들과 어학서 번역이라는 특별한 경험을 하게 해 준 번역연구회에 감사드린다.

이인숙(李仁淑)

약 8년간 연마해온 우리 일본어 번역연구회의 실력을 발휘할 좋은 기회라고 생각했다.

우리 모두 열심히 했고 무난한 결과물은 얻었지만 100% 만족할 수 없음에 역시 자만은 금물이라는 생각이 든다.

99% 만족할 수 있을 때까지 더 노력해야겠다.

변종옥(卞鐘玉)

많은 분들과 함께 한 공동 번역에 참가하게 되어 한편으로는 잘 할 수 있을
까 하는 걱정과 별거 아니겠지 하는 안일한 생각으로 시작했지만 할수록 까다
롭고 우리말의 어휘력 부족을 절실히 느끼는 계기가 되었다.

앞으로는 책도 더 많이 읽고 일본어는 물론 국어 공부도 열심히 해야겠다
고 생각했다.

장옥경(張玉京)

조금은 무모한 도전이었지만, 그만큼 보람있는 작업이었다.

부족한 일본어 실력보다 어쩌면 더 많이 부족한 한국어 실력이 새삼스럽
게 안타까웠던 시간이었다.

한 줄의 문장과 마주하는 순간순간이 힘들기도 했지만, 재미있고 소중한
경험이었다.

한국어를 가르치는 사람으로서 부끄럽지 않도록 우리말을 더욱더 열심히
공부해야겠다고 다짐해 본다.

빅명애(朴明愛)

무심코 내뱉은 말을 각 나라 언어학의 관점에 대해 번역하면서 언어의
아름다움에 많은 관심을 갖게 되었고, 살면서 놓치고 싶지 않은 사람들이
있다면 이번에 머리를 맞대고 함께한 공동번역팀이다.

색인

〈용어〉

집필자 소개

遠藤織枝 (엔도 오리에)

전 분쿄대학 교수.

전문분야는 사회학 언어, 일본어교육학.

주요저서로『중국 문학 연구』(메이지서원, 2002),『중국인 학생이 엮은 전시중 일본어 일기』(공저, 히쓰지서방 2007)『일본어 교육을 배운다』(편저, 삼수사 2007)

『말과 성의 미래도, 성 비난에 대항하기 위하여』(편저, 아카시서방 2007) 등.

三枝優子 (사에구사 유코)

분쿄대학 문학부 전임강사.

전문분야는 일본어교육.

주요저서로『문말표현의 습득』『동아시아 일본어교육・일본문화』3호 (동아시아 일본어 교육・일본문화 연구학회 2001 공저), [한국의 일본어 교과서 사정]『교육연구소기요』제11호 (분쿄대학 교육 연구소 2002) 등.

桜井隆 (사쿠라이 다카시)

메이카이대학 외국어학부 교수.

전문분야는 언어학.

주요저서로『데일리 콘사이스 한자사전』(공저, 삼성당 1995)『아프리카어・일본어 기초사전』(공저, 동경외국어대학 아시아・아프리카 언어문화연구소 2001)「전시기의 외래어 사용」(『전시중의 구어』히쓰지서방 2004) 등.

戸張きみよ (도바리 기미요)

공립초중학교 교원, 한국 극동대학교 전임강사를 거쳐 현재는 분쿄대학 비상근 강사.

전문 분야는 일본어교육.

주요논문으로는 [교육으로서의『국어』를 도입한 일본어 교육] (분쿄대학 대학원 언어문화 연구과 석사논문, 2004), [대학의『교양 일본어』에 있어서의 티칭어시스턴트을 도입한 팀티칭 시도] (공저, 한국일어교육학회 2007).

早川治子 (하야카와 하루코)

리쓰메이칸대학 대학원 언어교육 정보연구과 교수.

시드니대학 문학부 언어 문화학과에서 박사 취득.

전문분야는 일본어, 일본어교육.

주요논문에는 [웃음의 의도와 담화전개기능](『여성의 말·직장편』히쓰지서방, 1997), ([「전쟁 키워드에」에서 보는 전시 중의 라디오 드라마) (『전시중의 구어』히쓰지서방, 2004) 등.

일본어의 모어의식과 언어의식
- 미학 일본어 -

초판인쇄 2011년 1월 28일
초판발행 2011년 2월 10일

저　　자 엔도 오리에 외
역　　자 이경수 외
발 행 인 윤석현
발 행 처 제이앤씨
등록번호 세7-220호
책임편집 박채린

우편주소 132-702 서울시 도봉구 창동 624-1 현대홈시티 102-1206
대표전화 (02) 992-3253(대)
전　　송 (02) 991-1285
홈페이지 www.jncbms.co.kr
전자우편 jncbook@hanmail.net

ISBN 978-89-5668-830-5　93730　　　　　　　　**정가** 18,000원